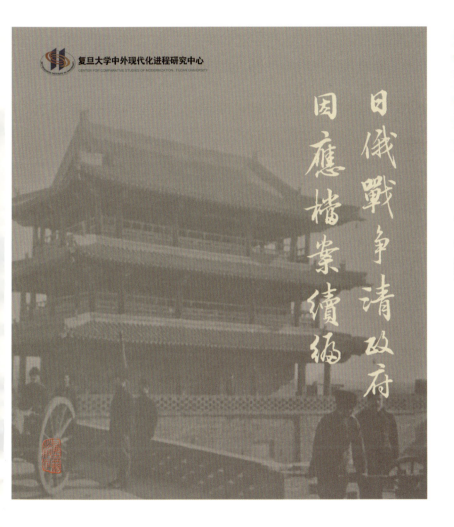

复旦大学中外现代化进程研究中心
CENTER FOR COMPARATIVE STUDIES OF MODERNIZATION, FUDAN UNIVERSITY

日俄戰爭清政府因應檔案續編

近代中外交涉史料丛刊

吉辰　整理

近代中外交涉史料丛刊
第二辑

复旦大学中外现代化进程研究中心　主编
编委会成员（以姓氏拼音排序）

本辑执行主编：戴海斌

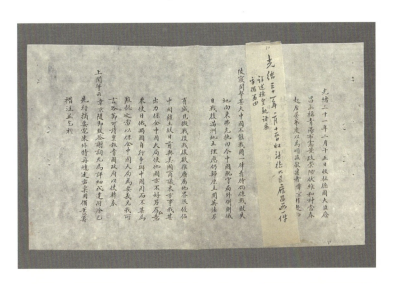

日俄战争时期外务部清档散页之一：
光绪三十一年驻德公使荫昌致外务部函
（整理者藏）

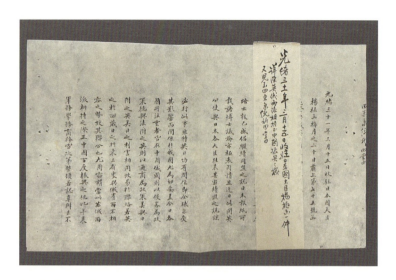

光緒三十一年二月二十二日收駐日本國大臣楊樞三件
詳陳英俄兩國議明於中國派累二藏
又巴爾乾東凡院初四富

光緒三十一年三月十五日收駐日本國大臣
楊樞正月二十日稟上第七十五號函

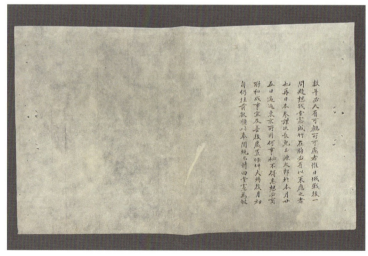

日俄戰爭時期外務部清檔散頁之二：
光緒三十一年駐日公使楊樞致外務部函
（整理者藏）

件甚多","各国交涉事件甚繁",而且一旦处置不当,将造成"枝节丛生,不可收拾"的局面,所以不得不"倍加慎重",且因"办理中外交涉事件,关系重大",不能"稍有漏泄",消息传递须"格外严密"。如此种种,可见从同治年间开始,"中外交涉"之称逐渐流行且常见,"中外交涉"之事亦成为清廷为政之一大重心。

在传统中国,政、学之间联系紧密,既新增"交涉"之政,则必有"交涉"之学兴。早在同治元年,冯桂芬即在为李鸿章草拟的疏奏中称,上海、广州两口岸"中外交涉事件"尤其繁多,故而可仿同文馆之例建立学堂,往后再遇交涉则可得此人才之力,于是便有广方言馆的建立。自办学堂之外,还需出国留学,马建忠在光绪初年前往法国学习,所学者却非船炮制造,而是"政治交涉之学"。他曾专门写信回国,概述其学业,即"交涉之道",以便转寄总理衙门备考。其书信所述主要内容,以今天的学科划分来看大概属于简明的国际关系史,则不能不旁涉世界历史、各国政治以及万国公法。故而西来的"交涉之学"一入中文世界,则与史学、政教及公法学牵连缠绕,不可区分。同时,马建忠表示"办交涉者"已经不是往昔与一二重臣打交道即可,而必须洞察政治气候、国民喜好、流行风尚以及矿产地利、发明创造与工商业状况,如此则交涉一道似无所不包,涵纳了当日语境下西学西情几乎所有内容。

甲午一战后,朝野由挫败带来的反思,汇成一场轰轰烈烈的变法运动,西学西政潮水般涌入读书人的视野。其中所包含的交涉之学也从总署星使、疆臣关道处的职责攸关,下移为普通士子们学习议论的内容。马关条约次年,署理两江的张之洞即提出在南京设立储才学堂,学堂专业分为交涉、农政、工艺、商务四大类,其中交涉类下又有律例、赋税、舆图、翻书(译书)之课程。在张之洞的设计之中,交涉之学专为一大类,其所涵之广远远超过单纯的外交领域。戊戌年,甚至有人提议,在各省通商口岸无论城乡各处,应一律建立专门的"交涉学堂"。入学后,学生所习之书为公法、约章和各国法律,接受交涉学的基础教育,学成后再进入省会学堂进修,以期能在相关领域有所展布。

甲午、戊戌之间,内地省份湖南成为维新变法运动的一个中心,实因官员与士绅的协力。盐法道黄遵宪曾经两次随使出洋,他主持制定了《改定课吏馆章程》,为这一负责教育候补官员和监督实缺署理官员自学的机构,设置了六门课程:学校、农工、工程、刑名、缉捕、交涉。交涉一类包括通商、游历、传教一切保护之法。虽然黄遵宪自己表示"明交涉"的主要用意在防止引发地方外交争端,避免巨额赔款,但从课程的设置上来看包含了商务等端,实际上也说明即便是内陆,交涉也被认为是地方急务。新设立的时务学堂由梁启超等人制定章程,课程中有公法一门,此处显然有立《春秋》为万世公法之意。公法门下包括交涉一类,所列书目不仅有《各国交涉公法论》,还有《左氏春秋》等,欲将中西交涉学、术汇通的意图甚为明显。与康梁的经学理念略有不同,唐才常认为没必要因尊《公羊》而以《左传》为刘歆伪作,可将两书分别视为交涉门类中的"公法家言"和"条例约章",形同纲目。他专门撰写了《交涉甄微》一文,一则"以公法通《春秋》",此与康梁的汇通努力一致;另外则是大力鼓吹交涉为当今必须深谙之道,否则国、民利权将丧失殆尽。在唐才常等人创办的《湘学报》上,共分六个栏目,"交涉之学"即其一,乃为"述陈一切律例、公法、条约、章程,与夫使臣应付之道若何,间附译学,以明交涉之要"。

中国传统学问依托于书籍,近代以来西学的传入亦延续了这一方式,西学书目往往又是新学门径之书。在以新学或东西学为名的书目中,都有"交涉"的一席之地。比如《增版东西学书录》和《译书经眼录》,都设"交涉"门类。两书相似之处在于将"交涉"分为了广义和狭义两个概念,广义者为此一门类总名,其下皆以"首公法、次交涉、次案牍"的顺序展开,由总体而个例,首先是国际法相关内容,其次即狭义交涉,则为两国交往的一些规则惯例,再次是一些具体个案。

除"中外交涉"事宜和"交涉之学"外,还有一个表述值得注意,即关于时间的"中外交涉以来"。这一表述从字面意思上看相对较为模糊,究竟是哪个时间点以来,无人有非常明确的定义。曾国藩曾在处理天津教案时上奏称"中外交涉以来二十余年",这是以道光末年计。中法战争时,龙湛霖也提及"中外交涉以来二十余年",又大概是指自总理衙门成立始。薛福成曾以叶名琛被掳为"中外交涉以来一大案",时间上便早于第二次鸦片战争。世纪之交的 1899 年,《申报》上曾有文章开篇即言"中外交涉以来五十余年",则又与曾国藩所述比较接近。以上还是有一定年份指示的,其他但言"中外交涉以来"者更不计其数。不过尽管字面上比较模糊,但这恰恰可能说明"中外交涉以来"作为一个巨变或者引出议论的时间点,大约是时人共同的认识。即道咸年间,两次鸦片战争及其后的条约框架,使得中国进入了一个不得不面对"中外交涉"的时代。

"交涉"既然作为一个时代的特征,且历史上"中外交涉"事务和"交涉"学又如上所述涵纳甚广,则可以想见其留下的相关资料亦并不在少数。对相关资料进行编撰和整理的工作,其实自同治年间即以"筹办夷务"的名义开始。当然《筹办夷务始末》的主要编撰意图在于整理陈案,对下一步外交活动有所借鉴。进入民国后,王彦威父子所编的《清季外交史料》则以"史料"为题名,不再完全立足于"经世"。此外,出使游记、外交案牍等内容,虽未必独立名目,也在各种丛书类书中出现。近数十年来,以《清代外务部中外关系档案史料丛编》、《民国时期外交史料汇编》、《走向世界丛书》(正续编)以及台湾近史所编《教务教案档》、《四国新档》等大量相关主题影印或整理的丛书面世,极大丰富了人们对近代中外交涉历史的了解。不过,需要认识到的是,限于体裁、内容等因,往往有遗珠之憾,很多重要的稿钞、刻印本,仍深藏于各地档案馆、图书馆乃至民间,且有不少大部头影印丛书又让人无处寻觅或望而生畏,继续推进近代中外交涉相关资料的整理、研究工作实在是有必要的,这也是《近代中外交涉史料丛刊》的意义所在。

这套《丛刊》的动议,是在六七年前,由我们一些相关领域的年轻学者发起的,经过对资料的爬梳,拟定了一份大体计划和目录。复旦大学中外现代化进程研究中心的章清教授非常支持和鼓励此事,并决定由中心牵头、出资,来完成这一计划。以此为契机,2016年在复旦大学召开了"近代中国的旅行写作、空间生产与知识转型"学术研讨会,2017年在四川师范大学举办了"绝域辀轩:近代中外交涉与交流"学术研讨会,进一步讨论了相关问题。上海古籍出版社将《丛刊》纳入出版计划,胡文波、乔颖丛、吕瑞锋等编辑同仁为此做了大量的工作。2020年7月,《近代中外交涉史料丛刊》第一辑十种顺利刊行,荣获第二十三届华东地区古籍优秀图书一等奖。《丛刊》发起参与的整理者多为国内外活跃在研究第一线的高校青年学者,大家都认为应该本着整理一本,深入研究一本的态度,在工作特色上表现为整理与研究相结合,每一种资料均附有问题意识明确、论述严谨的研究性导言,这也成为《丛刊》的一大特色。

2021 年 11 月、2024 年 6 月，由复旦大学中外现代化进程研究中心与复旦大学历史学系联合举办的"钩沉与拓展：近代中外交涉史料丛刊"学术工作坊、"出使专对：近代中外关系与交涉文书"学术工作坊相继召开，在拓展和推进近代中外关系史研究议题的同时，也进一步扩大充实了《丛刊》整体团队，有力推动了后续各辑的筹备工作。《丛刊》计划以十种左右为一辑，陆续推出，我们相信这将是一个长期而有意义的历程。

这一工作也是国家社科基金重大项目《晚清外交文书研究》（23&ZD247）、教育部人文社科重点基地重大项目《全球性与本土性的互动：近代中国与世界》（22JJD770024）的阶段性成果。

整理凡例

一、本《丛刊》将稿、钞、刻、印各本整理为简体横排印本，以方便阅读。

二、将繁体字改为规范汉字，除人名或其他需要保留之专有名词外，异体、避讳等字径改为通行字。

三、原则上保持文字原貌，尽量不作更改，对明显讹误加以修改，以〔 〕表示增字，以（ ）表示改字，以□表示阙字及不能辨认之字。

四、本《丛刊》整理按照国家标准标点符号用法，进行标点。

五、本《丛刊》收书类型丰富，种类差异较大，如有特殊情况，由该书整理者在前言中加以说明。

目　录

前　言

　　本书系延续笔者先前所整理的《日俄战争清政府因应档案》（"近代中外交涉史料丛刊"，上海古籍出版社 2020 年版，以下简称《因应档案》）一书的工作，将 2003 年全国图书馆文献缩微复制中心影印出版的《国家图书馆藏清代孤本外交档案》（以下简称《孤本外交档案》，其底本为国图所藏总理衙门、外务部清档）中部分与日俄战争有关的档案整理而成。关于总理衙门、外务部清档的史料性质与流转情况，可参阅《因应档案》的整理前言，此处不再赘述。

　　本书包括外务部清档中的《日军纷扰东三省各处总案》《战地商产损失赔偿案》《华商损害赔偿赈抚总案》三种。这些档案是外务部与东北地方官员、北洋大臣、山东巡抚、户部、商部、清政府驻日俄两国公使、日俄两国驻华公使、清政府驻海参崴商务委员等官员与部门之间的禀、函、文、片、照会等往来文书，内容基本上围绕日俄战争对东三省民众的损害以及相关的善后工作，以往未经整理，对于研究日俄战争与东北地方社会有较高的史料价值。

　　《日军纷扰东三省各处总案》系《孤本外交档案》第 45 册全部，共有 13 个卷宗，内容主要关于日军在吉林、奉天的种种不法行为，如侵入"中立地带"、设立军政机构、擅建轻便铁路、纵容马贼掳掠、包庇罪犯、杀害华兵、强租土地、干涉人事，等等。其中，《日军占用大东沟木植案》体量最大，占了本部分的半数以上篇幅，内容也颇具特色。位于鸭绿江口西岸的安东县大东沟，是当时中国北方最重要的木材集散地。① 因此，木材贸易也是众多当地居民赖以谋生的命脉。如本书所收的一份商民禀文所云："大东沟地方自开通后，别无生计，惟赖木把市一业，商民沾润，藉作养命之源。"而在日俄战争爆发后，大东沟木材贸易先后遭到俄日两军的严重破坏，大量木材遭到霸占或毁坏，华商手中的木材也无法外运，引发中俄、中日之间的持续交涉。甚至有日商倚仗兵势，前往鸭绿江上游的辑安、兴京一带强占木材，激起木把（伐木工）暴动。这一卷宗的内容，除外交史研究者之外，相信也能够引起社会经济史、环境史研究者的兴趣。

《战地商产损失赔偿案》系《孤本外交档案》第 46 册一部（该册其余部分即《东三省善后总案》，已收入《因应档案》）。需要说明的是，本件虽未被标为"总案"，但在原始档案的分类中也不隶属于任何总案，因此应视为一个独立的总案。更应注意的是，本件与《华商损害赔偿赈抚总案》中的《华商在战地财产保护及赔偿案》有相当数量的内容存在重复情况。笔者在整理时，也综合二者进行了互校。《战地商产损失赔偿案》所收档案的内容，其实并非清政府直接向日俄两国索赔，而是预先登记交战地区华商产业，以备日后索赔之需。其中体量最大的内容，是几份烟台商人呈报在旅顺口、青泥洼、哈尔滨、营口、大东沟乃至海参崴等地所开商铺种类、本钱的清单。对研究近代东北商业的学者来说，这无疑是不可多得的史料。

《华商损害赔偿赈抚总案》系《孤本外交档案》第 47 册全部，共有 4 个卷宗，内容集中于清政府对民众在日俄战争期间所受伤害的

---

① 可参见池翔：《晚清时期东北林木与中国北方市场的木材贸易竞争》，《清史研究》2021 年第 6 期，第 7—10 页。

调查与赈济。其中,《华商在战地财产保护及赔偿案》除包含前述《战地商产损失赔偿案》部分内容外,还收有多件关于日俄两军不法行为的档案,尤具史料价值的是两份汇总"日军在奉损毁人命财产约合银数""俄军在奉损毁人命财产约合银数"的清单。根据这两份清单的不完全统计,日军在奉天至少杀害 286 名华民,损毁财产折银合计 445 万余两;俄军在奉天至少杀害 1 169 名华民,损毁财产折银合计 2 805 万余两(以上数字均未计入若干零星续报)。而《日俄战事经过地方分别赈抚案》反映了清政府对奉天交战地区民众的救济,也包含不少关于俄军烧杀掳掠情形的材料。《救护海参崴各处华民案》的内容则更加特殊一些。1905 年 11 月 12 日,海参崴爆发兵变,在当地经商务工的数万华侨深受其害。[①] 据海参崴商务委员李家鏊(日后曾任驻苏公使)称,"彼兵乱焚杀我华民七十命,伤毁我财产数百万"。对此,清政府派招商局轮船"海定""爱仁"前往海参崴救护华侨,身在一线的李家鏊更是竭力与各方交涉周旋。[②] 这一部分最具价值的史料,是他写给外务部左右丞、参议的四通长篇函件,其中逐日记载了他在兵变后所做的工作。从中可以体会到,他是一位相当熟悉国际法与俄国国情,并且极具责任感的外事官员。[③] 另外需要指出的是,这次兵变是在俄国 1905 年革命的背景下发生的,而李家鏊在报告中也记载了不少革命在海参崴的反响,如"新党""旧党"的竞争、军人的参政热情、工人争取权益的活动等。因

① 可参见刘家磊:《二十世纪初沙俄在海参崴迫害华侨的暴行》,《社会科学战线》1980 年第 3 期,第 166 页。

② 相关研究有李皓:《保护"弃民":日俄战争时期清政府海参崴护侨活动研究》,《华侨华人历史研究》2014 年第 2 期。该文引用了《孤本外交档案》所收《救护海参崴各处华民案》。

③ 关于李家鏊在海参崴商务委员任上的活动,可参见 [俄] 聂丽·米兹、[俄] 德米特里·安治著,胡昊等译:《中国人在海参崴——符拉迪沃斯托克的历史篇章(1870~1938 年)》,北京:社会科学文献出版社,2016 年,第 75—86 页。

此,这些史料应当也能引起俄国史研究者的兴趣。

可见,不同于内容相对庞杂的《因应档案》,本书集中反映了中国民众在日俄战争期间遭受的巨大伤害。恰在本书的整理过程中,这场战争的当事国之一发动了对邻国的所谓"特别军事行动"。互联网上种种伤心惨目的照片与视频,令笔者在录入那些杀人烧屋的文字时,心中恍然生出时空穿梭般的感受。

关于本书的整理方法,除遵照丛书《整理凡例》之外,还有几点情况需要略作说明:

一、这批档案原件当中本有民国外交部编订的《外交部编档底册》,以表格形式概括了每一案卷的主要内容(本书以楷体表示),每件档案之首还附有一份以行草书写的简要事由(本书以黑体表示)。对此,笔者延续了整理《因应档案》时的做法,将其全部保留。

二、原档的抄录者常在衍字的左上方轻点一点(往往不太明显)表示删除,整理时径删此字。

三、原档的抄录者常在次序有误的文字右侧画一"┃"形符号表示颠倒次序,整理时按照更正后的次序处理。

四、原档皆未分段。如单个文件篇幅过长,则由笔者酌情分段。

五、对于档案中不合现代汉语规范,但在当时属于正常用法的字词,不予改动。如"辨驳""辨论"之"辨"字,按照现代汉语本应作"辩",但"辨"可作"辩"之通假,当时亦不算错。

在本书的整理过程中,华东师范大学李文杰教授曾帮助辨识个别草字,笔者的研究生徐雅婷、欧婷、罗为三位同学承担了部分校对工作,在此一并致谢。当然,书中可能存在的错误完全由笔者个人负责。

吉 辰

2022 年 7 月 3 日于唐家湾

日军纷扰东三省各处总案

日员在长春府滋扰案

厅/司		科		类共计		件		编	
总事由	日员在长春府滋扰案 　　光绪卅一年正〔月〕吉林将军文称日员高如龙在长春府滋扰各情由。								
年	**月**	**日**	**收**	**发**	**某机关文**	**事　由**	**原件**		
							字	**号**	
光绪 卅一	正	二十九	收		吉林将军文	长春府有日员高 如龙等滋扰请照 日使商撤由			

光绪三十一年正月二十九日收吉林将军文一件
长春府有日员高如龙等滋扰请照日使商撤由

光绪三十一年正月二十九日收吉林将军文称：窃照光绪三十一年正月初七日据驻扎长春府属界伏龙泉地方吉新军前营管带赵振纲转据驻扎新安镇后哨哨官任海增报称，有日本官高如龙、王如松带领日兵百余名并蒙古降匪七百余名，于正月初四日突来新安镇，在各店分住。昼则稍觉安分，夜则三五私出，奸淫民妇，抢掠牲畜等情，报由营务处呈请核夺前来。查该处为中立地界，日本兵队何以忽然闯入，是否贼匪托词假冒，虚实难分。正在核办间，复于月之十二日据该管带赵振纲以前来日本官据哨官任〔海〕增报，现将盗首东山一股一百余名招妥，挑选精壮二十余名并蒙匪等，奔往世隆合迤南攻打三站铁道，仍着山东（东山）率领余匪暂扎新安镇东北新店地方，日官临行有云不日仍来之语。并据驻扎小双城堡哨官王全报称，初九日午刻接奉天怀德县统练唐玉和来信，有日本洋队一千余名在哈勒巴山一带盘踞，又有另股六百余名在怀德县西二十余里各屯搜缴枪械马匹，刻下怀德俄队均行撤向长春府等语。初十日复据哨官王全飞禀，今早卯刻日本官兵由怀界已到小双城堡，枪马幸未被搜各等情。该管带无策可御，理合呈请核示等情。据此，查日本官高如龙在长春属界之新安镇一带招抚降匪，声言攻打三站铁路，虚实难分。即不便遽加兵力，而其在各处奸淫骚扰，致民不安生，亦殊有碍中立。除饬该管带妥为防御并饬长春府相机办理外，相应咨明大部，请烦查核，照会驻京日本公使，询明现在长春府属一带日本有无招降胡匪情事，高如龙、王如松是否实系日官，因何在局外界内骚扰，转饬赶紧撤回，以全中立，希迅赐见复施行。

日军占据新民府案

厅/司	科		类共计	件	编		
总事由	日军占据新民府案 　　光绪卅一年二月照请日使撤去新民府驻兵并停止采买军需,日使照复俟无庸设防自当撤去,驻日大臣函报日军滋扰新民已商小村申禁并译报等情,四月俄使照称日不退出新民该处铁路不能认为中立,当即照请日俄两使勿在该中立地交战,俄使照复宜责问日本,旋照会俄使已催日本退兵,他国勿得侵损该处铁路,日使照称新民屯驻兵系以防俄,一俟无庸用兵即行撤去由。						
年	月	日	收	发	某机关文	事　由	原件
							字	号
光绪卅一	二	十一		发	日本内田公使照会	日军在新民府驻扎采买军需请饬迅即撤去并停止采〔买〕由		
		二十	收		日本内田公使照会	日军驻新民府系防俄军回袭俟无庸设防时自当撤去由		

（续表）

年	月	日	收	发	某机关文	事　由	原件	
							字	号
		二十七	收		驻日大臣杨枢函	日军滋扰新民车站事已商小村申禁附译报章乞呈堂又和田次官前来游历祈优待由		
					附录再启	日派农商次官和田彦次郎前往中国游历参观商务事宜到时务祈格外优待由		
					附译日本报	论俄国之穷滥清国之保全及内田公使清国时事谈由		
	四	二十二	收		俄国阔署使照会	据本国总司令官电称日本占据新民府若至四月廿九日不退即不能以该府铁路作为局外中立请查照由		
		二十三		发	日内田使/俄阔署使照会	新民府来有战国兵队请饬令勿在该中立地交战由		
		二十四	收		俄阔署使照会	准照称勿在新民府中立地交战一节请向占据该处责问由		

年	月	日	收	发	某机关文	事 由	原件	
							字	号
		二十五		发	俄阔署使照会	新民日军已照催速撤该处铁路他国勿得侵损由		
		二十六	收		日本内田公使照会	新民屯俄军屡有用兵举动日本仿之办理俟与用兵无关应即撤去由		
		二十七	收		日本内田公使照会	新民屯铁路久为俄军所据运送军需品故日军因用兵之要应在该处举动一俟勿庸用兵即行撤去由		

光绪三十一年二月十一日发日本内田公使照会一件
日军在新民府驻扎请饬撤去并停止采买由

光绪三十一年二月十一日发日本国公使内田康哉照会称：准北洋大臣电称，据辽西报称，初七日有日军大队两千余人来新民府驻扎，并有多人采买军需等因。查新民府治居辽西，中国曾迭次声明中立，从前俄官侵犯或采买军需，曾经行文责诘，并饬地方官据理阻止在案。今日军事同一律，相应照会贵大臣转饬驻新日军，迅即撤去并停止采买，以重中立可也。

光绪三十一年二月二十日收日本内田公使照会一件
日军驻新民系防俄军回袭俟至勿庸设法〔防〕定当撤退由

光绪三十一年二月二十日收日本国公使内田康哉照会称：接准华历光绪三十一年二月十一日来照内开，准北洋大臣电称，有日军大队两千余人来新民府驻扎，并有多人采买军需等因，查此事有碍中立，请转饬迅即撤去并停止采买，以重中立可也等因。本大臣当经据电达本国政府。去后，兹准电复内称，新民府向有俄军按照军务必须之事任便施行，已非一日。而今本国军队亦在该处按照军务必须之事任便施行，自属我国权内应行之事。据目下情形而言，该处一带地方仍难保其必无俄军回袭衣（之）虞。是以我国军队驻扎该处，实系于预防敌军回袭必不可少之举。但俟至勿庸设防之日，定当俾其撤退。将此答复中国政府等因。相应遵照备文，照复贵王大臣查照可也。

光绪三十一年二月二十七日收驻日本杨大臣函一件

日军滋扰新民车站事已商小村申禁附译报乞呈堂并和田次官前来游历祈优待由

光绪三十一年二月二十七日收驻日本国大臣杨枢函称：本月初六日奉寄第七十三号函，计登典签。昨接北洋电，述日俄大战后日军在新民府火车站滋扰一事。枢当即往晤小村外部，将电中各节面达，并请其商之陆军大臣，电戒军士。小村谓，此事已接天津营口各电，业与北洋大臣商妥，照常开车。又谓彼国毫无占领我铁路之意，当行军仓猝，偶越范围，容或有之，谅亦不至所云之甚。惟无论如何，自当重申禁令，不许稍有滋扰，以副雅嘱。请达北洋，并希原谅等语，经枢电复北洋矣。窃思辽西迫近战地，两交战国相率效尤，侵犯中立，非惟此国不受我之诘责，反以彼国侵犯者诘责于我，有强权而无公理，又安有所谓公法乎！近阅报纸，自中历正月十六日起至二月初三日，两军在浑河附近转战十余日，日军大胜。初三日直抵奉天，自是追奔逐北，俄军人无斗志，望风而退溃。昨日已抵铁岭，至哈尔滨相距七八百里。据闻守备尚严，余皆平原旷野，无险要可扼矣。此后日军或进捣开原、哈尔宾（滨），或别遣海军攻海参崴及库页岛，或驻师铁岭，暂为休息，以待俄人之议和，是皆未可知。近日东京街市，提灯祝捷者无虚夕，民气嚣张，而当道甚属沉静，相见亦无骄矜之色。现又陆续派人至中国内地及三东（东三）省，调查物产、工艺、商务一切情形。大隈伯爵于早稻田大学邀集学士、博士多人聚议，共筹战后经营之策。其政治各家亦纷纷献计，以供政府之采择。是其勇战决斗着着取胜者尚不足畏，其深谋远虑事事预备者乃可畏耳。兹将译报附呈一帙，敬祈浏览，并乞转陈堂宪为叩。附呈译报一帙。

敬再肃者：日本国家议派大员前赴中国调查商务，本拟特简农商务大臣亲行考察，嗣以军务倥偬，不果成行，兹已敕命农商务次官和田彦次郎前往中国游历，参观商务事宜。昨和田次官前来请谒，索书介绍。除已肃具芜函，即请和田转呈外，兹查和田准于本月十三日启行，先赴香港、广州，次到汕头、厦门、福州，再行往上海，溯江而上，经江宁至汉口、武昌、沙市，然后折回沪上，北至天津，顺诣京师，归路则绕至战地，取道朝鲜遄返日本，谨先奉闻。再，此次和田次官系奉朝命而行，与寻常游历不同，到时务祈钧部格外优待为祷。

附抄译日本报：

穷滥之俄国

俄国政府之无道久矣！惟其无道，故盛斯骄暴；亦惟其无道，故穷则滥行，无所不至。波罗的舰队之东航也，沿途诸国之国权悉被蹂躏，虽德法之强，亦不能免。英人惠尔孙谓，数十年通行之国际公法，今将为之一变，在国际法可谓遭遇一大不幸事。诚哉，诚哉。上海者，中立地之中立地也，而俄国水兵以类于俘虏之身，敢于其地为杀人之蛮行，俄官纵而曲庇之，排清国异议，断行领事裁判，其滥也有如此。

辽西之中立地域，由列国提议，经日俄承认而确定之者也。两交战国宜如何尊重恪守而不犯其中立，夫安可弁髦耶！不意开战以来，俄国常以其地为粮饷之来源，利用其铁道密输军需品者数次。近者军状穷蹙，不得不行破坏之策，至驱科萨克兵闯入清之中立地，乘我军不备搅扰我之运道，其违背公法也甚矣。乃据西电，俄国近颇倡言清国之违犯中立，欲藉端生衅，以徒（图）后利。夫辽西之事，为侵犯中立之伏线，固不待论。即波罗的舰队之东来，亦未必不含租借清国港湾之意。

所谓清国之违犯中立者，皆因俄罗斯之侵犯而发为者耳，舍是则一无事实之可征。质言之，俄国欲侵犯清国之中立，乃言清国违反中立以为假托之辞耳。司马氏之心，路人皆知，俄人岂何能掩。惟因是而所当牢记者，俄国之侵犯清国中立，非独现在，必益甚于将来是也。俄国之野心，我国固当豫备之，列国亦不可不顾虑之。何则？日俄战争为谋东亚平和起见，使任俄人东冲西突，傍若无人，微特东亚之平和不可望，将为世界大祸乱之因。

夫列国之康撒笃译音，犹之一家之团乐。使家中各人皆恭敬礼让，则怡然而安，共享天伦之乐事；使其中有一人越此范围，则全家为之不安，而礼节荡然矣。此日用常行之事实，五尺童子所共闻共见者也。国际公法者，维持列国康撒笃之礼让也。世界各国微特各有遵守之义务，并有互相维持、互相监督之责任。设有一国不能自立，至列国之康撒笃将由是而破，则他国出而扶持之；又设扶持者之实力不能胜任时，则各国协力扶持之。此又理之当然者也。今者有人忧清国力微，势难维持中立，世界之大祸乱或将由之而生者。然对俄穷滥之行动无法以制之者，非独清国，即如英法德诸强国亦然。波罗的舰队到处横行，各国默然不发一言，非其证乎？今世界因俄国无忌惮之行为，如临深履薄，慄慄危惧，是非清国之过失，乃列国共同之过失也。余论至此，夫复何言。但试问世界各国果将放纵俄国继续滥行，以破列国之康撒笃乎？抑互相维持，互相联结，责其暴状，使之不再滥行之为得乎？是在列国。

清 国 之 保 全

维持现存之国家而保全其领土，世界平和之第一义哉。是义也,施之清国而当,施之天下古今与清国同类之邦无不当。清国户口之众冠万国,领土之大甲地球,俨然一雄国也。然而国权不足,故治乱无常,往往有名为清国之版图、实无何等之政权者。是故逞鸥枭之欲之国,每包藏祸心,阳与提携,阴施其鲸吞蚕食之危计。虽曰事势使然,匪所幸免,而世界之平和为之扰乱,为之破裂,列强之有意于平和之局者所不可不知也。

美利坚者,世界列邦之良友,吾国过去之恩师,而清国将来之恩国也。其企谋始界之平和与人类之幸福、真诚、忠实,其非空想空言,何足疑其提倡清国之保全?至使列强共屈于正理,同心赞成主张保全清国,吾人不得不惊美人力之大,而叹其德之至若能始终不变,名实共行,则世界之平和必得一大保障。吾人信之,世界政党共信之。

清国保全之名何由设乎?美人必答曰,为满洲而设,为满洲处分最后之断案而设,赞成美国之举之邦亦若是云云。是则不能无遗憾者也。满洲为俄之侵蚀最急处,苟欲为清国立定保全主义者,必先于此方面大声疾呼,救目前之急而图将来之治安,是诚当然之政策。然俄之侵蚀中国土地不独满洲,满洲外之方面,现侵蚀之险象者不一而足。即如恰克图以西讫于帕米尔数千里之疆域,皆俄之数数出兵侵入清境之路,所谓蒙古问题、新疆问题是也。设若侵蚀之势既成,退屯之言莫践,久假不归,乌知非有一满洲交涉未竣,数满洲事件又起。波波相续,循若无端,世界之平和何望焉!清国而当保全也,则此等事体当与满洲现状同为列国政治家所注意。奈何当俄国企划昭然明白之今日,曾无一国因是而发论议图抵制者乎?此则可怪可疑而不可解者也。

保全清国之议早为列国所赞成,俄国亦屡次声言满洲之还付。

乃前者已食其言,后者微特不还付满洲,转于满洲境内益巩固其势力,此日本征俄之义师所由起也。清国西面之忧虽未若满洲之甚,然至克将军之师全败,满洲之口密封,哥萨克兵东侵莫望。彼得遗训,实践无由。彼时炎炎俄欲,势不能不专注于蒙古、新疆,而肆行侵略。此必至之数,欲避而不得避者也。满洲密迩于我国,其存亡关于我国安危,兼之用兵最便,故我国家得以独立,当至难之任,为列国图平和,而恢复清国之领土。然使一旦俄以长蛇之欲延及清之西境,我国鞭长莫及,当此之时,列邦政治家果以何政策实行其保全之怀抱乎?是所欲闻也。蒙古、新疆等地壤大率确瘠不毛,收之无大利益。俄之欲得此等地壤者,为侵入支那本部之发端也。俄欲如是,清国其警醒,列强其注意。

往者俄于满洲之计画将大进步也,曾宣言曰,自今而言撤退,言固无妨。虽然,于实际则不欲。当时列国亦有以"亦有一理"四字认俄之宣言者。特我国利害比之列国实为密切,我国实力于此方面亦较易利用,故断然排列国之大势,取实力驱攘之法。于是列国共同之政策,一以我国之决心巩固而得维持。故曰,保全清国之策,言之者列国,行之者日本也。他日者清国西境不守,俄成龙蟠虎踞之势,再宣言曰自今而言撤退,于实际不能。斯时谁能排之,谁能再为列国而贯彻其保全主义乎?余欲集列国政治家于一堂而问之。洎乎俄国既掠西境,有进临清国本部之势,则列国者亦惟取势力均衡之义,各保其利权,以为俄之抵制,若往年俄取旅顺,英因取威海之故事已耳。保全清国,其名徒美,卒无丝毫之实际。而为之祸首者,实俄国现今之态度也。故曰,祸清国者非列国,而俄国也。列国既不以祸清国为美,而以保全清国为美,则当合力禁止俄国。各方之蠢动势成而后喧嚣,喧嚣何益乎?独于满洲而言,保全又何益乎？

内田公使清国时事谈

清国之寄同情于日本也久矣。日俄开战之初，胜败归于何国，杳然尚不可知。既为日本之同情国，故不可以趋时评清国，而清国亦决非趋时者也。战局渐展，胜败既分，日本之连战连捷为世界各国所称扬，而云清廷之外交政策朝令暮改，今更舍顺境之日本而亲逆境之俄国。天下庸有是理乎？吾独不信。

随战争之进步，种种议论自各方面沸腾而来。试翻各国之新闻杂志而观其议论，则知无论谁国，皆有利于己国所在立言。就中如俄国者，不拘清国之态度与己国乖离，转曰清廷表好意于俄国，而买其欢心。其然，岂其然乎？

我国新闻杂志不问事理之是非，逞其臆测以诋毁清国，是微特无益于吾国，转于吾国之外交上有种种窒碍，是非痛心事乎？今而后，请执笔诸氏勿载此等无益于吾国之事。盖不如是，清国开战以来之同情将由此冰冷而交涉上将呈不幸之结果也。

不宁惟是，斯种论议，敌人得据以流布诬言，离间日清两国间之交情。万一邦人轻信其言，以真面目诘责清国，非将买清国之敌意，而使之交欢于俄国乎？愚也无及，邦人有之。故今而后，执笔诸氏遇事之有关于外交者，当注意又注意，郑重加郑重。果无干碍，然后笔之于书，以公于世，慎毋为敌国离间策所欺。

辽阳占领、旅顺陷落以前，清廷大抱杞忧，实有其事。然我国人于其时亦尝大抱杞忧，清人忧之，亦何足怪？以是之故，而谓清廷之外交有动摇，至冷其信赖于我之念，其暗于时局也甚矣。

现今清廷欲知我国舆论之趋向，事之关于彼国者，大为留意，一一翻译。且三千之留学生，虽如何微细之事，莫不书以报其在本国之父兄与知友，亦有邮寄当路之人以资参考者。是故清国之人，不论我国事件之大小，殆无不知之。职是之故，虽我之一言半语，其关系殊非浅鲜。故今而后，执笔诸氏宜注意，毋徒弄笔墨，以害彼我两国之感情。

光绪三十一年四月二十二日收俄阔署使照会一件
据本国总司令官电称日本占据新民府若至四月二十九日不退即不能以该府铁路作为局外中立请查照由

光绪三十一年四月二十二日收俄阔署使照会称：兹据本国驻满洲军总司令官电称，开战伊始，俄国政府以营口、沟帮子、新民厅之北清铁路及流河暨满洲与蒙古之交界宣明作为战疆西界。交战以来，本国始终严行遵守所宣者，且以保护中国中立，未用北清铁路，本国军队亦未占据新民府。乃日本竟占该府，并至今盘踞。设若至西历六月初一日即华历四月二十九日，日本不退新民府，本总司〔令〕官则不能以新民府之铁路作为局外中立等因前来。本署大臣相应据本国总司令官林所嘱，照会贵王大臣查照可也。

光绪三十一年〔四月〕二十三日发日本内田使/俄阔署使照会一件①
照会日本内田使/俄阔署使新民来有战国兵队勿在该处交战由

光绪三十一年四月二十三日发日本内田使/俄阔署使照会称：本月二十三日准北洋大臣电称，新民府街来有日兵驻扎/小塔子地

---

① 本件是分别发给日本驻华公使内田康哉、俄国代理驻华公使阔雷明的照会，二者内容略有不同，以分隔号表示（原文为夹行书写）。

方有俄兵甚多等因。查新民系中立地方,两战国兵队不得阑入,迭经照会在案。兹准前因,相应照会贵大臣/贵署大臣查照,转致贵国兵队勿在中立界内交战,是为至要。

光绪三十一年四月二十四日收俄阔署使照会一件
照复新民系中立地方俄兵勿在界内交战一节应向占据该处之日本责问由

光绪三十一年四月二十四日收俄阔署使照会称:本年四月二十三日接准照称,小塔子地方有俄兵甚多,新民系中立地方,因是照请转致贵国兵队,勿在中立界内交战等因。查在新民一带有无俄兵,本署大臣不知,但知新民府城内有日本兵,并该府全境设有日本军政厅。据贵国所颁局外中立条规,并据万国公法明载,战国军队如入中立境内,应收其军械并听约束,不致干预战务。现驻新民府之日本军队未卸军械,所以该地方失其局外中立。设若在新民府一带出有战事,不得责问严守中国中立、从先未占据新民府之俄国军队,则可责问占据各该处之日本,与中国政府纵容其占据中立之境,并不设法保全局外及不卸收违背中立之日本军队军械可也。

光绪三十一年四月二十五日发俄阔署使照会一件
照复俄阔署使新民日军已催速撤该处铁路勿得侵损由

光绪三十一年四月二十五日发俄阔署使照会称:本年四月二十二日接准照称,设至西历六月初一日即华历四月二十九日日本不退新府,不能以新民府之铁路作为局外中立等因。本部查新民府治在辽西,曾经声明中立,已迭次照催日本驻京大臣速将日兵撤退。至该处铁路为中立产业，始终由中立官员管理，战国毫无干涉，尤与新民地方无涉。倘有他国侵损该路，应将所损向其索赔。相应照复贵署大臣查照可也。

光绪三十一年四月二十六日收日本内田使照会一件
新民府屯兵如于兵事无关即行撤回由

光绪三十一年四月二十六日收日本内田使照会称：接准四月二十三日贵部文开，据北洋大臣电称，日本兵来至新民府驻扎等因前来。贵国政府屡次声明，该处系中立地，交战国军队不得侵入等因在案，应请贵大臣转达贵国军勿入中立界内交战为盼等情前来，本大臣俱已知悉。查新民屯俄军屡在该处办理用兵举动，是以敝国军因时制宜，理应仿俄军亦在该处办理用兵举动也。一俟与用兵无关紧要，应即撤去我兵。此言曾于三月二十五日第二十八号公文声明在案。此次本大臣接准贵部照会，唯有再将前言重行声明耳。为此备文照复，请烦查照。

光绪三十一年四月二十七日收日本内田公使照会一件
照复俄在新民屯办用兵之事我军在彼理所当然至该处之兵俟勿庸驻兵时即撤去由

光绪三十一年四月二十七日收日本内田使照会称：接准光绪三十一年四月二十五日贵部文开，据俄国署理使臣来文内称，日本国兵队驻扎新民屯至今不退，是以俄国军总司令官亦不认新民屯铁路为局外中立等因前来，万望日本军队勿驻扎该处，致使俄人藉口毁损铁路等情前来，本大臣俱已知悉。查辽河以西新民屯一带之地，屡经本大臣以公文声明在案，谓俄军任意办用兵之举动于该处,而新民屯铁路久为俄军所据,运送军需品者也。是以我军因用兵之要,亦应在新民屯办用兵之举动,理所当然。至于驻该处之兵,曾于三月二十五日以第二十八号公文声明在案,谓一俟勿庸驻兵,应即撤去也。为此备文照复。

日人在新民府设军务署及安小铁轨案

厅/司	科	类共计	件	编			

总事由	日人在新民府设军务署及安小铁轨案 　　光绪卅一年二月照请日使停设新民府军务署,三月日使照复俟无庸设局时即行裁撤,盛京将军等函报日在新民设军务署力争未复请核示并抄原禀及函件,四月即据以照请日使裁撤,五月日使照复新民安设小铁轨未便停止由。

年	月	日	收	发	某机关文	事　由	原件	
							字	号
光绪卅一	二	二十六		发	日本内田公使照会	日军在新民府设军务署有违中立请饬速即停止由		
	三	初六	收		日本内田公使照会	新民府设立军务署一事俟无须设局时即行裁撤由		
		十一	收		盛京将军增祺、奉天府尹廷杰函	新民府增守禀称日本在新民拟设军政署力争未复请核示由		

（续表）

年	月	日	收	发	某机关文	事　由	原件	
							字	号
					附录原禀一	新民府知府增楅禀报日在新民府设立军政署原禀由		
					附录原禀二	增守禀称与日员辩论改军务署为军务局各事由		
					附录抄件一	日员李得胜来函论军务署事由		
					附录抄件二	增守复日员函论军务署宜改设为局各情由		
	四	二十五		发	日本内田公使照会	新民府日军及军政署应即撤退由		
	五	初十	收		日本内田公使函	新民安设小铁轨属军务必须之事未便停止由		

光绪三十一年二月二十六日发日本国内田公使照会一件
日军在新民设军务署有违中立速即停设由

光绪三十一年二月二十六日发日本国公使内田康哉照会称：准北洋大臣电称，日军现在新民府设军务署。惟查战国例，不得在中立境内筹备战事。前此日俄军队来往新民一带，仅有由战地经过中立，并非久驻。今设军务署，即属筹备战事，且于中立地界设施其军政制度，实违公例，并碍主权，请照商日本驻京大臣，速令停设等因。查日俄开战以来，贵国屡经声明尊重中立主权，并声明俄所未犯之事，日本决不先犯，具征公谊。今日军在新民府设军务署，系属创举，与屡次声明之意不符。相应照会贵大臣，转行贵国军政官，迅即停设，以重中立为盼。

光绪三十一年三月初六日收日本国公使内田康哉照会一件
新民府设立军务署一事俟无须设局时即裁撤由

光绪三十一年三月初六日收日本国公使内田康哉照会称：照得接准光绪三十一年二月二十六日贵部文称，日军在新民府设立军务署有犯中立，请速撤去为盼等因前来，本大臣俱已阅悉。新民屯一事，本大臣曾于西历三月二十五日照会内声明在案。该处系俄军屡次办理行军之行为，是该处中立已被俄军破坏，我军因之，亦办理一切行军应办之行为，诚系我军权利应为之事。但此后我军查看情形，一俟无须设立军务局，必立即裁撤，此本大臣所深信而不疑者也。为此备文照复。

光绪三十一年三月十一日收盛京将军等信一件
新民增守禀称日在新拟设军政署力争未复请核示由

光绪三十一年三月十一日收盛京将军增祺、奉天府尹廷杰函称：顷据新民府增守韫禀称，二月十二三日清（青）木大佐、福岛中将先后到新，拟设军政署。经该守反复辩论，允改军务局，专管行军事件，其余地方一切事宜仍由该府办理等语。乃十九日日员李得胜派事务官送阅示稿，仍书军务署，并有军民争斗准来本衙门声诉字样。复经该守具函力争，至今尚未函复等情，禀报前来。究应如何办理之处，兹谨抄录原禀，敬请核示。除函达北洋大臣外，特此计抄呈新民府原禀二件、抄稿二件。

　　照录新民府知府增韫二月十九日来禀称：敬禀者，前因日军来府分驻各情，曾经禀明在案。兹于本月十二三日清（青）木大佐、福岛中将先后来新，均以礼款待，彼此晤谈，甚相惬洽。当以辽西为中立地面，日本军队虽经开出府街，驻扎四外村屯，兵民杂处，诸多不便，且俄兵北去已远，劝令开往前敌。据云此地中立介乎疑似之间，仍须驻兵防俄剿袭后路，并欲设立军政署。复以新民与辽阳、海城战地不同，反复辩论。伊亦以为然，遂改设军务局，专管行军事件，地方一切事宜仍归卑府办理，不相干犯。并因乡民纷纷禀报贼匪假冒日招华队，不免滋扰，商允会同派员查办。如系抚队，归日员李得胜约束；倘系盗匪，即归营官张作霖剿缉，以安耕作而靖贼氛。清（青）木、福岛于十六日起身进省，乔铁木亦于是日北去，仅留松居大佐带领陆军步兵分扎府界。所有日员来往问答情形，合肃禀陈，敬请钧安，伏乞垂鉴。卑府增韫谨禀。

　　照录新民府知府增韫二月二十四日来禀称：敬禀者，前因日员来往问答，并欲设立军政署，经卑府反复辩论理阻，伊以此地中立介乎疑似，从权改为军务局，专管行军事宜，不相干犯各情形，曾经禀明在案。兹于本月十九日日员李得胜派事务官持告示稿来阅，见其稿内仍书军务署，并有军民争斗准来本衙门声诉字样，当以事关重大,劝其仍照原议办理。旋据函称,署字与局字无甚分别,勿论名目如何,所施行事宜不在日前所商妥之外等语。复以局、署二字甚有区别,恐碍大局,具函力争,未肯承认,现在尚无回音。谨将来往信稿录呈鉴核施行。肃此禀陈,敬请钧安,伏乞垂鉴。卑府增韫谨禀。

照录新民府知府增韫禀送到照抄日员李得胜来函称:敬启者,日昨定派事务官畅叙一切,知悉贵意。阁下言大日本军务署之字样未免欠妥,改作大日本军务局字样甚好。阁下之言,或有一理。虽然,署字与局字分别不甚大,何于大局有碍?某已经蒙满洲军总司令部之训命,宜设大日本军务之署,严行我军全般约束,彼此并无纷扰。若夫阁下犹且坚执,所说则或恐于大局实欠妥当,此为憾耳。某在此地施行军务事宜,所置之处,或局或署,勿论名目之如何,所施行之事宜不在日前所商妥之外,即希阁下原谅为祷。专此奉告,不备。名正具。二十日。

照录新民府知府增韫禀送到函复日员李得胜函稿称:敬启者,顷接赐书,悉日昨来署之贵事务官已将畅谈各节代达清厅(听)。惟军务局、军务署,局署二字询之贵事务官,在大日本命名思义无甚区别,某是以劝其仍用军务局字样,以符前日鄙人与阁下、青木大人面商之意,并非鄙人另有所坚执也。至于局、署二字,在敝国讲义则因公设局,可暂可久,迨公事一毕,局即裁去;署系修建衙门,须奏明大皇帝永远设立。因事关重大,某须伸明意旨。今读手教,有勿论名目之如何,所施行之事宜不在日前所商妥之外,足征高谊雅量。何妨于一字之微,均本原议,不愈益昭大信而使鄙人藏拙,不致以此小事晓晓于政府,是则有望于大君子曲为谅之。此复李大人台照。名正具。二十日。

光绪三十一年四月二十五日发日本公使内田康哉照会一件
新民府日军及军务署应即撤退由

光绪三十一年四月二十五日发日本公使内田康哉照会称：本年四月二十二日准俄国署大臣照称，据总司令官电称，开战伊始，俄国政府以营〔口〕、沟帮子、新民厅之北清铁路及流河暨满洲与蒙古之交界宣明作为战疆西界。交战以来，本国始终严行遵守，且以保护中立，未用北清铁路，本国军队亦未占据新民府。乃日本竟占该府，并至今盘踞。设至华历四月二十九日日本不退新民府，本总司令官则不能以新民府之铁路作为局外中立等因。本部查新民府治居辽西，迭次声明中立。从前俄官侵犯，曾经诘阻。本年二月间，因有日军来新民府驻扎并设军务署，当经照达贵大臣，速令停设在案。该府地方俄兵并未久驻，日本军队若不即行撤退，转为俄国藉口，且与贵国声明尊重中立之意不符。除照复俄国署大臣勿得侵损铁路外，相应照会贵大臣转达贵国军官，勿在新民府驻扎军队，以全大局，并希见复为要。

光绪三十一年五月初十日收日本内田公使函一件
新民府设小铁轨属军务必须之事未便停止由

光绪三十一年五月初十日收日本内田使函称：前准函称本月初五日准北洋大臣电称，日本在新民铁路附近地方安配小铁道数条等语，查新民系局外地面，未便安配铁轨，相应函达查照，转致贵国军政官，勿在该处安设轨道，以重中立等因，本大臣均已阅悉。惟查俄军前在新民府占据时，按照军务必须之事任便施行，于今我国军队事同一律，业于本大臣迭次照会内声复在案。此次安设小铁轨，亦属务必须之事，未便辄令停止，相应函复贵王大臣查照可也。

日捕华商巨款案

厅/司				科	类共计	件	编	
总事由				日捕华商巨款案 　　光绪卅一年〔十一月〕十一日营口商号呈称上年由车运银洋 在营口被日军捕去由。				
年	月	日	收	发	某机关文	事　由	原件	
							字	号
光绪 卅一	十一	十一	收		营口商号裕 盛长等呈	上年由申运银洋 在营口被日军捕 去乞照日使转饬 发还由		

光绪三十一年十一月十一日收营口商号裕长盛（盛长）等禀一件
上年由申运银洋在营口被日军捕去乞照日使转饬发还由

　　光绪三十一年十一月十一日收营口商号裕盛长等禀称：具禀营口商号裕盛长、仁裕号、裕盛源、晋太丰、世昌德为巨资被诬合词伸诉叩求恩准照会俾早发还以全商业事。窃仁裕号等开设营口经数十年，向守商规，并无违禁过犯。因去春夏间有豆饼、豆油、大豆运往上海等埠，换得小银洋，折算银两；并有在上海钱庄存款至五月杪。因营申汇票吃亏，又值六月一卯期将届，银根奇紧，故在上海备办小银洋三十万零二千百元，装英国轮船"西平""北平"，先后运营，预济卯期应用。二轮在沪放行，均经英领事签字，银洋亦报明税关。讵料驶至威海洋面，遇日本军舰"香港丸"，竟将二船捕去，带往佐世保，将银洋卸地，空船释放。商号等自问无他，即赶至佐世保捕获审检所禀诉，当经驻营口日本领事濑川浅之进发给证明愿书及日本巨商三井物产会社作证，奈该捕获审检所不原商情，未允交还。不得已，又往东京高等捕获审检所粘黏提货单禀诉，又蒙神户、大阪阖埠中华商董合词代禀驻日杨公使各在案。至今十余月，日俄和议业已告成，东京高等捕获审检所仍未批发。商号等巨资无着，艰苦万分，将有不能生活之势。伏思营口为通商口岸，银元实系商民买卖通用，无关军需。况经上海英领事签字报明税关然后出口，并非私运。为此沥陈下情，除禀商部转咨外，理合具禀伸诉。叩恳王爷、中堂、大人恩准照会日本公使，转行东京高等捕获审检所，查明前项商人血本发还。商号等感戴无涯，实为德便。上呈印结未录。

　　计开：

　　仁裕号：装"西平"船小银洋五箱，计二万元；装"北平"船小银洋十箱,计四万元。

裕盛长:装"西平"船小银洋十七箱,计七万零二百元;装"西平"①船小银洋五箱,计二万二千元。

裕盛源:装"西平"船小银洋二十箱,计八万元。

晋太丰:装"北平"船小银洋十箱,计四万元。

世昌德:装"北平"船小银洋六箱,计三万元。

---

① 此处与前处皆作"西平",必有一处为"北平"之误。

日员指索押犯案

厅/司	科	类共计	件	编

总事由	日员指索押犯案 　　光绪卅一年五月日使函复日队官带走押犯各节已转本国政府咨查由。

年	月	日	收	发	某机关文	事　由	原件	
							字	号
光绪卅一	五	初十	收		日本内田公使函	日本队官带走康平县押犯各节已转本国政府咨查俟复到再达由		

光绪三十一年五月初十日收日本内田公使函一件

日本队官带走康平县押犯各节已转本国政府咨查复到再达由

光绪三十一年五月初十日收日本内田使函称：前准函称，顷准盛京将军电称，有日本队官李得玉、王如松向康平县官指要押犯白长等八犯，只得点交日员带走等因，本部查该县所禀白长等既系命盗重犯，何得强行指索，相应函请贵大臣转达贵国总司令部从速全数交还，是为至要等因，均已阅悉。本大臣当经按照来函各节，转达本国政府转行咨查矣。除俟查复到再行布达外，相应先行函复贵王大臣查照可也。

日军占用大东沟木植案

厅/司		科		类共计		件	编

<table>
<tr><td rowspan="1">总事由</td><td colspan="7">日军占用大东沟木植案
　　光绪卅年北洋大臣咨报沙河木植被日本军政官扣留及被俄军截用烧柴,当即照会日使转饬交还,东边道禀同前情,复据此照催日使,旋复北洋以日使称沙河在战地未可断为中立例,奉天将军又报俄用木植所值银数,北洋亦报日人将木商木植据为己有,并该商等径禀各情,即据以照会日使,嗣日政府允给价于木植公司,至木商屡次受损索赔均往返辩驳议价,或办结或未结由。</td></tr>
</table>

年	月	日	收	发	某机关文	事　由	原件	
							字	号
光绪卅	五	十四	收		北洋大臣袁世凯文	前东边道禀木植公司堆存木植被日本军政官扣留请照会日本公使转饬发还由		
					北洋大臣袁世凯文	前东边道禀俄军截用沙河等处存木按约应归战败之国赔偿等因请备案由		

（续表）

年	月	日	收	发	某机关文	事　由	原件	
							字	号
		十七		发	日本内田公使照会	请转饬军政官将扣留木植交还由		
		二十二	收		东边道袁大化禀	东边木植被日官藉端扣留请力持索还变价抵款由		
	六	初六	收		福建兴泉永道袁大化禀	恳照会日使饬该军政官发还扣木并电杨大臣转告外部速电停运由		
					附录清折一	载委员张修梅与日员日野强批定赎回木植合同由		
					附录清折二	载与俄员索回木植草约由		
		初七		发	日本内田公使照会	请转饬军政官将前后扣木植照数发还由		
			收		福建兴泉永道袁大化函	日本扣留木植兹将致日使函稿录呈由		
					附录致日使函稿	内称日军政官所扣木植请速饬还并释宋哨官拿交孙贵由		

（续表）

年	月	日	收	发	某机关文	事　由	原件	
							字	号
		初十	收		北洋大臣袁世凯文	浪头三道沟及沙河存木经日官挑留咨请照会日使发还由		
					附录清折	谨录委员张修梅与日员日野强批定赎回木植合同由		
		二十三	收		盛京将军增祺等文	奏请袁大化造报木植公司收支一片恭录朱批知照由		
	七	十七	收		户部片	东边道木植一事请俟办结知照由		
		二十三		发	北洋大臣袁世凯文	奉天木植事据日使照称系在战地未可断以中立之例抄录来照希酌核声复由		
		二十五	收		盛京将军增祺等文	大沙河木植被俄取用所值银数应按中立条规归战败之国赔偿请备案由		
			收		盛京将军增祺等文	大沙河俄木俄人自行焚毁请备案由		

（续表）

年	月	日	收	发	某机关文	事　由	原件	
							字	号
	八	初五	收		北洋大臣袁世凯文	大东沟商办木植日官据为己有请诘日使转饬发还由		
		十一	收		奉天大江混江木把民人李鸿声刘世丰等禀	木簰为日军截去并不发价乞设法拯救由		
				发	日本内田公使照会	大东沟华商木植清还并将店主等释放由		
		十五	收		安东县大东沟众商等禀	木簰被日官装去请设法拯救由		
	九	二十一	收		户部片	北洋大臣咨奉省扣运木植事袁道请转照日使照数给价俟办结后知照本部备案由		
			收		户部片	仝上由		
	十	初二	收		北洋大臣袁世凯文	大东沟木商请照运木希照会日本电致总司令官放行由		
		初五		发	日本内田公使照会	木商购运木植希饬验照放行由		

（续表）

年	月	日	收	发	某机关文	事　由	原件	
							字	号
		初七	收		山东巡抚周文	咨报烟商在旅顺等处财产木料数目由		
			收		日本内田公使照会	函复大东沟木植发给原价由		
		初十		发	北洋大臣袁世凯文	日使照称袁道木植公司日政府允还二万八千元由		
		十二	收		日本内田公使照会	木植公司交款事应袁道会同驻津营务处支应官办理请知照袁道并见复由		
			收		日本内田公使照会	木商刘钟霖在大东沟所买松木请准以轮船载运已报本国政府得复再达由		
		十六		发	北洋大臣袁世凯文	日使照称木植洋元交袁道大化转饬遵照由		
		二十二		发	日本内田公使照会	沙河子一带木商存料希转饬放行由		

（续表）

年	月	日	收	发	某机关文	事　由	原件	
							字	号
			收		日本内田公使照会	日营扣留木板一案请饬该商等径向军政官呈明办理由		
		二十三	收		日本内田公使照会	鸭绿江木料奉本国训条令该商向军政官呈诉请饬遵照由		
		二十四		发	日本内田公使照会	袁道木植价请饬日官照发由		
		二十五		发	北洋大臣袁世凯文	华洋木料等项应由该商自向该军政官呈诉办理由		
				发	日本内田公使照会	鸭绿江等处华商木料应由该商自向军政官呈诉已咨行北洋大臣由		
		三十	收		北洋大臣袁世凯文	日本赔大东沟木植款即照复日使转饬速发由		
	十一	初六	收		驻日大臣杨枢文	浪头沟等木植现日官允照价赔偿由		

（续表）

年	月	日	收	发	某机关文	事　由	原件	
							字	号
		十四	收		北洋大臣袁世凯文	袁大化禀称收到日军扣运木植赔款不敷银七千余两拟自筹补请复日使由		
		十八		发	日本署公使松井照会	木植赔价已如数收讫由		
		二十三	收		北洋大臣袁世凯文	袁道禀称东边木植银已如数呈缴咨请立案由		
光绪卅一	四	初六	收		盛京将军等文	兴京山货分局藉木植汇银被俄兵用尽请开除免解由		
		十四	收		北洋大臣袁世凯文	大东沟木植被扣迭经设法仍不开放请照日使转催速办由		
		十八		发	日本内田公使照会	大东沟木植事请转饬秉公办理由		
	五	初一	收		盛记木局潘孝思禀	运售木植请发凭据由		

（续表）

年	月	日	收	发	某机关文	事 由	原件	
							字	号
	六	二十二	收		北洋大臣袁世凯文	大东沟木植日商据为利薮请照日使转饬发价或由驻津日领妥议以期速结由		
		二十五		发	日本内田公使照会	大东沟华商木植请饬日军政官秉公发给时价由		
	八	初二	收		北洋大臣袁世凯文	日军占用大东沟木植勒价逼领据天津木商禀请办理请照日使电饬津领事秉公议价见复由		
					附录抄单	日军告示由		
		初四		发	日本内田公使照会	大东沟木植请饬领事给价由		
		二十一	收		北洋大臣文	历陈日人强号木把以致激变抗拒各情请查照由		
		二十五	收		北洋大臣文	木商天庆等号禀称木植议价事由		
		三十		发	日本内田公使照会	东沟华商木植仍请饬在京议价由		

（续表）

年	月	日	收	发	某机关文	事　由	原件	
							字	号
	九	十三	收		日本内田公使照会	天津木商天庆号木价事奉外务省回示军用材木军政官与该处地方官定有官价大东沟木商不得特别办理准该地军宪答复仰该木商径向该地军宪收价由		
					附录表件	定明木材价格表由		
		十七		发	北洋大臣袁世凯文	大东沟华商木植发价一事抄录往来照会知照由		
	十	初二	收		护理奉天驿巡道孙葆瑨等禀	奉省因战损伤人命财产已将大致总数电达尚有十余处因战线阻隔未能调查俟办齐再行咨部至木植事因大仓组勾通华商玉合栈强号木把存木竟致枪伤日人七名现已凑集恤款完案由		

（续表）

年	月	日	收	发	某机关文	事　由	原件	
							字	号
		二十三	收		北洋大臣袁世凯文	大东沟木植事木商天庆号等公禀咨呈核办由		
					附录清单	直隶帮在东沟木植之木商长丰栈看橙木号由		
		二十六	收		盛京将军赵尔巽文	咨呈接管内开辟安县木把肇衅并赔款各等情请备案由		
					附录抄件	致日军司令部照会解缴罚款由		
					附录文件一	日军司令官致书日文由		
					附录文件二	安东县兵站部齐藤函稿由		
	十一	初一		发	日本内田公使照会	大东沟木植希转致军政官另议公平价值由		
		初三		发	北洋大臣袁世凯文	大东沟木植事已照会日使由		
		初五	收		盛京将军文	东边木植复被日军号用请照案索赔由		

（续表）

年	月	日	收	发	某机关文	事　由	原件	
							字	号
		十四	收		日本内田公使照会	大东沟津商木价应由高知县晓谕木商办理由		
		十七		发	北洋大臣袁世凯文	大东沟木植事抄送日使照会并咨知盛京将军查复由		
				发	盛京将军文	津商大东沟木植事饬安东县令禀复由		
		二十九	收		北洋大臣袁世凯文	木商天庆号禀木植被日军霸占等情请查核办理由		
	十二	二十五	收		商部文	据魏震等电称日兵在十九二十道沟砍木祈商外部照阻由		
		二十六	收		日本内田公使函	陈营官砍伐临江各属木植事已转本国饬查由		
		二十八		发	商部文	日兵伐木事已函致日使由		

光绪三十年五月十四日收北洋大臣袁世凯文一件
前东边道禀木植公司堆存木植被日本军队扣留请照会日本公使转
饬发还由

　　光绪三十年五月十四日收北洋大臣袁世凯文称：据调补福建兴泉永道、前奉天东边道袁大化禀称，窃职道于本月初九日接据沙河木植委员、候选直隶州袁杲函寄呈报东边张道锡銮禀稿内开，窃查光绪二十九年八月间前道袁拨用库款，照木植公司章程收回杂号堆存浪头、三道沟两处计一千三百二十五椵，除被俄军截用烧柴三椵①外，净存料板一千三百二十二椵，每椵值凤平银十四两，共值凤平价银一万八千五百零八两正。拟觅船装运，以归库款。不意日本第一军军政官松浦宽威派人将两处之木全行打印扣留，屡次会同安东县高令钦往与理论，诬称俄人之木。再四力办（辩），竟若罔闻，并派兵把守，不准装运。此项木植既经日本扣留，所值价银应由日本归缴，以重库款，势非卑局所能挽回，亦非安东县所能理结。为此备文呈请宪台查核备案，转详咨照办理等情。查此项木植不惟华商认剩，并有赎回日本商人捞获之木居多。前经张委员修梅与日本坐办义州委员步兵大尉日野强批有合同，给价赎回，何得强指为俄国之木？前经职道估价备抵库款，并请将军饬东边税局验收，奉批照准有案。未经开仗以前，凡在沙河、东沟游历经商之日人，无不闻之。俄人木植公司本在韩界龙川堡，中界并无堆存俄之木，亦为日官所共知。此次藉端扣留职局木植，殊失仗义兴师之本旨。此项木植价值不到两万金，日本国家并不在此，实于保护中立财产之例有碍。务恳宪恩咨请外部照会日本内田公

---

① 此字在本档案中时而作"椵"，时而作"挢"，即木料成堆计算的单位，在此统一为"椵"。

使,转饬该军政官照约发回,俾得早运变价抵补库款,以清经手而免后累,并请咨明户部暨奉天将军备案,实为恩公两便等情,到本大臣。据此,除批示并分咨外,相应咨呈贵部,谨请查核照会日本公使转饬该军政官,将扣留木植发还,俾得早运变价抵补库款,以清经手而免后累。望切施行。

光绪三十年五月十四日收北洋大臣袁世凯文一件

前东边道禀俄军截用沙河等处存木按约归战败之国赔偿等因请备案由

光绪三十年五月十四日收北洋大臣袁世凯文称:据调补福建兴泉永前道(道前)奉天东边道袁大化禀称,窃于本月初九日接据沙河木植委员、候选直隶州袁杲抄禀呈报东边张道锡銮禀稿内开,为呈报事。前俄军将沙河存木抬堵江沿,开江被水冲去十五根,已经呈报在案。俟俄军到安东较多,上下分扎,旋将浪头存木截用烧柴十七根,三道沟存木截用烧柴十六根,沙河存木截用烧柴一百二十九根,前后共计一百七十七根,合十六椓零一根,当向俄将军葛司答林司计索讨木价。该将军一味支吾,分文未赏。致(至)三月十六日,俄军败走。所有劈用烧毁之木虽为数无多,但系前道袁照木植公司章程拨款收来,每椓值凤平银十四两,共值凤平银二百二十五两二钱七分有奇。此项木植既经俄军劈用烧毁,所值价银应按中立条约归战败之国赔偿,以重库款。为此呈请宪台查核备案,转详咨照施行等情。查此项木值(植)既经俄人毁坏,公款攸关,应即禀请宪台咨明外部、户部及奉天将军备案,以俟事局定后再向索赔,实为公便等情,到本大臣。据此,除批示并分咨外,相应咨呈贵部,谨请查照备案施行。

光绪三十年五月十七日发日本国公使内田康哉照会一件
照会日本内田使转饬军政官将扣留木植交还由

光绪三十年五月十七日发日本国公使内田康哉照会称：光绪三十年五月十四日准北洋大臣咨称，据前东边道袁大化禀称，二十九年八月拨用库款，照木植公司章程收回杂号堆存浪头、三道沟两处计一千三百二十五椾，被俄军截用烧柴三椾外，净存料板一千三百二十二椾，每椾值凤平银十四两，共值凤平价银一万八千五百零八两正。拟觅船装运，以归库款，不意日本第一军军政官松浦宽威派人将两处之木全行打印扣留。屡次会同安东知县往与理论，诬称俄人之木，竟派兵把守，不准装运。此项木植不惟华商认剩，并有赎回日本商人捞获之木居多。前经张委员修梅与日本坐办义州委员步兵大尉日野强批有合同，给价赎回，何得强指为俄国之木？请知照日本驻京大臣转饬军政官将扣留木植发运，俾得早速变价抵补库款等因。相应照会贵大臣查照，转行该军政官将木植交还，并希见复为荷。

光绪三十年五月廿二日收道台袁大化禀一件
东边木植被日官藉端扣留请力持索还变价抵款由

光绪三十年五月二十二日收道台袁大化禀称：窃查光绪二十八年十一月间因俄人索租鸭绿江一带木植，增将军粘抄原卷及宪部函，札饬职道迅与俄商妥议。事既完竣，恐日久变生，拟自设木植公司为抵制之法，藉以收回利权。事未及行，而日商细野庄平又禀请将军，在东沟设立浑大两江木植保险公司。将军始恐利源外溢，日俄交争，飞饬职道倒填年月，示谕商民自设保护木商公司。职道自应遵照办理，妥拟章程，禀请咨由宪部核准，二十九年二月间即行开办。乃日商缪辁甫完，而俄人贪心又起，始则托人禀求宪部，包办东边木植专利二十五年，继则招集匪军，分帮东来，意图侵夺。经职道竭力捍阻，几至身民俱殉，始得保全微末。至二十九年四月初八日察视东边，事局中变，深恐前招保护木商巡队四百名饷无所出，遵照将军谕准，由东北岁牧地粮房税项下作正开销，当经禀请立案。四月念五日奉到将军批开，如禀，立案缴；又奉到府尹批开，既据分禀，仰候军督部堂批示缴各等因。奉此，嗣因九月念七日奉旨来京交卸在即，查视各局经收捐款及赎回日韩捞木并木把认剩之木运存沙河、浪头者约计木款两项，足敷本局一年开销，当即禀明勿须动用正款，将存木二千三百桄每桄十四两作银三万二千二百两，禀请将军札饬东边税局验收管理，来春变价归还道库垫款。十月十五日奉到增将军批开，据禀已悉，该木植公司存木二千三百桄，候饬东边税局先行点收。至十二月念七日，历时三月〔之〕久，始终无人到东验收。深恐致有抛失，又经禀恳增将军，仍照前批速饬东边税局验收，或派张道就近接管，迄今未奉回示。嗣闻东边税局诿之于张道，张道又诿之于前任，并责成委员张敬勇、袁杲清理。凡此往返周折，均未接奉增将军明文。职道既知此中情形，即不能置身事外，急饬张敬勇登及早清理。适日俄事起，道路不通，四月初七日两次派员前往烟台，就近探视能否赴东清理。昨据张敬勇登禀称，烟台轮船仍不准放，东沟只有民船，海盗纵横，时常被掳勒赎，商贩裹足，至今未有眉目。并据本在沙河未回委员袁杲禀称，日官藉端扣留七道沟以下浪头木植，不准装运，连商家之木一并归彼建筑部经理，屡经呈请东边张道详请将军咨照办理各等情。正在筹办间，忽阅邸抄，见增将军据张道禀，奏明立案，饬职道速将经办木植公司二十九年收支各款赶紧造报，并将所存木植饬委张敬勇、袁杲等迅即变价归还道库垫款,以清界限,并未声明日官扣木情事。职道查东边存木既经日官扣留,势难装运变价,归款报销即无从着手。此为国家全力攸关,并非职道一人绵力所能挽救,谅在仁明洞鉴之中。现已禀请北洋大臣咨呈宪部,照会日使转饬该军政官照约发还,俾得早运变价抵补库款,以清经手而免后累,并请咨明户部暨奉天将军,业奉批准在案。务恳王爷顾念中立财产公约攸关,此约一坏,祸不胜言,力为主持索还,俾得早日变价抵款结报,不惟职道一人藉免后累,即东省官民财物亦可从此同获保全矣。肃此具禀,祗叩爵绥,伏乞垂鉴。职道大化谨禀。

光绪三十年六月初六日收福建兴泉永道袁大化禀一件
恳照会日本使饬该军政官发还扣木并电杨大臣转告外务部速电停运由

光绪三十年六月初六日收福建兴泉永道袁大化禀称:窃职道于本年六月初三日接据沙河委员袁杲等五月十三日来禀,浪头、三道沟存木一千三百二十二桄,业经日官装赴仁川三百余桄,余正拆垛装船,不久亦将运完。并将沙河照十四两原价兑给商号永兴福尚未交银之木又经日官挑留三垛,计二百桄。据称凡有日俄印字,皆须归彼国建筑部经理,不准商人装运。屡同安东县与该军政官松浦宽〔威〕辨论,迄不肯还,禀请详恳咨照办理等情。据此,职道复查日官前扣浪头、三道沟存木一千三百二十二桄,曾经禀请北洋大臣咨宪部照会日本驻京大臣转饬该官发还在案。职道复于五月二十三日来京,自诣使馆面见内田公使,详告一切。当经面允函致日本政府,转饬鸭绿江前敌查明发还原木,如木已允用,照价发银等语,现尚未接回音。兹据沙河委员禀称,不惟浪头、三道沟存木将次运完,并将沙河已经照价兑给商人尚未交银之木复经挑留三垛二百桄,不准华商装运。查去年闰五、八、九等月,俄人三次扣我排数百张,插旗打印,据为俄有,经职道屡与剖辨,定约索还。虽有俄人印号,皆临时外加,实系还我之木。中国本有此印,并有批定约章可凭。以俄人当日强横,果系彼木,岂容我局收回?此理甚明,不待烦言。至于六、七月间混江涨发,冲散木排千余张,日韩两国商民捞获甚夥,日人皆打有印号。经委员张修梅与日官步兵大尉日野强面定合同,给价赎回,尚有合同原底可证,何得强将局木凡有日俄印字概归彼国建筑部经理?浪头、三道沟存木一千三百二十余桄,并非日俄印字,亦经全数运去。可知该军政官藉端扣留,并不在乎有无日俄印字也。似此扣木愈多,更将无术抵款,殊非保护中立财产之道,亦于日本国家声名有碍。合再仰恳宪部照会驻京公使转饬该军政官,将前后扣留木植照数发还,俾得及早变价缴款结报,以清经手而免后累。并请电致驻扎日本杨大臣转告日本外部,从速电饬鸭绿江前敌该军政官松浦宽威,将扣留中国公司木植先行停运,以便商办,实为公便。肃此具禀,衹请钧安,伏乞垂鉴。

附录清折　载委员张修梅与日员日野强批定赎回木植合同由

照录清折

　　谨将委员张修梅与日员日野强批定赎回木植合同录呈鉴核。

　　计开:

　　今将中国江水涨发冲散本国木把排木,公司定章,均拉估价,照三成提给捞木人工资,本(木)交中国公司取回,立此条约为据,须至条约者。

一、散木太多，不能分类，估价均须算每料木十一件为一桄，估作中国街市小洋钱三十三元，内提三成给捞木人各项工资小洋钱九元九角，以期便捷，易于核算。

一、此项散木太多，需款甚巨，如小洋钱不足，即随中国市价一律折给现银，以免烦琐。

一、约章议定中国公司派员随同日本司员，先将各处料木查看数目，登记帐簿，中国公司再派员前往，由日本官员派人点交，中国人接管。未支以前，仍归捞木人看守，而免遗失。

一、三成木价甚巨，须俟中国将木穿排放至中国东沟、沙河界内，三成捞费银两分三期付清。八月初一日交六分之一，八月二十日交五分之二，九月十五日交清，分文不欠。全交日本官转发捞木人，中国一概不管。彼此立给银木收条，以免错误。交钱限期以清历为准，合并登明。

一、散木太多，大小不等，必须过千寸以外之木，方为一料。其余谓之零星小木，值钱无几，不能照三成给价。因小木运至东沟、沙河，与木料一样经费，木把认领小木即无余利。好在太小零木不多，可免交捞费，即由中国逐排带下，给木把认领，公司亦不收取捞费，以示体恤穷苦木把而敦邦交。

一、此项冲散料木由中国公司取回，除三成捞费以外，约定别无丝毫杂费，以免缪辖。

一、所捞之木均在韩界，倘有日人、韩人从中争较，皆归日本官员禁止，以一事权而免阻挠我两国睦谊。

中国东边道委员张、徐、叶

日本官员秀岛

日本住韩监约统领日野

照录清折二　载与俄员索回木植草约由

照录清折

谨将与俄员索回木植草约抄呈鉴核。

计开：

一、混江上游俄木把抢放杂号排八十余张，俟到沙河，查是俄把本号，①由张占元派人照数取去；是华木把字号，交中国公司听华木把认领。照章发给捞木人三成官价，作为定章。

一、混江口、川沟、大江、长甸河口以及沿江地方，中国公司收捞各项木料，皆听木把认领，俄商不得强行打印穿排。如有俄人在各处抢穿杂号，由俄公司即行拿办治罪。

一、以后照木（本）国木植公司章程暨按年发给木票章程办事，彼此不准违背。

一、明年伐木在韩界者由俄木植公司打印，在中界者由中国木植公司打印，遇有俄木把另打印号，以示区别。以后如有冲散杂木，均以两公司原有之印号为凭，不准争夺抢取。

一、俄商木票系张占元承领包揽，所有俄商木植悉由张占元索要，由张〔占〕元转雇木把，作定官尺，长短粗细先行讲定。如有短少冲散，皆推张占元是问，不得自派木把抢夺。如木把短欠，由张占元送交中国地方官追赔。

一、中国公司现由上江放下木排十一张，俄人强号四张，即行交还，其强行打印号之人由俄总管酌办，以后不准再行强号木植。

一、税捐一月一结清，必须照章由中江局东边税局派员

---

① 似应作"俄木把字号"。

往收。

大清国奉天东边道袁

大俄国住韩龙川总管仕

大俄国住韩龙川办理木植事宜总管阿

办理俄公司事统领张

大清国委员叶、张

大清国商人赵

翻译官李、王

光绪三十年六月初七日发日本公使内田康哉照会一件
照会日本内田使转饬军政官将前后扣留木植照数发还由

光绪三十年六月初七日发日本公使内田康哉照会称：光绪三十年六月初六日接准前东边道照会称，光绪三十年六月初六日接准前东边道袁大化禀称，接据沙河委员袁杲等来禀，浪头、三道沟存木一千三二十二桅，业经日本官装赴仁川三百余桅，余正拆垛装船，不久亦将运完。并将沙河照十四两原价兑给商号永兴福尚未交银之木又经日本官挑留三垛，计二百桅。据称凡有日俄印字，皆须归彼国建筑部经理，不准商人装运。属同安东县与该军政官松浦宽威辨论，迄不肯还，禀请详恳办理等情。据此，复查日本官前扣浪头、三道沟存木一千三百二十二桅，曾经禀请北洋大臣咨呈在案。职道于五月二十三日来京面见日本驻京大臣详告一切，当经面公（允）函致日本政府转饬鸭绿江前敌，查明发还原木，如木已运用，照价还银等语。兹据沙河委员禀称，不但浪头、三道沟存木将次运完，并将沙河已经照价兑给商人尚未交银之木复经挑留三垛二百桅，不准华商装运。查去年闰五、八、九等月俄人三次扣我木排数百张,插旗打印,据为俄有。经职道屡与剖辨,定约索还。虽有俄人印号,皆临时外加,实系还我之木。中国本有山印,并有批定约章可凭。以俄人当日强横,果系彼木,岂容我局收回?此理甚明,不待烦言。至于六、七月间混江涨发,冲散木排千余张,日韩两国商民捞获甚夥,日人皆打有印号。经委员张修梅与日本官步兵大尉日野强面定合同,给价赎回,尚有合同原底可证,何得强将局木凡有日俄印字号归彼国建筑部经理?浪头、三道沟存木一千三百二十余桄,并非日俄印字,亦经全数运去。可知该军政官藉端扣留,并不在乎有无日俄印字也。似此扣木愈多,更将无数(术)抵款,殊非保护中立财产之道,亦于日本国家声明(名)有碍。合再仰恳照会日本驻京大臣转饬该军政官,将前后扣留木植照数发还,俾得及早变价缴款结报,以清经手而免后累。并请电致驻扎日本杨大臣转告日本外部,从速电饬鸭绿江前敌该军政官松浦宽威,将扣留中国公司木植先行停运,以便商办等因前来。本部查此案前准北洋大臣来咨,曾于五月十七日照会贵大臣在案。兹又据该道禀称前因,除已由本部电致杨大臣转达贵国政府,转饬军政官将扣留中国公司木植先行停运外,相应抄录草约合同原折二件,照会贵大臣查照,电达该军政官将前后扣留木植照数发还,以免商累而昭公谊,并希见复为荷。

光绪三十年六月初七日收福建兴泉永道袁大化函一件
日本扣留木植兹将致日使函稿录呈由

光绪三十年六月初七日收福建兴泉永道袁大化函称:窃以日使久无回音,即照前议加给详函催办。顷接陶郎中函称,日使派青木大佐前往大本营面陈木植公司事并查办被扣情形,嘱将被扣商家连类相告,顺便查办,职道已详细言之。并谓自五月十五日起,闻东沟沙河不准商船装木出口,刻想被扣者更多矣。日官干预木植公司,有奸人媒蘖其间,意在借势先夺利权。东边税局均被日官占住,增帅不知已否派员收税,张道于木殖(植)公司并未闻如何举办,听其所为,实属可虑。谨将致日使函稿录呈宪鉴。因回京后即患腹疾,迄未见轻,故未能晋谒宪颜也。肃此具禀,虔请钧安,伏乞垂鉴。

附录致日使函稿　内称日军政官所扣木植请速饬还并释宋哨官拿交孙贵由

照录清折

　　谨将致内田日使函录呈宪鉴。

　　计开:

　　六页

　　敬启者:日前两次拜候,面达一切。蒙贵钦差慎重公事,曲尽交情,敝道实深纫感。临别时复承面嘱,将来于公牍外加给详函,兹将贵军政官扣留木植前后情形一再详细言之。查本年三月间贵军到东边后,商后(旅)尚未通行。嗣接沙河委〔员〕袁杲、安东知县高钦四月初九、初十两日来禀,贵军政官松浦宽威各处派人扣木打印,不准装运。屡经辨论,始谓沙河存木已经查清,可归敝公司装运,浪头、三道沟尚须细查。四月十三、四日,松浦宽威忽谓三道沟、浪头、沙河所存之木多有俄国印字,运时须挑归日官经理。经袁杲等面告,俄印系去年俄扣木排插旗打印,经敝道力与索还,中外人皆知之,并有中俄草约可据。四月二十六日,松浦宽威又谓七道沟以下至浪头、三道沟，无论商家公司存木，皆须归日本建筑部经理。再与理论，置之不理。敝道始据情禀请北洋大臣，咨请外部照会贵钦差转饬该军政官，将扣木发还。敝道复自诣贵馆，两次面陈，蒙将扣木情形详达贵政府，或木或银，总可照还。俟接回音，许即函告。嗣接委员袁杲五月初九来禀，松浦宽威不惟将浪头、三道沟存木将次运完，又将沙河兑给商人尚未交银之木挑留三垛计二百余桄，谓有日俄两国印字。查日本印字系去年水涨冲散华排，贵国商民捞获外打印号，经委员张修梅与贵国步兵大尉日野强批定合同给价赎回，现有合同原底可证，亦为清日人所共知。似此扣木愈多，更将无术抵款。复经敝道禀请北洋大臣、外务部电致杨大臣转告贵外部，速电前敌军政官，将扣木先行停运。并一面照会贵钦差转达贵政府，速饬前敌军政官，或银或木，照数发还，以重睦谊。现接沙河委员五月十八日来函，该处军政官现换大原武庆。此事多经松浦宽威之手，不知有无推诿。查此项木植估价不过两万余金，日本国家并不在此。即中国谊笃睦邻，与贵国最称亲睦，事多仰赖，抑又何在于此？但事系敝道经手木被日官扣留，增将军奏饬敝道变价缴款。敝道居官清苦，实无余力措此巨资，参官抄家，皆意中事。向蒙贵钦差格外关爱，当不忍坐视敝道至此。且以有限中立财产，松浦藉端扣留，倘此事一经传播，必为泰西各国所笑，于亚东大局颇有关爱（碍），贵国本国后来均多不便也。仍乞贵钦差力顾全局，或银或木，速饬发还，是为至幸。肃此布恳，即请勋安。

前东边道调补福建兴泉永道袁大化谨泐

中历光绪三十年六月十五日正肃函间，又接沙河委员袁杲五月二十六日来禀，是月二十三日接日本军政官大原照会，谓木植公司所属木料均归帝国军有处理，①并将前派清理木料之宋哨官亦被日军押讫，复派兵十余名强令袁委员杲前往军政署问话。自中国坏人孙贵来此两月，始有号印各项木植并押宋哨官之事。查孙贵前在俄国道胜银行管事，招摇撞骗。拳匪之乱，抢掠许多衣物，逃至东沟。光绪二十八、九年间，又勾串日商细野庄平，在东沟擅设保险木植公司。复派其党王有贵带领数十人，扯日本旗字自往上江，沿途饬地方供应，捐人粮石，掠人烟土银两，砍伤华民一名。并假造两湖总督印信暨依将军关防，自造假札，冒充职官。经临江县拿送敝道讯明拟办，嗣经营口贵领事濑川浅之进亲到凤城，查明孙贵从宽办理等实系坏人。② 敝道复因濑川一面讲情，极力通融，许将孙贵从宽办理。去年临交卸东边道时，将孙贵释放，禀明将军照会濑川有案。此次孙贵复回东边，仍同细野庄平在朝界龙川堡包揽一切，假借贵国军威，挟隙报复，唆使贵军官藉端扣留敝公司木植，并将押送孙贵之宋哨官一并押讫，败坏贵国声名。孙贵一人为之，贵官不加详察，事多为其所误。务请速饬前敌军政官将扣木发还，宋哨官释放，并将孙贵拿交中国地方官仍照前案讯办，以敦睦谊，而振军声。不惟中国商民同声感颂，即人心转背为向，亦与贵军后来进取之路大有关系也。肃此奉托，再请勋安。

全日又启

光绪三十年六月初十日收北洋大臣袁世凯文一件
浪头三道沟及沙河存木经日官挑留咨请照会日使发还由

光绪三十年六月初十日收北洋大臣袁文称：据调补福建

---

① 此处文句不通，但原文如此。
② 此处文句不通，但原文如此。

兴泉永道前奉天东边道袁大化禀称,窃职道于本年六月十三日接据沙河委员袁杲禀,五月十三日来禀,浪头、三道沟存木一千三百二十二椵,业经日官装赴仁川三百余椵,余拆垛装船,不久亦将运光。并将沙河照十四两原价兑给商号永兴福尚未交银之木又经日本官挑留三垛,计二百椵。据称凡有日俄印字,皆须归彼国建筑部经理,不准商人装运。安东县与该军政官松浦宽威辨论,迄不肯还,禀请详恳咨照办〔理〕等情。据此,职道复查日官前扣浪头、三道沟存木一千三百二十二椵,曾经禀请宪台咨呈外务部,照会日本驻京大臣转饬该官发还在案。职道复于五月二十三日来京,自诣使馆,面见内田公使详告一切。当经面允函致日本政府转饬鸭绿江前敌,查明发还原木,如木已运用,照价还银等语,现尚未接回音。兹据沙河委员禀称,不惟浪头、三道沟存木将次运完,并将沙河已经照价兑给商人尚未交银之木复经挑留三垛二百椵,不准华商装运。查去年闰五、八、九等月,俄人三次扣我木排数百张,插旗打印,据为俄有,经职道屡与剖辨,定约索还。虽有俄人印号,皆临时外加,实系还我之木。中国本有山印,并有批定约章可凭。以俄人当日强横,果系彼木,岂容我局收回?此理甚明,不待烦言。至于六、七月间混江涨发,冲散木排千余张,日韩两国商民捞获最夥,日人皆打有印号。经委员张修梅与日官步兵大尉日野强面定合同,给价赎回,尚有合同原底可证,何得强将局木凡有日俄印字号概归彼国建筑部经理?浪头、三道沟存木一千三百二十余椵,并非日俄印字,亦经全数运去。可知该军政官藉端扣留,并不在乎有无日俄印字也。似此扣木愈多,更将无术抵款,殊非保护中立财产之道,亦于日本国家声明(名)有碍。合再仰恳宪台咨请外部,照会驻京公使转饬该军政官,将前后扣留木植照数发还,俾得及早变价缴款结报,以清经手而免后累。并请咨明户部、奉天将军备案,实为恩公两便。谨将草约合同录底附呈等情,到本大臣。据此,除批示并分咨外,相应咨呈贵部,谨请查核,照会日本驻京公使转饬该军政官,将前后扣留木植照数发还,俾得及早变〔价〕缴款结报,以清经手而免后累,望切施行。

附录文件　委员张修梅与日员日野强批定赎回木植合同由①

照录录件

　谨将委员张修梅与日员日野强批定赎回木植合同录呈鉴核。

　计开:

　今将中国江水涨发冲散本国木把排木,公同议定,按本公司定章,均拉估价,照三成提给捞木人工资,本(木)交中国公司取回,立此条约为据,须至条约者。

　一、散木太多,不能分类,估价须均算每料木十一件为一椋,估作中国街市小洋钱三十三元,内提三成给捞木人各项工资小洋钱九元九角,以期简便,易于核算。

　一、此项散木太多,需款甚巨,如小洋钱不足,即随中国市价一律折给现银,以免烦琐。

　一、约章议定中国公司派员随同日本司员,先将各处料木查看数目,登记帐簿,中国公司再派员前往,由日本官员派员点交,中国人接管。未支以前,仍归捞木〔人〕看守而免遗失。

　一、三成木价甚巨,须俟中国将木穿排放至中国东沟、沙河界

① 本件与前文所载"照录清折二　载与俄员索回木植草约由"略有文字出入。

内,三成捞费银两分三期付清。八月初一日交六分之一,八月二十日交五分之二,九月十五日交清,分文不欠。全交日本官转发捞木人,中国一概不管。彼此立给银木收条,以免错误。交钱限期以清历为准,合并登明。

一、散木太多,大小不等,必须过千寸以外之木,方为一料。其余谓之零星小木,值钱无几,不能照三成给价。因小木运至东沟、沙河,与木料一样经费,木把认领小木即无余利。好在太小零木不多,可免交捞费,即由中国逐排带下,给木把认领,公司亦不收取捞费,以示体恤穷苦木把而敦邦交。

一、此项冲散料木由中国公司取回,除三成捞费以外,约定别无丝毫杂费,以免牵挂。

一、所捞之木均在韩界,倘有日人、韩人从中争较,皆归日本官员禁止,以一事权而免阻挠我两国睦谊。

中国东边道委员张、徐、叶

日本官员秀岛

日本住韩监统领日野

光绪三十年六月二十三日收盛京将军增祺等文一件

奏请袁大化造报木植公司收支一片恭录朱批知照由

光绪三十年六月二十三日收盛京将军增等文称:案照本军督部堂于光绪三十年四月十六日附奏为调任兴泉永道袁大化前在东边道任内经办木植公司第一届收支各款,仍饬该道赶紧造报,并将所存木植由原派委员变价归还库款以清界限等因一片,当经抄奏咨呈在案。兹于五月二十三日奉到朱批:该部知道,钦此。除钦遵并分行外,相应恭录,咨呈贵部,谨请钦遵鉴核备案。

光绪三十年七月十七日收户部片一件
东边道一事请俟办结知照由

　　光绪三十年七月十七日收户部片称：准北洋大臣咨，调补福建兴泉永道、前奉天东边道袁大化禀称，窃查日本军政官两次扣留职局木植一千五百余椇，禀请咨呈外务部照会内田公使转饬发回在案，迄今尚无确音。兹据沙河东沟委员来禀，浪头、三道沟存木已经日军运完，即沙河挑留三垛二百余椇，亦被日军用尽。且装木之船不准出口者约有一百余只，并张道接办新公司之杂号木暨商家之本字木，无一不归日军经理，木植局亦不准开办。绑去公司哨官宋连城等现经释放，高司事尚在押禁。照价兑给永兴福尚未交银之木，除日官挑留三垛已经用完外，尚有装船不准出口之木二百一十三椇零二件、不准装船之木七十九椇零三件，连商家之木，均谓东边前经俄国占据，今既击走俄兵，木植应归日本经理等语，并经日商宫崎代九郎强运去七百根，计六十三椇七件。职道复查此项木植本系中立局外财产，在两战国均应保护之列。前于两次禀请咨照，一次详函内田公使，言之已尽。叠经内田公使详函日本政府，并派青木大佐面禀大山元帅。兹复有永兴福已经装船二百一十三椇零二件、未经装船七十九椇零三件不准装运出口。似此，扣木愈多，抵款更属无着。禀恳咨呈外务部，照会日本驻京大臣转饬前敌军政官，将三次扣运及不准装运木植一千八百余椇，或银或木，照数发还，俾得抵款有着，以清经手而免后累，并咨户部查照备案等因前来。查系贵部应办之件，俟办结后希即知照本部备案可也。

光绪三十年七月二十三日发北洋大臣袁世凯文一件

咨复北洋大臣奉天木植日使照称系在战地未可断以中立之例抄录来照希酌核声复由

光绪三十年七月二十三日发北洋大臣袁文称：奉天木植公司先后被日本军政官三次扣留木桄一事，迭经本部按照来咨，分别照会日本内田使转达日政府，饬令该军政官将所扣木植或银或木全数发还，以全中立财产等因。本年七月十八日准该使复称，此事情节纠纷，电文难详，已寄信本国转咨鸭绿江查询。军务方殷，复到难免迟延。惟军务所需，民间私产之在战地者亦得酌量措施，是乃万国通例。如鸭绿江系战地，其财物可按通例措施，未可概以中立地之例遽行断定等情。相应抄录日使原照，咨行贵大臣查照酌核声复，以便转诘该使可也。

光绪三十年七月二十五日收盛京将军增祺等文称：案据东边道张锡銮详称，为转详事。光绪三十年四月初六日据沙河木植公司分局委员袁杲呈称，为呈报事。前俄军将大沙河收存杂号木植抬堵江沿，开江时被水冲失十五件，已经呈报在案。嗣后俄军到安较多，沿江上下全行分扎。旋将浪头存木截用烧柴十七件，复将三道沟存木截用烧柴十六件，又将大沙河存木截用烧柴一百二十九件，前后共计一百七十七件，合十六桄零一件，当向俄将军格斯大林斯给索求木价。该将军一味支吾，分文未给。至是月十六日，俄军被日兵击败而逃。所有被俄取用劈毁之木数虽无多，然系前道宪袁拨用库款收来，每桄值凤平银十四两，共值凤平价银二百二十五两二钱七分二厘二毫。此项存木既经俄军因战取用劈毁，所值价银理应按中立条规归战败之国赔偿，以重库款，呈请宪台查核转详咨照等情,并据安东县高牧详同前情。据此,职道覆查无异,理合具文详请查核备案等情。据此,除详批示并饬袁道大化知照外,相应咨呈贵部,谨请鉴照备案施行。①

光绪三十年七月二十五日收盛京将军增祺等文一件
大沙河俄木俄人自行焚毁请备案由

光绪三十年七月二十五日收盛京将军增祺等文称:案据东边道张道锡銮详称,光绪三十年四月初一日据沙河木植公司分局委员袁杲呈称,为呈报事。窃查二十九年九月二十六日前道宪袁会同俄员瓦西列斯,于收集杂字号木植中挑出俄印木二百零四件,当经另行堆存大沙河以上。本年二月初间,俄军堵筑江沿,自行拉用三十五件,开江时被水冲失,已经呈报在案,其余尚存一百六十九件。月之十六日,俄军被日击败,临行派兵将木泼油烧毁。据看守人役驰报,当即前往查验。所烧俄木之处,灰迹犹存。询属俄人自行焚毁,于中国毫无干涉。惟此项俄木,自去岁挑出后尚堆存中国界内,自应备文呈请查核转详备案,并据安东县详同前由各等情。据此,职道复查无异,理合详请查核照会备案等情。据此,除照会俄武廓木萨尔外,合行咨报。为此咨呈贵部,谨请察照。

八月初五日收北洋大臣袁世凯文一件
大东沟商办木植日官据为己有请诘日使转饬发还由

光绪三十年八月初五日收北洋大臣袁文称:据奉天安东县大

① 本件无标题摘要。

东沟铺商长丰等禀,窃大东沟地方自开通后,别无生计,惟赖木把市一业,商民沾润,藉作养命之源。是以遇有相熟之木把,由商接借银两,以成其事。甚至铺有成本数千金,接济木把至数万两之多者。无非代为周转川换而来,冀有各省客商到沟采购木植,应须雇船装运,归由铺商承办,于中得用,藉资糊口。其该木把之债,因亦偿旧欠新,率以为常。近年来屡遭土匪抢劫,赔累亦属不堪。讵料又逢日俄开战,正深惶恐。伏读县示,恭奉上谕,订明局外中立约章,凡有商民寄居局内之财产,由该战国保护等因,远近遵悉。如(知)无阻碍,各处船商因而齐来上江。木把遂将木簰放下,新到者三千余张,计七万余副,忽被日官号住,不准放沟。至去秋,客存并本街商存各木有装船及未装起者,计五万余副,日官亦不准动。连同新到之木把,共十二万余副,每副十一根,计共一百三十二万余根,已由该国铁古、三井、玉井、吉冈等各洋行贴船,逐日运镇南浦交卸,迄已两月有余。并派朝鲜人,将沿江停泊之木簰尽行夺去。至铺商并木把等哀恳日官数次,只云军中需用。再问数目价银,伊则置之不理矣。七月初八日,有商木一船,因号留日久,绳索均霉,以故私放出口,当被日军轮船捉获,带赴龙宝沟,将店主、船户送交军政府管押在案。伏思此项木植均系商本商办,若日官据为己有,实与原订寄居局内商民财产应由战国保护之约不符。况商民等恃此为生,一经失业,〔非〕特欠款莫能讨偿,即各家老幼合之数万余口,亦无所养生矣。为此叩恳恩施,设法拯救,以保商民残命,则感戴大德生生世世矣等情,到本大臣。据此,查前据津海关道详,木商刘钟霖等所运木料在大东沟被日官阻滞,请咨核办,当经咨呈贵部查照核办在案。兹据前情,相应咨呈贵部,谨请查核酌诘日本公使转饬发还施行。

八月十一日收奉天大江、混江木把民人李鸿声、刘世丰等禀一件木簰为日军截去并不发价乞设法拯救由

光绪三十年八月十一日收奉天大江、混江木把民人李鸿声、刘世丰等禀称：为民不聊生恐滋事端恳破格施恩以拯穷黎而靖地方事。窃身等向以砍作木植为业，原系为贫所迫，资本则贷自东沟铺商，粮畜则备自两江民户。涉水登山，冲风冒雪，备尝艰险，将木砍作成料，只冀转年夏间运至东沟变价偿债，藉获利养生。设或滞消（销），仍由铺商接济，历来还旧欠新，借资生活。本年日俄交战，惶恐方深，侧闻上谕订明局外中立条约内，凡有局外商民财产在交战地方，应由战国保护。且日军到处，声称师行仁义，秋毫无犯，仍准照旧通商。是以身等将木牌由上江放下三千余张，合七万余副，每副十一根，共计七十七万余根。不料行至镇口上下，忽被日军截住，概不准动。现经该国铁古、吉冈、三井、玉井等洋行贴船由各牌拣选料枝装赴镇南浦交卸，并不发价。且责令身等伙计看守木牌，尚须自备饭食，人多费重，无从借贷。身等当往夹恳，始则言备军用，继则打骂交加，甚有拘去管押者。情急无奈，齐至安东县将自作木植之山号押号呈报注册，恳蒙高县尊转请日员体恤。仍系言备军用，他置不议，是将置身等合家老幼及各债主铺商于死地也。惟各债主铺商何故遭此牵累，倾家败产。况身等运来之木牌三千余张，每牌尚有伙计，即以数人而论，已雇不少。最恐自是厥后饥寒交迫，日甚一日，倘再延缓不将木牌放行，倏忽又到冬令，民命无聊，难保不激生他故。日夜焦思，势难待弊（毙）。为此情急，敢冒昧上陈，除吁恳北洋大臣外，叩乞王爷、中堂、大人恩垂，格外俯赐，设法拯救，以恤亿万穷黎而靖两江地，则感大德如再造矣。

八月十一日发日本公使内田康哉照会一件

大东沟华商木植清还并将店主等释放由

光绪三十年八月十一日发日本公使内田照会称：光绪三十年八月初五日准北洋大臣咨称，据奉天安东县大东沟铺商长丰栈等禀称，大东沟地方商民惟赖木把市一业，藉作养命之源。凡木把由商借银，有一木把至数万两之多者。其该木把之债，因亦偿旧欠新，率以为常。近逢日俄开战，恭奉上谕，订明局外中立约章，凡有商民寄居局内之财产，由该战国保护等因。各处商船遵悉，齐来上江。木把遂将木簰放下，新到者三十（千）余张，计七万余副，忽被日官号住，不准放沟。至去秋客存并本街商存各木，有装船及未装起者，计五万余副，日官亦不准动。运①连同新到之木，共十二万余副，每副十一根，共一百三十二万余根，已由该国铁古、三井、玉井、吉冈等各洋行贴船逐日装运镇南浦交卸。并派朝鲜人，将沿江停泊之木簰尽行夺去。商等哀恳日官，置之不理。七月初八日，有商木一船因号留日久，绳索均霉，以故私放出口，当被日军捉获，将船户、店主送交军政府管押在案。伏思此项木植均系商本商办，若日官据为己有，实与原订保护之约不符，请照会日本驻京大臣转饬发还等因。查前准北洋大臣咨商董刘钟霖等在大东沟采买木料运津，请饬日官照验放行，经本部照会贵大臣电达贵国政府在案。兹准该大臣咨称前因，相应再行照会贵大臣电达贵国政府，立饬大东沟日官速将该商等所运木植照数清还，管押之店主、船户一并释放，以符保护中立财产之义，并希见复为要。

---

① 参照前文，此字当衍。

八月十五日收安东县大东沟众商等禀一件
木簰被日官装去请设法拯救由

光绪三十年八月十五日收安东县大东沟众商长丰栈、泰盛福、合顺栈等禀称：为沥陈商民危急情形恳恩拯救以保民生而苏商困事。窃大东沟地方自开通后，别无生计，惟赖木把市一业，商民沾润，藉作养生之源。是以遇有相识之木把，由商接借银两，以成其事。甚至铺有成本数千金，接济木把至数万两之多者。无非代为周转川换而来，冀有各省客商到沟采购木植，应须雇船装运，归由铺商承办，于中得用，藉资糊口。其该木把之债，因亦偿旧欠新，率以为常。近年屡遭土匪抢劫，赔累已属不堪。讵料又逢日俄开战，正深惶恐，伏读县示，恭奉上谕，订明局外中立约章，凡有商民寄居局内之财产，由该战国保护等因，远近遵悉。知无阻碍，各处船商因而齐来上江。木把遂将木牌放下，新到者三千余张，计七万余副，忽被日官号住，不准放沟。至去秋客存并本街商存各木有装船及未装起者，计五万余副，日人亦不准动。连同新到之木，统共十二万余副，〔每副〕十一根，共计一百三十二万余根，已由该国之铁古、三井、玉井、吉冈等各洋行贴船，逐日装运镇南浦交卸。并派朝鲜人，将沿江停泊之木牌尽行夺去。至铺商并木把等哀恳日官数次，只云军中需用，再问价目价银，伊则置之不理矣。七月初八日，有商木一船因号留日久，绳索俱霉，以故私放出口，当被日军轮船捉获，带赴龙宝沟，将店主、船户送交军政府管押在案。伏思此项木植均系商本商办，若日官据为己有，实与原订寄居局内商民财产由战国保护之约不符。况铺商等恃此为生，一经失业，非特欠款莫能逃（讨）偿，即各家老幼合之数万余口，亦无所养赡。且铺商等经变以来，旧业多归亏耗，今春凑措成半出息贷，只望转运流通，借沾余利,以资养生。自春迄今半年有余,不惟余利难求,抑且成本坐耗。倘再延缓不将木牌放行,转瞬又届冬令,恐商业莫保,即民命难堪。为此情急,不揣冒昧,用敢披沥上陈,除禀恳北洋大臣转咨恩垂外,叩乞王爷、中堂、大人恩施,逾格俯赐,设法拯救,以保商民蚁命,则感戴大德生生世世矣。

卅年九月二十一日收户部片一件
北洋大臣咨奉省扣运木植事袁道请转照日本使照数给价俟办结后知照本部备案由

光绪三十年九月二十一日收户部片称:准北洋大臣咨称,据调补福建兴泉永道、前奉天东边道袁大化禀称以下与八月十五日收北洋大臣文同等因。同日接奉宪台札开,准外务部咨开,奉天木植公司先后被日本军政官三次扣留木桅一事,迭经本部按照来咨分别照会日本内田使转达日政府,饬令该军政官将所扣木植,或银或木,全数发还,以全中立财产等因。本年七月十八日准该使复称,此事情节纠纷,电文难详,已寄信本国转咨鸭绿江查询。军务方殷,复到难免迟延。惟军务所需,民间私产之在战地者亦得酌量措施,是乃万国通例。如鸭绿江系战地,其财物可按通例措施,未可概以中立地之例遽行断定等情。相应抄录日使原照,咨行查照,酌核声覆,以便转诘该使等因,到本大臣。准此,详阅日使来照,既称此事前后各案均经邮达该国政府,自应俟其查复,方有办法。惟所称战地财产按通例措施各语,亦当有办(辨)。查战地财产有属于战国与中立国之分,其属于战国者可按战例办理,其属于中立国者仍应送还原主。倘已征用,亦须承认赔偿,未可概谓战地财产,任意措施。合行札饬,札到该道,即便查照酌核具复并抄单等因。奉此,职道查光绪二十九年十二月间因日俄开仗,中国曾声明中立局外,三省财产两国均不得损伤。本年正月间接准内田公使照复,毁伤诸凡产业为我国军规所严禁,至交战地内凡有官民财产,无不妥予重视保护等语。夫既云严禁毁伤,重视保护,是保护而外毁伤且犹不肯,断无强留运去之理。即在战地财产,诚如宪札所云,亦当有辨,有属于战国与中立国之分。其属于战国者可按战例办理,其属于中立国者仍应送还原主。即为军务所需,已竟征用,亦当承认赔价,未可概谓战地财产,任意措施。况鸭绿江边日俄交战在三月十六、七间,其扣留职局木植皆在四、五月间,已经战后,俄国并未毁伤。日本与中国向称亲睦,又自号仁义之师,决不能比俄国加甚。即照俄国一例,亦不应陆续将木植扣留,全数运往韩界仁川镇南浦。五、六月间,职道两次面见内田公使,当蒙面告,木植如经日军需用,查明照数给价,亦可缴还库款,本系论情论理之言。仍请宪台咨呈外部转照内田公使,仍照前议将三次扣运木植转饬前敌军政官照数找还价值,俾职道得以措抵公款,以清经手而免后累,并请分咨查照等因前来。查此件系外务部办理之件,相应片呈贵部查照,应俟办结后知照本部备案可也。

光绪卅年九月廿一日收户部文

北洋咨奉省扣运木植请转照日使给价俟办结日后知照本部备案由

光绪三十年九月二十一日收户部片称:准北洋大臣咨称,据调补福建兴泉永道、前奉天东边道袁大化禀称,窃于光绪三十年八月初二日接奉宪台札开,准外务部咨开,奉天木植公司先后被日本军政官三次扣留木桄一事,迭经本部按照来咨分别照会日本内田使转达日政府,饬令该军政官将所扣木植,或银或木,全数发还,以全中立财产等因。本年七月十八日准该使复称，此事情节纠纷，电文难详，已寄信本国转咨鸭绿江查询。军务方殷，复到难免迟延。惟军务所需，民间私产之在战地者亦得酌量措施，是乃万国通例。如鸭绿江系战地，其财物可按通例措施，未可概以中立地之例遽行断定等情。相应抄录日使原照，咨行查照，酌核声覆，以便转诘该使等因，到本大臣。准此，详阅日使来照，既称此事前后各案均经邮达该国政府，自应俟其查复，方有办法。惟所称战地财产按通例措施各语，亦当有办（辨）。查战地财产有属于战国与中立国之分，其属于战国者可按战例办理，其属于中立国者仍应送还原主。倘已征用，亦须承认赔偿，未可概谓战地财产，任意措施。合行札饬，札到该道，即便查照酌核具复并抄单等因。奉此，职道查光绪二十九年十二月间因日俄开仗，中国曾声明中立局外，三省财产两国均不得损伤。本年正月间接准内田公使照复，毁伤诸凡产业为我国军规所严禁，至交战地内凡有官民财产，无不妥予重视保护等语。夫既云严禁毁伤，重视保护，是保护而外毁伤且犹不肯，断无强留运去之理。即在战地财产，诚如宪札所云，亦当有办（辨），有属于战国与中立国之分。其属于战国者可按战例办理，其属于中立国者仍应送还原主。即为军务所需，已竟征用，亦当承认赔偿，未可概谓战地财产，任意措施。况鸭绿江边日俄交战在三月十六、七间，其扣留职局木植皆在四、五月间，已经战后，俄国并未毁伤。日本与中国向称亲睦，又自号仁义之师，决不能比俄国加甚。即照俄国一例，亦不应陆续将木植扣留，全数运往韩界仁川镇南浦。五、六月间，职道两次面见内田公使，当蒙面告，木植如经日军需用，查明照数给价，亦可缴还库款，本系论情论理之言。仍请宪台咨呈外部转照内田公使，仍照前议将三次扣运木植转饬前敌军政

官照数找还价值，俾职道得以措抵公款，以清经手而免后累，并请
分咨查照等因前来。查此件系外务部办理之件，相应片呈贵部查
照，应俟办结后知照本部备案可也。

十月初二日收北洋大臣袁世凯文一件
大东沟木商请照运木希照会日本电致总司令官放行由

光绪三十年十月初二日收北洋大臣袁文称：据代理津海关
道凌福彭详称，现准天津新关总税务司德璀琳函称，兹据木商董
事刘钟霖、刘承荫，铺商天庆号等禀称，窃商等去秋在东沟购买
松木，本年经日军突行禁运，前已禀请设法妥办在案，蒙恩函致
关宪转详等因。商等理应静候，曷敢多渎，迄今两月，尚无消息。
秋运刻已无望，惟商积压赀本被累不堪，转瞬年终，势须清理。
万不得已，拟恳格外设法，以保商业而重税课。闻北京官木业由
日本公使发给护照往运，商等木植亦恳宪台转详宫保施恩，设法
挽救，径达日使，或径达日本驻东沟总司令官，请其查验护照放
行。倘蒙允许，商等拟由东沟将木植运至仁川，租雇轮船装运。
是否有当，统候鸿裁，实为恩公两便等情前来。据此，本税司查
此事前因该处日官不按护照办理，曾于七月初十日函请唐升道
台转详宫保查核办理在案。惟大东沟日官已否放行，尚未接准
函复。为此再行函致，即希贵道查照，详请宫保钧核，俯念商艰，
照会驻京日本钦差大臣迅速电致大东沟总司令官。嗣后凡木商
持有本关执照者，立即验照放行，毋再阻拦，实为公便，仍望见复
为荷等因。准此，除函复外，理合详请查核，转咨外务部查照办
理，实为公便等情，到本大臣。据此，除批示外，相应咨呈贵部，
谨请查照办理施行。

十月初五日发日本公使内田康哉照会一件

本(木)商购运木植希饬验照放行由

光绪三十年十月初五日发日本公使内田康哉照会称:光绪三十年十月初二日准北洋大臣咨称,据木商董事刘钟霖、刘承荫,铺商天庆号等禀称,商等去秋在东沟购买松木,本年经日军突行禁运,前已禀请设法妥办在案,理应静候。惟商积压赀本被累不堪,转瞬年终,势须清理。拟请格外设法,许商等由东沟将木植运至仁川,租雇轮船装运。请照会日本驻京大臣电致大东沟总司令官,嗣后凡木商持有天津新关执照者,立即验照放行,毋再阻拦等因。相应照会贵大臣查照,迅即电致总司令官,准令该木商等由大东沟将木植运至仁川验照放行,以恤商艰而昭公义,并希见复为要。

十月初七日收山东抚巡(巡抚)周文一件

咨报烟商在旅顺等处财产木料数目由

光绪三十年十月初七日收山东巡抚周文称:案据农工商务局详称,案准东海关监督何道彦升咨开,据宁海州城并戏山口众商号呈称,为木料被扣,商情惶惧,谨援烟台七十二家商号具呈开单一案,环乞酌夺,以恤下情而保商本事。窃本年日俄失和,于四月间蒙谕,烟台商号向在关东贸易者,将所有货物等项逐一开明价值数目呈案,以便照会日俄两国事后赔补等因,咸钦惠爱商贾、保护维持之大德,凡在宇下,感戴同深。现闻烟台商号共七十七家公同具禀缮单呈案,商等向在宁海州城内并戏山口开号营生兼售木料,上年各赴关东沙河子、太平沟一带买存木板,迄今民船不敢往运,现在各号并计共存本银一万三千五百九十八两有零。近闻本月内该处木料无论已装在船暨未装在地者概被日本营扣留,不测是何意见。商等血本攸关,众情惶惑。欣悉烟台商帮业经呈请,或照会日本军政署,抑电达外务部酌夺等情在案。商等用敢援照,具呈缮附各号买存沙河子、太平沟等处木料本银数目清单,仰乞恩施俯赐批示,归并烟商一案办理,恭沐一视同仁之至意,戴德上呈等情。据此,相应咨会查照办理,并粘单一纸。又据烟台商会坐办委员、候选知州李祖范禀称,窃据烟台商号瑞盛九十四家呈称,该商等在奉天大东沟地方购买木植,堆存各栈,计值价银二十六万三千七十两零四钱五分,因日俄开战未及外运。而日军自抵东沟后,屡将商号木料随时取用,并不给价。而该商既无从力争,又不可理喻,势绌计穷,莫名焦虑。可否叩求代禀抚院,移知外务部先行存案,俟俄日两国战事完结后如何给价,以恤商艰,曷胜迫切待命之至。为此开具清折,据情代禀,伏乞批示遵行。又据禀称,窃据烟台商号成兴顺等六十五家呈称,前蒙东海关道宪谕,凡有货物财产在旅顺等处战地者,准其详报数目先行存案,俟俄日战事完结后禀请抚院移知外务部归案办理等因。兹据该商号等具呈续报,共六十五家,计值银三十七万八千六百零七两四钱、洋三十七万四千五百零三元一角五分、俄洋九千五百元。为此造具清折,伏乞转详抚院移知外务部先行存案,实为公便各等因到局。准据此,查前据烟台商会董事梁州同礼贤等禀陈,烟商在旅顺口等处战境所寄货物财产总数,请详咨保全到局,业经详蒙抚院分咨在案。兹宁海州等处商号呈报在沙河子、太平沟一带买存木料价银,又烟商呈报在镇口、东沟买存木料价银,暨旅顺等处房屋财产数目,均在战境,自应一律保全,以昭公允而恤商情。除咨复并批示外,理合照造清册,详请抚院鉴核,俯赐咨请商部存案备查,并请分咨外务部暨北洋大臣转商驻京日俄公使一体查照办理,实为公便等情,到本部院。据此,查烟商瑞盛号等九十四家、成兴顺等六十五家,前据登莱道分别开折禀报,当经咨呈大部、商部暨咨北洋大臣查照核办在案。兹据前情,除详批示并分咨外,相应一并咨呈大部,谨请查照办理施行。

十月初七日收日本公使内田康哉照会一件
函复大东沟木植发给原价由

光绪三十年十月初七日收日本公使内田康哉照会称:照得贵部前据东边道袁大化禀称,安东县大东沟等木植公司所有木材一事,曾与贵部商议多次,后接准本年八月十七日贵部照会,内称请将该木材之价缴还,详细声明等情前来。本大臣准此,曾禀请帝国政府数次,遂派员前往查办。现定为发给该公司木材之价日本货币二万八千圆,送交本大臣等因,由本国政府知会前来。但据所派查办之员禀称,木植公司之木材其数虽符,木质粗恶者甚多,其中不无非该公司之物。此层姑不深究,格外优待,定为照原人请求之额发给等语,应请贵王大臣知悉为盼。其款应如何授受,再为备文知会可也。先此照复,请烦查照。

十月初十日发北洋大臣袁世凯文一件
日本使照称袁道木植公司日政府允还二万八千元由

光绪三十年十月初十日发北洋大臣文称:大东沟公司木植被日军扣留一事,迭经本部按照来咨照会日本内田使,去后,本年十月初七日准该使照称,袁道大化所禀木植公司等情,经本大臣禀请政府派员查办,现定发给该公司木价日本货弊(币)二万八千圆,送交本大臣发给,此系格外优待等因。除俟该使将银圆交到再行知照外,相应照录该使来照,咨行贵大臣查照。

十月十二日收日本公使内田康哉照会一件

木植公司交款事应袁道会同驻津营务处支应官办理请知照袁道并见复由

光绪三十年十月十二日收日本公使内田康哉照会称：接准光绪三十年十月初五日贵部文称，据北洋大臣咨开，木商刘钟霖、刘承荫，天庆号等禀称，该商等在大东沟所买松木现被日本军禁止运出，若任令永久堆积，徒糜（糜）资本，该商等势所不堪。加之半年内应行清理款目，请饬贵国军司令官准将该木材运至仁川，再由仁川以轮船转运回国等情前来，本大臣具已知悉。当速为报明本国政府，一俟奉到回文，再行照会贵部可也。先此备文照复。

十月十二日收日本公使内田康哉照会一件

木商刘钟霖在大东沟所买松木请准以轮船载运已报本国政府得复后再达由

光绪三十年十月十二日收日本公使内田康哉照会称：照得贵国木植公司木价一事，应如何交收俟再行知会等情，前由本大臣于本月十三日以七十一号公文照会贵部在案。现接知会，所有应行交付日本钱二万八千圆，由驻天津营务处内支应官四宫宇田交付该本人等情前来，则此事应由袁道大化会同该支应官办理该款之交收，彼此较为便宜。如贵部亦无别异，即请由贵部速将此言知照袁道大化，并请照复为盼。为此照会，请烦查照。

十月十六日发北洋大臣袁世凯文一件

日本使照称木植洋元交袁道大化希转饬遵照由

光绪三十年十月十六日发北洋大臣文称：大东沟木植公司一

事,日本内田使照允还银,已于本月初十日咨行在案。十二日复准该使照称,应付日洋二万八千圆,由驻津营务处支应官四宫宇田交付本人,请速知照袁道大化会同该支应官办理等因。相应抄录来照,咨行贵大臣查照,转饬该道遵照,并声复本部以便照复该使可也。

十月二十二日发日本公使内田康哉照会一件
沙河子一带木商存料转饬放行由

光绪三十年十月二十二日发日本公使内田康哉照会称:光绪三十年十月十八日准北洋大臣咨称,准山东巡抚咨开,据宁海州城并戏山口众商号呈称,商等向在宁海州城内并戏山口开号营生,兼售木料。上年各赴关东沙河子、太平沟一带买存木板,计共存本银一万三千五百九十八两有零。近闻该处木料无论已装在船暨未装在地者,概被日本营扣留。商等血本攸关,请知照日本驻京大臣查照办理等因。相应抄录清单,照会贵大臣查照,转致贵国委员查明木料件数,饬该商等照数收领装运,勿再扣留,并希见复为荷。

十月二十三日收日本公使内田康哉函一件
日营扣留木板一案请饬该商等径向军政官呈明办理由

光绪三十年十月二十三日收日本公使内田康哉函称:昨准照称,山东宁海州城并戏山口众商号上年各赴关东沙河子、太平沟一带买存木板,计共存本银一万三千五百九十八两有零,概被日本营扣留,抄录清单,请转致贵国委员查明木料件数,饬该商等照数收领装运,勿再扣留,并希见复等因,本大臣均已阅悉。惟查鸭绿江一带木料一事,本日业经遵照本国外务大臣训条,将本国所派委员与该处军政官会订办法备文照会贵王大臣查照在案。查此案核与本大臣照会内所叙情形相同,自应按照该办法,饬令该商等前往鸭绿江,径向我军政官呈明办理,以期迅速了结。理合函复贵王大臣查照,转饬该商等遵办可也。泐此,顺颂日祉。

十月二十三日收日本公使内田康哉照会一件
鸭绿江木料奉本国训条令该商向军政官呈诉请饬遵照由

光绪三十年十月二十三日收日本公使内田康哉照会称:案照在鸭绿江禁运之木料或由我国军队扣用之华商木料各节,均准迭次来照,节经由本大臣咨达本国政府候示遵办在案。现准外务大臣训条内开,所有华商请准出运木料,因其未能指定明确,实难料理清楚,业由外务省前派委查官员与该处军政官会同商定。凡由我军政官据实查明,果属毫无疑似者,应由军政官立予算给木价,或另设妥法办理等情,相应令各该华商径向军政官呈请办理。并嗣后即遇再有相同事件,仍应令其径行呈诉军政官核办等因。相应遵即备文,照请贵王大臣查核,将以上各节通饬各该商等知悉遵照,是为盼切。

十月二十四日发日本公使内田康哉照会一件
袁道本(木)植价请饬日官照发由

光绪三十年十月二十四日发日本公使内田康哉照会称:光绪三十年十月初七日准照称,袁道大化木植公司价值,经本大臣禀请政府发给日币二万八千圆。十二日复准照称,此款由驻津支应官四宫宇田交付袁道各等因,迭经本部咨行北洋大臣转饬该道遵照。兹准该大臣电称,请照会内田大臣转饬四宫宇田照发等语。此项木植价值,由贵大臣转达贵政府照给日币二万八千圆,具征贵国办事公允,本爵大臣等实深纫佩。相应照会贵大臣查照,转饬该支应官遵照发给可也。

十月二十五日发北洋大臣袁世凯文一件
华洋木料等项应由该商自向该军政官呈诉办理由

光绪三十年十月二十五日发北洋大臣文称：光绪三十年十月二十三日准日本内田使照称，鸭绿江华商出运木料，准本国外部大臣文开，已派员与该处军政官会商，应令华商径向军政官呈请办理等语。同日复准该使函称，准照称，山东宁海州城并戏山口众商上年在沙河子、太平沟一带置存木板，计本银一万三千五百九十八两，请转致委员查明饬领。本大臣查与鸭绿江华商木料情形相同，业经照会在案，自应按照前项办法以期迅速等因。本部查大东沟木植准日外部文称，应由该商自向该军政官诉理，业于本月二十三日咨行在案。兹准该使函照各节，相应抄录原文，咨行贵大臣查照饬知可也。

十月二十五日发日本公使内田康哉照会一件
鸭绿江等处华商木料应由该商径向军政官办理已咨行北洋大臣由

光绪三十年十月二十五日发日本公使内田康哉照会称：光绪三十年十月二十三日准照称，鸭绿江华商木料迭准来照，经本大臣咨达本国政府。现准外务大臣训条内开，所有华商请准出运木料，业由外务省派员与该处军政官会同商定。果属毫无疑似者，应由军政官算给木价，或另设妥法办理，应令各该华商径向军政官呈请办理。并嗣后遇有相同事件，仍应令其呈诉军政官核办等因。同日复准函称，准照称，山东宁海州城并戏山口众商号上年在关东沙河子、太平沟一带买存木板，计本银一万三千五百九十八两有零，被日本营扣留,抄单请转致贵国委员查明饬领等因。本大臣查鸭绿江木材一事,本日业经遵照本国外务大臣训条,照会贵王大臣在案。此案与照会所开情形相同,自应按照该办法,饬令该商等径向我军政官呈明办理,以期迅速等因。除由本部咨行北洋大臣外,相应照复贵大臣查照可也。

十月三十日收北洋大臣袁世凯文一件
日本赔大东沟木植款请即照复日使转饬速发由

光绪三十年十月三十日收北洋大臣袁文称:案准贵部咨开,大东沟木植公司一事,日本内田使照允还银,已于本月初十日咨行在案。十二日复准该使照称,应付日洋二万八千元,由驻津营务处支应官四宫宇田交付本人,请速知照袁道大化会同该支应官办理等因。相应抄录来照咨行查照,转饬该道遵照,并声复本部,以便照复该使可也等因。准此,当经札饬袁道大化遵照办理,具复核咨。去后,兹据该道禀称,窃职道前奉宪札内开,准外部咨开,内田公使照会职局,东边木植赔价日洋两万八千元,饬由驻津日军营务处支应官四宫宇田处就近兑收办理等因。职道屡次催询,据称内田电示此事前经照会中国外务部,未接回复,是以未便转饬四宫发价等语。务恳电请外务部照复内田公使转饬该支应官四宫照发赔价,实为公便等情,到本大臣。据此,除电达外,相应咨呈贵部,谨请照复日本公使查照办理。

十一月初六日收出使日本国大臣杨枢文一件
浪头沟等木植现日官允照价赔偿由

光绪三十年十一月初六日收出使日本国大臣杨文称:案照浪

头、三道沟并沙河等处木植被日本军官扣留运用一事,前承准贵部
鱼电,即经与日本外务大臣切商,并将情形选具函电声复在案。兹
于十月二十日接准该大臣照复内称,前准贵大臣第六十八号来文,
以鸭绿江下流之木植被日军扣留运用,请电饬先行停运以便商办
等因,照会前来。当经派员前往该处,与日军官长会同查议。现已
查议妥协,所有袁道开与内田公使之木植,应照价赔偿。其余木
植,亦已商定至当之方法分别办理。嗣后遇有此等事件,请饬本人
在安东县之日本军政官处径行告理可也,为此照复等因,到本大
臣。据此,除电达外,相应咨呈贵部,谨请查照施行。

十一月十四日收北洋大臣袁世凯文一件
袁大化禀称收到日军扣运木植赔偿不敷银七千余两拟自筹补请复日使由

　　光绪三十年十一月十四日收北洋大臣袁世凯文称:据调补福
建兴泉永道袁大化禀称,窃职道前奉宪札,准外务部咨日本内田公
使照会,日军扣运职局木植,经日政府定给赔价日本货币二万八千
元,饬由驻津营处(务)处支应官四宫宇田处兑收办理等因。现经
职道将赔价如数收讫。惟日本银元向视金镑为长洛(落),现价
低,每元合公砝平银六钱九分。以两万八千元计,仅合公砝平银一
万九千三百二十两。查职局被扣木植一千八百七十八桄零二件,
照原价每桄风(凤)平银十四两,应合风(凤)平银两万六千二百九
十两有奇,赔价实短原价银六千九百七十二两零。而公砝平又
较凤平短小,加之运汇奉省等费,计不敷银实在七千余两。此事拖
累年余,始俄继日,屡经禀请,咨明外务〔部〕照会内田公使转商日
政府,始肯赔价若干,职道自未便再事渎请。现拟将短数自行设法

筹补,不复再向索赔。除俟款项凑足汇奉,再行禀请奏咨立案外,合将收致日军赔价先行具牍,详请咨呈外务部照复内田公使,并请咨明户部、奉天将军备案,实为恩公两便等情,到本大臣。据此,除批示并分咨外,相应咨呈贵部,谨请查核,照复日本内田公使查照施行。

十一月十八日发日本署公使松井照会一件
木植赔价已如数收讫由

光绪三十年十一月十八日发日本署公使松井照会称:光绪三十年十一月十四日准北洋大臣咨称,据福建兴泉永道袁大化禀称,日军扣运职局木植,经日政府定给赔价日本货币二万八千元,饬由驻津营务处支应官四宫宇田处兑收。现经职道将赔价如数收讫,请知照内田大臣等因。相应照复贵代理大臣查照备案可也。

十一月二十三日收北洋大臣袁世凯文一件
袁道禀称东边木植银已如数呈缴咨请立案由

光绪三十年十一月二十三日收北洋大臣袁世凯文称:据调补福建兴泉永道袁大化禀称,案查职局前存东边木植两千三百桄,备抵道库垫款凤平银三万二千二百两。嗣因日俄事起,增军〔宪〕奏明仍由职道委员变价缴款。计俄军烧毁存木十六桄一根,每桄原价凤平银十四两,计二百二十五两二钱七分有奇。前经禀明宪台,分咨立案,俟事局定后,再向索赔。其被日军扣用一千八百七十八桄二根,现收赔价日洋两万八千元,合公砝平银一万九千三百二十两,计短原价银六千九百七十二两有奇,折平汇费尚不在数。业经禀明,自行设法筹补,均在案。现计由委员袁杲八月间在东安(安东）县凑银五千九百五十三两八钱二分,面呈张道锡銮,饬存庆善号备抵库款。又由委员张敬勇交东沟合盛元票号七千三百两,就近呈缴张道兑收。兹复由天津合盛元号汇交凤凰城银一万八千九百四十六两一钱八分。三共凤平银三万二千二百两九七二,折库平银三万一千二百九十八两四钱,已如数呈缴清讫。合即仰恳宪恩咨请增军宪转饬东边道张查收,具报奏明立案,并请咨明外部、户部备案,实为恩公两便等情,到本大臣。据此,除批示并分咨外,相应咨呈贵部,谨请查照备案施行。

光绪三十一年四月初六日收盛京将军等文一件
兴京山货分局藉木植汇银被俄兵用尽请开除免解由

光绪三十一年四月初六日收盛京将军等文称:光绪三十一年三月初八日据东边税捐总局呈称,窃据兴京山货分局委员李如崇等呈称,窃查卑局所收款项皆系山钱杂帖,通融使用。该地钱法向称奇窘,而现银、银钱实属寥寥,非先期交给木商变价易银,难以呈解。前后委员禀明局宪,历办无错。前于去岁七月间由宝义隆木排十一张汇银三千八百八十七两,核计其数,实有盈无绌。不意行至省城东河沿,被俄官兵阻住,拆散搭桥,如数用尽。所有价值,屡讨未付。遂禀请总局转详督宪照会发价,以清款目,业已蒙准在案。嗣于经交涉局帮办李鸿谟带同委员等往返讨取,允以归于汇案如数付给。后又经委员等面见武廓米萨尔领取,遂云此款既系将军照会,统归交涉局办理,他人不得闻问。委员等遂面恳交涉局总帮办代为领取,云以连日交战,实难讨要,现已俄兵远退,此〔款〕无着。委员等再再愁思,殊难为计。伏查卑局地处偏僻,钱法奇窘已极,藉由木植汇银,系照向章办理。加以去岁道路梗塞,商贩均已裹足,山货寥寥,收数因之不旺。局用一成经费尚且不敷,若再加此意外无着之巨款,更属无力措交。惟有仰恳宪恩,转详督宪,体恤下情,准以卑局报收未解之款恳恩免解,如数开除,以免赔累,请核转等情。据此,查该处向来钱法不通,购银匪易。该局将征存钱文就近交给木商变价,易银报解,是于无可设法之中变通办理,实系向来办法。兹木植既被俄军用尽,应得价值屡经该委员会同交涉局往索,分文未付,以致款归无着,无从筹措。惟有仰恳宪台逾格恩施,俯念事出意外,体恤下情,准该局如数开除免解,俾免赔累。是否可行,职局未敢擅便,理合呈请查核等情。据此,查此案前据该总局呈报,当经札饬交涉局并照会俄员,转饬将所用木植照单给价,以重税款,乃迭据该局派员与俄员磋商,虽据允俟汇案付给,旋以战事日急,未肯照付。现在俄军皆已北退,更难办理。除咨明户部查核并分饬知照外,谨此咨呈贵部,请烦鉴核施行。

光绪三十一年四月十四日收北洋大臣袁世凯文一件
大东沟木植被扣迭经设法仍不开放请照日使转催速办由

光绪三十一年四月十四日收北洋大臣袁世凯文称:据天津商务总会总理王贤宾等禀称,案据天津木商天庆号、成源号、义升厚、丰泰成、同立德、成通号、成茂生、庆发号、长盛元、玉来永等禀称,窃商等前因大东沟木植被扣,先后禀请在案。蒙宫保转咨外部,迭经内田公使照复内开,已由该国外务省派员与该处军政官会同商定,应由军政官立予算给木价,或另设妥法办理。今商等径向军政官呈请,又蒙前代理关宪凌照准日本总领事伊集院照复,亦饬商等速赴军营就近申诉,由总会转饬商等遵照各等因。商等奉此,窃以为日本政府谊重邦交,恪守公法,无不欢欣鼓舞,奔赴日本军政署禀请妥办。及先后投到声诉,彼时日军勒令具领已用木价,但每件给银五钱,为数太少,不及原制本三分之一,是以领者寥寥。然此次犹属木把之物居多,制本甚轻。商等之木购自木把,加以脚费、栈费、薪酬、伙食、杂项、利息等费,较木把制本又增一倍。勒令此价,尤不甘心。本年春间,禀恳开运,日军声称大东沟木植尽归日军所管,刻已陆续装至一万余件,运往龙宝沟等处。商等查大东沟木植约有七十余万件,每件约制本银二两五六钱。商等制本半由息借,自二十九年秋间购买,又应出息银六七钱,每件本息约银三两二三。即使仍如去年所发之价,尚不足制本五分之一。况此次将商等之木视为己有,不言价值,不问何号之货,任意装运,商等赶赴看视,禁不令前。日本政府之讲理如彼,而日本行营之非理如此。究其原因,或系奸商藉办军需朦蔽,多占木植,将来装至中国各埠售卖以图渔利,亦未可知。其实军中所需,决不用至七十余万件。查甲午一役中日构衅,大东沟之木尚未霸取。此时日俄开战,中国何辜,中国之木商又何辜?而无端禁运,将及一年,其情形转日甚一日,中立何在,公法何在?商等前赴大东沟禀办数月之久,不但毫无端绪,反被尽数夺去,商等再不敢前往该署矣。况日军前用木植公司之木,该木原无资本,前东边道袁尚能以大力挽回,在津领得日本洋钱二万八千圆。我宫保爱民如子,必不官商异视。若谓商等未指明确,不难各开清单,附禀呈递。但商等不敢浮开一分,日本亦不可少付一分,以保全帮性命。再四筹思,惟有叩求设法,速催日军援照木植公司之例在津发给原价,抑或速催发还原木,则商等感激无涯矣。为此叩乞商会详请宫保大人转咨外部施行等因。据此，查此案前经该木商等禀请开运，仰蒙列宪设法照会日军，迭经该公使、领事照复，秉公办理，一面示谕众商，一面札行商会，饬该商遵办各在案。乃延宕数月，仍不开放，转加甚焉。诚如该商所禀，中立何在，公法何在？若不迅速设法立即开禁，不第该商等性命攸关，资本既多息借，将来不堪设想，万分危迫。理合叩求宫保、商宪大人格外矜全，咨请外部恩准，迅速照催日军，已装之木秉公在津发价，未装之木照旧开运，实为公便等情，到本大臣。据此，查在战地之局外财产，战国例应保护，不得稍有侵损。据禀前情，相应咨呈贵部谨请查核，照会日本公使转催日军迅速秉公办理。

光绪三十一年四月十八日发日本国公使内田康哉照会一件
大东沟木植事请转饬秉公办理〔由〕

光绪三十一年四月十八日发日本国公使内田康哉照会称：光绪三十一年四月十四日准北洋大臣文称，天津木商天庆号等禀称，大东沟木植迭经日本驻京内田大臣照复内阁，已由日本外务省派员与该处军政官会同商定，由军政官立予算给木价，或另设妥法办理。今商等径向军政官呈请，商等先后投到声诉，日军勒令具领已用木价，但每件给银五钱，为数太少，不及原制本三分之一。然此犹属木把之物，制本甚轻。商等之木购自木把，加以用费，较木把制木（本）又增一倍。勒令此价，尤不甘心。查大东沟木植约有七十余万件，每件约制本银二两五六钱。商等制本半由息借，自二十九年秋间购买，又应出息银六七钱，每件本息约银三两二三。如去年所发之价，尚不足制本五分之一。今春将商等之木视为己有，任意运往龙宝沟等处，装至一万余件，商等赶赴看视，禁不令前。日俄开战,中国之木商无端禁运,将及一年,商等前赴大东沟禀办数月之久,不但毫无端绪,反被尽数夺去。日军前用木植公司之木,东边道在津领得日本洋钱二万余元。求速催日军援照木植公司之例,将已装之木秉公在津发价,未装之木照旧开运等语。查在战地之局外财产,战国例应保护,不得稍有侵损。请知照日本驻京大臣,转催日军迅速秉公办理等因。相应照会贵大臣查照,转达贵国军政官,迅将大东沟商运木植秉公办结,以符公法而恤商艰,并希见复为要。

光绪三十一年五月初一日收盛记木局潘孝思禀一件
运售木植请发凭据由

光绪三十一年五月初一日收盛记木局潘孝思禀称:具恳呈人潘孝思设立盛记木局为恳恩垂慈发予凭据以便商允售卖事。窃以身告贷凑资,在东沟上江买妥山木。穿排交放之时,适大日本帝国兴师灭俄,军官疑为俄物,不容转移。幸蒙恩施,格外详察戳记号码,是华商者物归本主,果是俄人者即扣留充公。此诚明察秋毫,泾渭得辨,感戴莫名,曷敢恳渎。但身购买木株,散放山野,并未归在一处,因恐津隘阻禁。况需木甚巨,亏银数万两之多,债迫急如星火,实有性命之虞。万出无奈,泣叩仁慈爱民,一体俯允,发予凭据,以便执持用照印踪戳记木货运放东沟、营口、盖州等处售卖,俾身得以璧还赵,则救蚁命得生矣。伏乞钦宪、外务部、各国诸位大臣、大人辕下恩准,发给谕据,运木售卖,并请照会日木(本)大使行文,免被禁止,又况东省有被毁坏房间者甚多,均可购买木植修造栖所,则身与众民生生世世顶诵公候(侯)万代矣。

光绪三十一年六月二十二日收北洋大臣文一件
大东沟木植日商据为利薮请照日使转饬发价或由驻津日领妥议以期速结由

光绪三十一年六月二十二日收北洋大臣袁世凯文称：据天津商务总会总理王贤宾等禀称，窃查案据木商天庆号、成源号、义升厚、丰泰成、同立德、成通号、成茂生、庆发号、长盛元、玉来永等禀称，窃商等前因大东沟松木尽被日军占用，禀由商会详请宫保，蒙允转咨外部，照会日本驻京公使秉公办理在案。四月二十八日蒙东边道宪张电饬商等详开木植大小时值价目，商等赶造清册，星夜赴奉呈递。闻悉日本参谋官福岛奉到本国电文，饬伊速行秉公办理。于是面请道宪，着商等开具清单。五月初八日，单由道宪转递福岛，面许道宪，须俟电达各军，核对用木花数。复电一到，即行议价。倘军用有余，当饬华商认领原货。道宪再四订议，终无异说。此福岛前半段之情形也。五月二十五日，日本军政官大原代各军电复福岛，内开去年逼令木把所领价目。查商等前禀，木把制本实较木商轻至三分之二，彼时木把又被迫挟，不敢以命相争。商等此情，万难与伊比例。乃日商仍托福岛勒木商照令去年价目，福岛前订议价领货之事，一字不提。此福岛后半段之情形也。商等伏思，同一福岛，何前半段之讲理，与伊政府同；后半段之不讲理，又与日商同？确系日本奸商巧藉军需渔利蒙蔽，大原受其笼络。查日本系全球最文明之国，大原、福岛系军队最文明之官，而竟任日商拨弄，即不为华人计，亦当为伊政府计；不为公理计，亦当为伊名誉计。况此项木价既非出自日本兵队，并非出自日本政府，盖政府已将木价包入工程总价之数也。日本政府派洋商包办各工，断无令伊霸取木料而剔除木价之理。何以知之？于其采办别项华物而知之也。日本政府照木植时价发给日商，而日商朦蔽大原，强夺霸取。此理此情，其何以堪！商等无辜被累，呼吁无门。此次商等赴奉，虚耗二千余金，受尽千辛万苦，终未逃出日商掌握。商等万分迫切，不得不再恳商会详请宫保电达外部，设法立争。拟援木植公司成例，就便在天津照发时价，则日本奸商无利可谋，东沟木植自必立刻开运。否则日商把持，据为利薮，木植一宗，恐成久假不归之势。不但商情税项两不能支，将来物产利源，亦恐挽回无术矣等情。据此，查该商所存木料皆系购自木把，加以各项花费，诚如该商所禀，万难与伊比例。日本称仁义之师，采买各物无不秉公给价，独此项木料任其亏累，为日商暗中把持可知。若不设法挽救，不但有害商务，日商据为利薮，开运无期，于国家税项尤属可虑。相应据情详请宫保恩准，设法咨请外务部照会日军，按照时值秉公发价，抑或由驻津日领事就近妥议，以期速结而免朦蔽。是否可行，伏乞宪裁等情，到本大臣。据此，相应咨呈贵部，谨请查照，照会日本公使转饬军政官，按照时值秉公发价，或由驻津日领事就近妥议，以期速结施行。

光绪三十一年六月二十五日发日本内田公使照会一件
大东沟华商木植请饬日军政官秉公发给时价由

光绪三十一年六月二十五日发日本国公使内田康哉照会称：光绪三十一年六月二十二日准北洋大臣咨称，据商务总会禀，木商天庆〔号〕等十商号在大东沟所购松木尽被日军占用，当经开出价值，由东边道缮册，转交日将福岛。据福岛面称，俟各军核对木数，即行议价。倘军用有余，饬商认领。嗣日军政官大原代各军电复福岛，系照去年木把所领，极微之价目逼令该商等具领。查木把成本较该商等轻至三分之二。去年木把被迫，不敢以命相争。该商等难与木把比例，乃日商仍托福岛勒令该商等照领去年价目。福岛前订议价领货之语，遂不再提。日政府包办各工，已将木价包入工程总数之内，断无令日商霸取木料、剋削木价之理。日本采办别项华物，均属公平议价，日政府必照木值（植）时价发给日商。大原听商一面之词，华商被累不堪。该商等此次赴奉，又耗二千余金，辛苦万分，终为日商所愚。拟援木植公司成例，在津照发时价，则日商无可欺饰，东沟本（木）植即可开运。否则日商把持其间，殊非日政府秉公办理之意。请照会日本驻京大臣，转饬军政官按照时价秉公发给，或由驻津日领事就近妥议等因。查大东沟华商木植一事，迭经照会在案，嗣准驻日杨大臣电称，日外部照复秉公办理，并准来照，令该商等径向军政官呈诉各等语。兹准前因，该商等亏累甚巨，未便勒受微值，相应照会贵大臣查照，转致日军政官秉公发给时价，或由驻津日领事就近妥议，以期速结，并希见复可也。

光绪卅一年八月初二日收北洋大臣文一件
日军占用大东沟木植勒价逼领据天津木商禀请办理请照日使电饬津领秉公议价见复由

光绪三十一年八月初二日收北洋大臣袁世凯文称：据天津商务总会总理王贤宾等禀称，窃查案据天津木商天庆号、成源号、丰泰成、义升厚、庆发号、成茂生、玉来永、长盛元等禀称，窃商等前因大东沟松木被日军占用，禀蒙咨请外务部秉公办理在案。六月间复将日官福岛、大原前后情形据实声诉，仰蒙批示，据禀已悉，候咨外务部照会日使转饬军政官，按照时值秉公发价，或由驻津日领就近妥议，以期速结等因。奉此，窃惟此次纵不在津议价，军政官亦必秉公办理。嗣闻大原改调,齐藤接任,以为可有转机。及禀请齐藤,始则谕商等稍待,旋则仍复强运木植,月内即可运竣。并由建筑部发出告示两张,仍按照木把所领价目逼令商等具领。并拟出告示底两张,前赴安东县逼令县尊明白示谕。商情惶惶,朝不保夕,威逼不已,意外之事,恐不能免。商等自得忍气吞声,一律逃回津门,专赖拯救。商等伏查此项木价关系开运大局,势非请日政府电饬驻津领事商办,则东海沟日商视木植为〔利〕薮,日官又受其朦蔽,万无公平办理之日。商等自被禁运,已经一载,迭蒙转咨外务部,又饬商等前赴东沟禀请日官商办,尚有覆文。本年两次转咨该政府,任东沟日商把持,转无明白答覆宣示如何办法。倘再任其延宕,勒迫发价,则商力既苦难支,松木永难弛禁。始则甘让日本松木行销中国,继则霸取中国之木还售中国。霸取之木,直同白捡。还售之时,倘用木孔亟,势必抬价十倍。似此恃强蛮横,硬行垄断,日本文明之邦,若令其政府知之,断不肯为。〔惟〕有叩求商务总会详请设法速咨外务部照会日本公使,饬驻津领事就近商办,以免隔阂而便速结等情。据此,查该商所禀委系实情,惟径请照会驻京公使迅饬驻津总领事就近商办,以免隔阂而便速结等语。倘该领事以电达该政府为词,往返转需时日,似不如仍请转咨外务部照会该政府电饬驻津总领事就近秉公议价较有把握。是否有当,伏乞宪裁,实为公便等情,到本大臣。据此,除批示外,相应咨呈贵部,谨请查照,照会日本驻京公使电饬驻津总领事官就近秉公议价见覆,饬遵施行计抄单。

附录抄单　日军告示由

照录抄单:

为出示晓谕事。照得早经收木筏,曾经军政署出示,饬令所有木筏主前往领取审定书并木筏价,然而未交付者亦复不少。现在木值(植)事宜均度建筑部办理,尔等未领审定书,速赴安东县第三建筑部先行领照,以备领取木价。合行出示,仰一体遵照。明治三十八年八月战地陆军建筑部。

为出示晓谕事。照得木筏押收证:

一、自甲第一号至甲第一千号。

一、自乙第一号至乙第五百号。

所有木筏主人均按照后开日子,赴安东县第三建筑班领取审定书。

右谕通知。明治三十八年八月战地陆军建筑部。

一、光绪三十一年自甲第一号至甲第〢〧〧①号。

一、光绪三十一年自甲第四百六十六号至甲第七百十号。

一、光绪三十年自甲第〢〧〧号至第一千号,自乙第一号至乙第〢二〣②号。

一、同七月十五日自甲第〢〧〧号至甲第〤一〦③号。

一、同七月十八日自甲第〧||④号至甲第〢〣〧⑤号。

一、同七月二十四日自乙第〢二〤⑥号至乙第〦百⑦号。

甲、大木径一尺五寸以上、长〣⑧尺者,银票一元。

中木径一尺以上、长〣尺者,银票七角五分。

---

① 此处以苏州码子书写(下同),即二百七十七。
② 即二百二十三。
③ 即四百六十五。
④ 即七百一十一。
⑤ 即九百三十八。
⑥ 即二百二十四。
⑦ 即五百。
⑧ 即八。

小木径九寸以上、长三尺者,银票五角。

乙、最大木径二尺以上、长‖乄丈①以上者,二元五角。

大木径一尺五寸以上、长‖乄丈者,一元四角。

中木径一尺以上,长‖乄丈者,五角。

小木径九寸以上,长‖乄丈者,三角。

最小木径四寸以下,长‖乄者,一角。

光绪卅一年八月初四日发日本内田公使照会一件
日本内田大东沟木植请饬领事给价由

光绪三十一年八月初四日发日本内田公使照会称:光绪三十一年八月初二日准北洋大臣咨称,据天津商务总〔会〕禀,木商天庆号、成源号、丰〔泰〕成、义升厚、庆发号、成茂生、玉来永、长盛元等禀称,前因大东沟木植被日军占用,蒙咨请外务部照会日本驻京大臣转饬秉公办理在案。嗣闻大原改调,齐藤接任,商等禀请齐藤,始则谕以稍待,旋复强运木植,并发出告示两张,仍按照本(木)把所领价目逼令商等具领。商情惶惶,威逼不已,恐不免意外之事,只得忍气吞声,逃回津门。此项木植非请日政府电饬驻津领事商办,则东沟日商视木植为利薮,日官又受其朦蔽,万无公平办理之日。商等自被禁运,已经一载,东沟日商恃强蛮横,硬行垄断,日本文明之邦,若令其政府知之,断不肯为等情。查该商所禀委系实情,请照会日本驻京大臣电饬驻津总领事官,就近秉公议价等因。查大东沟木植一事,该商等亏累甚钜,经本部于六月二十八日照会转致秉公给价在案。兹准咨称前因,相应照会贵大臣查照,

———————

① 即二丈四尺。

转致驻津领事就近商办速结,以恤商艰而昭公道,并希见复为要。

光绪三十一年八月二十一日收北洋大臣文一件
历陈日人强号木把以致激变抗拒各情请查照由

光绪三十一年八月二十一日收北洋大臣文称:据东边道张锡銮禀称,窃据署辑安县知县吴光国禀报,七月十六日据总巡王懋忠差人送信,鸭绿江有木把聚众携枪,乘筏顺流下驶。并据致和、融和各乡约报称,十六日夜二更时分,有木把聚众多人携带枪械,乘坐木簰四张,潜渡融和保、老母猪圈地方,约有一百余人,与号木日兵拒敌。日人有割断缆绳下驶之船,不知去向,抛下艚船二只,物件搜掠一空。两造均有受伤,遗下船户丁把头大腿受伤,抬店医治,经该县派兵前往弹压查拿等情。正在转报间,又据该县秉称,十八日巳刻据派出亲兵队哨官崔尧唐等禀,随同总巡督伤兵勇驰赴麻线沟门,遇木把八九十人,带有被绑各人,开枪拒敌,彼此攻打。木把窜山逃逸,得获被绑船户四名、通词一名。经该县讯据通词纪元茂供,伊受雇日人,听从大仓洋行管事加贺美治,勾串日人擅号木植,致被木把击伤。日人有凫水而逃,有被枪伤身死,约有七人,搜去银元等物,余人逃散。伊与船伙四人均被木把打伤绑带逃走,中途遇兵救回等语。船户王进理等供亦相同。分别验伤医治,暂行看管等情,先后禀报前来。查东边木植为我利权之所在,日人号称军用,于去年夏间将大东沟及大江、混江等处木商购存大小木材四万四千九百三十付,以每付十一件计之,不下五十万件,并有杆子、墩子、大檩、台板三万三千二百八十五件,共值价一百八十余万两,均被全数号留军用,不任商运出口。我东边之木税既为断绝,而商人之母财亦尽归虚牝。曾经木商二百八十余户叠赴京津呈控,蒙宪台札饬职道妥为办理,当与驻扎安东沙河军政官大原武庆及在省日将福岛叠次磋商,几于舌敝唇焦。虽允查明实系华商木植,照数给价,而所定价目如最大木材径二尺、长二丈四尺以上者仅定二元五角之价数,余则以次递减,较之时价不及十之二三,微特商人不肯认领,且恐发价亦徒托空言。此日人号留商木植之大概情形也。至我木植公司收买之木材,则据各委员禀报,去年六月初在马市台、五道沟被日军扣留木簰三张,计三千九百四十件,八月初在岔沟地方被日人伊藤京重率领韩人夺去木簰九张,计三千五百八十八件,均经职道照会驻安东军政官大原,迄无只字之复。今年五月间,又将我泊存上江杨木林子木材三千四百九十六件被日人运放他去矣。三次共计一万一千零二十四件,原价合一万一千一百三十两,均未发丝毫之价。此又日人夺用我木植公司官木之情形也。夫日人假军用为名,既将我官木商木悉数夺用,以如此多数,似亦供军用而有余,而漫无预算之限数,犹复沿江号木。今据该县所禀,日人在鸭绿江上游强占木把所刊未经放售之木簰,以致木把激变,聚众抗拒,放枪互斗,各有伤毙。已据通事纪元茂供有日商勾串情事,虽所供未尽可据,然日人之包举囊括,诚有难于理喻力争者。除批饬该县确实查验有无伤毙日人具报,并派兵妥为弹压,认真严缉滋事首要究办,免致别生枝节,并径禀军督部堂外,理合禀请查核示遵,并请咨行外务部查照,实为公便等情,到本大臣。据此,除批示外,相应咨呈贵部,谨请查照核办。

光绪三十一年八月廿五日收北洋大臣文一件

木商天庆等号禀称木值(植)议价事

光绪三十一年八月二十五日收北洋大臣文称:据天津商务总

会总理王贤宾等禀称,窃查案据木商天庆号、成源号、义升厚、丰泰成、成茂生、庆发号、长盛元、玉来永等禀称,窃商等前因日本霸占东沟松木,发价不及五分之一,未经具领,业蒙转详宫保。蒙批:具禀已悉,仰候照钞日本告示并价目清单,咨呈外务部查照,照会日本驻京公使电饬驻津总领事官,就近秉公议价,见复饬遵,此缴,等因。商等静候在津议价,曷敢多渎。乃七月底日商托前军政官大原偕同第三建筑部亲到东沟,明知各帮木商尽行逃回,故意出示两张,以为搪塞藉口地步。其实告示之中第云发价,不云秉公议价,朦蔽情形不言自晓。其谓上江木簰仍须军用一半,准商等出口一半,亦不言每件发价几何。伏思物各有主,商议时值,必须物主允许方准动用,此通例也。即日本采买他项华物,亦皆于通例毫无违碍。独大东沟军政官被日本奸商愚弄,强取霸占,视为己有,种种非礼,前禀业经陈明。今日本政府迭催大原秉公议价,该日商自知公法难容,又托大原出示发价,意谓日本政府责我,则堂堂发价,告示具在也,彼华商固各自归家,无从付给耳。殊不思商等自被禁运,坐耗年余,性命身家危在旦夕,焉有见银不领之理?焉有各自归家,不求领银之理?不过彼发之价不及五分之一,一日不领,则大原虽为日商朦蔽,不讲公理,尚有伊政府讲理,尚有伊外务部讲理,尚有伊驻京公使、驻津领事讲理。一经具领,则商等各帮一百五十余万之血本,约仅付银四十万,而商等之家倾矣,商等之产败矣,商等之冤无可声诉,商等之苦终难挽回矣。商等深恐外务部不知此种情形,一旦日本复到,或以出示发价藉口,而在津议价之请又成话(画)饼,往复辩白,不能不更需时日。为此不揣冒昧,谨将东沟官商种种诡计澈底声明,伏恳商务总会详请宫保大人照咨外务部,坚持在津议价之议,勿任以发价、开运两示藉口,以致堕其诡计，虚延时日等情。据此，职等查核该商所禀委系实情，亟应详请宫保大人恩准，转咨外务部据情备案坚持，在津秉公议价，以免虚延，而保血本，实为公德两便等情，到本大臣。据此，除批示外，相应咨呈贵部，谨将查核办理施行计钞单。

光绪三十一年八月卅日发日本内田使照会一件
东沟华商木值（植）仍请饬在京（津）议价由

光绪三十一年八月三十日发日本内田使照会称：光绪三十一年八月二十五日准北洋大臣文称，据天津商会总理王贤宾禀称，据木商天庆号、成源号、义升厚、丰泰成、成茂生、庆发号、长盛元、玉来永等禀称，商等前因日本霸占东沟松木，发价不及五分之一，未经具领，业蒙转咨外务部照会日本驻京大臣转饬驻津领事，就近秉公议价。商等静候在津议价，曷敢多渎。乃七月底日商托前军政官大原偕同第三建筑部亲到东沟，明知各帮木商尽行逃回，故意出示两张，以为搪塞地步。示中第云发价，不云秉公议价，朦蔽情形不言自晓。其谓上江木簰仍须军用一半，准商等出口一半，亦不言每件发价几何。伏思物各有主，商议时值，必须物主允许方准动用，此通例也。即日本采买他项华物，亦皆于通例毫无违碍。独大东沟军政官被日本奸商愚弄，强取霸占，视为己有，种种非礼，前禀业经陈明。今日本政府迭催大原秉公议价，该日商自知公法难容，又托大原出示发价，意谓日本政府责我，则堂堂发价，告示具在也，彼华商固各自归家，无从付给耳。殊不思商等自被禁运，坐耗年余，性命身家危在旦夕，焉有见银不领之理？焉有各自归家，不求领银之理？不过彼发之价不及五分之一，一经具领，则商等各帮一百五十余万两之血本，约仅付银四十万，而商等家倾产败，含冤无可声诉等语。该商所禀委系实情,应请照会日本驻京公使,仍饬驻津总领事官在津秉公议价,以免虚延,而保血本等因。查此案于本年四月六日及八月初间迭经本部照会在案,兹准咨称前因,相应抄录告示照会贵大臣查照,仍饬驻津领事在津秉公议价发给,以彰公道而恤商艰为要附抄。

光绪三十一年九月十三日收日本内田公使照会一件

天津木商天庆号木价一事据外务省回示军用材木军政官与该处地方官已定有官价大东沟木商不特别办理准该地军宪复答仰该木商径向该地军宪收价由

光绪三十一年九月十三日收日本国公使内田康哉东文照会称:前因天津木商天庆号等所有木材在大东沟被日本军营使用,应如何发价一事,于本年四月十八日、六月二十五日、八月初四日、三十日屡接贵部照会内言各节,当即随时电告函知本国外务省,并请知会该管衙门后速赐训条在案。兹接奉外务省回函,内开据军宪回文,内言军营使用之木材按照甲乙二表,于去年九月由该处应管各官定明价格,并取有兵站司令官、军政官及贵国地方官之保结,遂按定明价格发交价银,其属相宜。大东沟以外贵国木商甚悦领取所发之价,故大东沟木商万难别有办法等情。准此,应请按照军宪所言各节晓谕木商,并谕饬该商等亲自向该处军宪办理价银授受为盼。并录送甲乙二表,即请查阅。为此备文照复。

附录表件　定明木材价格表由

定明木材价格表

一切木材不分种类,但车轴、帆柱不在此内。方木照甲表定价,圆木照乙表定价。

甲表

区分	径	长	许定价格
大	一尺五寸以上	八尺	银票一圆
中	一尺以上	八尺	银票七十五钱
小	九寸以上	八尺	银票五十钱

乙表

区分	中径	长	许定价格
最大	二尺以上	二丈四尺以上	银票二元五十钱
大	一尺五寸	同右	银票一元二十钱
中	一尺以上	同右	银票五十钱
小	九寸以下	二丈四尺以上①	银票三十钱
最小	四寸以下	同右	银票十钱

以上甲乙二表,于明治三十七年九月二十一日在安东县沙河镇军政署议定。

中村筑城团长押

井上铁道大队长押

石井建筑部长押

长谷川铁道监部配给挂押

以上议定价格在现时最为得力,当谨具保结。明治三十七年九月二十三日。

高知县押

太（大）原军政官押

岛田兵站司令官押

---

① 原文如此,这一数字与上文相同,疑有误。

光绪三十一年九月十七日发北洋大臣咨一件
大东沟华商木值（植）发价事抄录往来照会知照由

　　光绪三十一年九月十七日发北洋大臣袁世凯咨称：天津木商天庆号等请将日军占用大东沟木值（植）在津议价事，迭准来咨照称会日本内田使在案。兹准复称，接外务省回函内开，据军宪回文言，军营使用之木材，按甲乙二表定明价格，木商甚悦领取所发之价，大东沟木商万难别有办法，请谕饬该商等亲自向该处军宪办理价银授受等因。相应将往来照会一并抄录，咨行贵大臣查核办理可也附抄五件。

光绪三十一年十月初二日收驿巡道孙葆瑢禀一件
禀为因战损伤人命财产已将大致总数电达尚有十余处为战线阻隔未能调查俟办齐再行咨部又木植为奉省出产大宗外人托名军用以势取木商蓄怒已不可忍虽经大部照会日使而军政悍然不顾迭经与福岛磋商始允变通不意大仓组勾通华商玉合栈强号木把存木竟枪伤日人七名现已凑集恤款完案由

　　光绪三十一年十月初二日收护理奉天驿巡道孙葆瑢等禀称：窃职等于七月初三日曾上寸禀，计邀垂鉴。战事自日军北进后，音信阻隔，相持在昌图、海龙一带。近日情形，均由次帅径行函达大部矣。奉省因战损伤人命财产，经各州县陆续呈报，已先将大致总数电达聪察。复经职局核计总数填表，尚有十余处为战线阻隔，未能调查。俟赶办齐楚，即行备咨达部。奉省州县向无户籍可查，中间旗产居其大半，此次调查，皆系从头做起。况经兵燹之地，有地无人，转徙无定，并非有意迁延。难办情形，当蒙鉴谅。东边木植为奉天出产大宗，外人托名军用，以势力取。去冬东山木簰下运，曾为截留,计给价者较原本只十分之一,木商蓄怨已不可思,今年更窥伺东沟一带。二十八九两年,木商所存木料价值数百万金,虽经大部照会日使,达其政府,允准发运,而该军政官竟悍然不顾,不令各商认领,陆续出口者已十分六七。迭经职等会同东边道张道与福岛竭力磋商,始允略为变通,此安东以下木商受累之情形也。乃不意更有日商大仓组声言为建筑部承办军木,勾通华商玉合栈,复到上游辑安、兴京一带强号木把伐存之木,且给价太苛,积怒生变,竟至聚众。地方官解散安抚,智力俱穷,势不可遏,竟枪伤日人七名,绑去华人号木者十余人。此事先经与福岛言及利害关系,奈不知信,且言此事易了。今既酿成事端,伊竟以兵力相加。幸辑安吴令极力周旋,颇合机要,处置甚善,不致激成大变。现经吴令与彼订明,嗣后所有木筏无论已放未放者,以一半归作军用,核实给价;一半准由木商自行销售,建筑部不得干预。至枪毙日人一案,责令大仓组、玉合栈、木把三股凑集洋五千元抚恤日人遗族完案。现在和事已定,将来各国纷至,交涉日渐繁难,所有熟悉条约及各国语言文字专员似不可少。职等尤有虑者,此次和约,日人出于不得已,英以日俄为鹬蚌,而坐收渔利。西藏既定,又恐日人独得东海权利,渐不可制。美人出而主和,留库页半岛及海参崴以还俄,使东方权利不为日人独得,又限宽城子以南铁路归日,其宽城子以北铁路仍归俄,且许三省为公共通商码头。是吉江两省大半入俄人铁道权限,三省通商更分日人既得之权利,谓非种类意见之分,不敢信也。自今以后,各国防日之心愈严,而俄自强之机愈迫,中日之交必日固,智力之斗亦日精。三省土厚水深,物力宏富,自强之基即在乎?是想我中堂早裕措施之方矣。廷帅已于初六日到沈,一切均称允洽,拟稍息数日,即赴锦州丈放马厂荒地,谨以附陈。

光绪三十一年十月二十三日收北洋大臣文一件
大东沟木植事木商天庆号等公禀咨呈核办由

光绪三十一年十月二十三日收北洋大臣袁世凯文称：据天津商务总会总理王贤宾等禀称，窃查九月二十八日奉到宪台札开，九月十八日准外务部咨开，天津木商天庆号等请将日军占用大东沟木植在津议价事，迭准来咨照会日本内田使在案。兹准复称，接外务省回函内开，据军宪回文，言军营使用之木材按甲乙二表定明价格，木商甚悦领取，所发之价大东沟木商万难别有办法，请谕饬该商等亲自向该处军宪办理价银授受等因，相应将来往照会一并抄录咨行贵大臣查核办理可也等因。准此，札到该商会即便转饬各商遵照等因。奉此，遵即传知该木商天庆号等遵照办理。去后，旋据天津木商天庆号等联名禀称，窃商等前因大东沟松木尽被日商夺去，迭蒙转详宫保照咨外务部在案。九月二十八日奉到督批内开日本照复，据称去年九月所定价目，木商甚悦领取等因。查商等木植彼时虽经封禁，尚未占用，日军及安东县尊并未与商等见过一面，更未与商等交过一谈。其所谓议定价目，皆系伊一面主裁。至谓安东县尊具过保结，商等一概不知，想系该军勒令县尊画押，县尊以身处战地，不敢抗违，以致勉强签字。然物各有主，县尊无代为允诺之权。试问山东、奉天、直隶三省木商计共二百六十二家，曾有一家知情否？况伊既称木商甚悦领取，何须高县尊出结画押？又因何一年之久，并无一家具领者？且至本年日军屡次出示招领，仍无一家具领者。查去年九月木把领价，其间无一本（木）商，且木把亦因迫胁万分，始忍气吞声。其所谓甚悦，是日商甚悦，华商绝不能悦。其所谓相宜，是日商相宜，华商大不相宜。其所谓得当，是日商得当，华商极不得当。此种一面之遁词，不但我宫保、我外务部洞烛其奸,即在日本政府、日本公使亦应自知其妄,此外不辨自明之比例尤有数端。高县尊之保结果足为此案凭据,日本军宪应于四月十八日一见我国照会立刻照复,何至待四次严催,延迟五阅月,始行报命?此其一。日本道木性质恶劣,本年在我国畅销大率六寸见方,售现洋一元二角。我国松木较伊坚缴万分,何至一尺五寸见方者反给八七三扣之银票一元?查木植六寸见方体积三十六寸,一尺五寸见方体积二百二十五寸,即论每件寸数,已较伊道木大至七十五分之六十三,而给商等之价何反较伊道木小至一百二十分之三十三?此其一。日本军营需木无几,该军报销伊政府,种种可查,何至将木植公司之木、俄国之木把之木及商等之木约共数百万件一网打尽?此其一。日本本国与大东沟相距不远,一苇可杭,他项华物无一控告之案,何独包工之日本商迭被商等控告,拖累年余,绝无一人肯领其价?此其一。日俄战事早已平和,该处之兵不久撤退,军中决无要需。而沙何(河)子、龙宝沟等处劫去商等之木有如山积,何以勒不发还原主,必欲贱价霸买?此其一。商等以上所禀,字字逼真,不待两造对质,即能一目了然。无如日本政府不肯揭东沟日商之短,以至延宕支吾,百般搪塞。我宫保、我外务部仅恃文牍,往还千言万语,终不济事。即如此次日使照复我外务部,明知其为诬罔,但未据商等禀词驳诘,未便遽与争辩。是以商等附粘花户二百六十二家,仍请商务总会转详宫保,恳将商等备文送至外务部归案,面禀一切。一面函请日使在外务部公同审判,不须被告到案,而孰曲孰直、孰虚孰实自见。若仍用公文照会,想该军宪依然延至半年,再以数语搪塞之遁词敷衍支应,则办至十年数十年,亦无撤(彻)底根究、水落石出之日矣。哀哀上禀等情。据此,查该商所禀委系实情,自应抄录原禀并粘单,详请商宪大人俯念商艰,准照所请办理。抑或格外设法,照请日军秉公议价,以保血本而维商业。统希批示饬遵,实为公便等情,到本大臣。据此,除批"禀悉,查大东沟木植日官既已定价,此时再与辩论,诚恐无济,如请日使在外务部公同审判此案,亦属无此办法,既经该商会转据该商等公禀,姑候咨呈外务部查核,设法商明日使,或另由日军秉公议价,冀舒商困,仰即知照等因印发"外,相应咨呈贵部,谨请查核办理计抄单。

附录清单　直隶帮在东沟木植之木商长丰栈看橙木号由

附抄清单

直隶帮在东沟存木植之木商长丰栈看橙木号:

元庆成、源兴号、孚兴成、信德号、万德号、三合德、庆发号、德泰茂、成源号、玉来永、成聚号、聚源号、成记号、元利号、立发永、兴源号、成茂号、成茂生、同立德、元庆永、聚诚信、阜隆泰、永兴成、涌丰厚、永生茂、裕源号、德泰永、庆泰永、成通号、长盛元、天庆号、庆记号、义升长、通记号、源丰泰、丰泰成、永盛号、增顺泰、树昌号、聚兴和、树兴号、昌源号、涌泰恒、毓成泰、昌裕厚、成源号、德和永、昌顺和、同和号、源发号、玉昌号、瑞昌号、涌懋号、公合成、德顺合、聚和隆、裕盛合、德和成、泰和兴、庆聚永。

山东各处木商存木植及营台帮:

德发顺、东森茂、德义兴、天顺辕、同义号、德兴号、福增德、福顺隆、奎成顺、广森茂。

山东烟台、营口各处木商在东沟存木植花名:

裕庆德、东昌泰、增记号、兴顺和、和发福、丰利成、东茂号、永同福、同兴顺、永义厚、丰成仁、成和昌、福成号、福丰和、成元永、丰盛长、丰盛义、协成仁、吉裕号、六吉号、裕盛兴、双兴号、成生同、协昌栈、四合兴、庆和永、兴顺隆、聚泰东、德盛合、四合号、福丰合、源成发、源成利、福顺栈、天增祥、天祥益、德盛合、世庆公、德泰兴、万兴裕、裕顺祥、兴泰号、新顺永、恒泰恭、三合永、聚丰成、庆丰永、合生号、协茂利、元吉号、晋吉昌、迪吉号、鸿盛泰、辅盛和、福盛东、聚顺盛、合盛号、同田号、德顺成、和兴顺、裕庆东、双盛泰、德顺盛、长盛永、裕记号、怡美号、和丰德、元春和、祥升永、复德东、聚兴公、永盛泰、长隆升、同庆长、永升号、顺昌号、丰顺兴、顺盛栈、吉顺盛、裕盛栈、庆聚成、丰裕号、利泰号、德泰兴、泰和成、洪盛泰、合记号、同来盛、福和永、恒兴德、东茂盛、信成合、德发顺、顺成德、广裕顺、豫泰仁、顺昌泰、通聚利、万丰合。

山东烟台帮在东沟存木植字号长丰栈看橙：

德增号、鸿记号、祥兴公、怡丰号、福盛长、德聚恒、聚源盛、义源永、玉兴昌、晋兴号、源丰号、永丰号、同春号、同聚恒、义记号、利顺源、奎成号、同聚和、震大号、丰盛义、义德栈、丰泰昌、长隆义、永泰福、德和木铺、元合号、汇昌号、恒茂号、恒兴裕、顺全福、恒顺利、源成达、东合泰、和顺长、德增东、诚来永、德昌同、顺兴盛、盛记号、永裕盛、集兴成、德顺和、聚合号、同合号、同成和、余盛和、谦成益、永昌厚、隆兴顺、福隆德、同记号、同升和、德复成、聚诚厚、仁裕号、东复顺、同兴和、裕和成、德兴和、顺和盛、荣春茂、义兴号、永丰泰、源盛兴、同合公、长复永、复盛恒、兴顺号、成源永、顺盛栈、申顺成、海兴号、瑞盛春、公成和、裕和恒、万发号、元盛和、鸿泰栈、信成福、和盛昶、德成和、德和义、义盛长、福增庆、荣春兴、永和公、福顺成、大成号、同义祥、同兴昌、庆聚公、和顺德、德记号。

光绪三十一年十月廿六日收盛京将军文一件
咨呈接管内开辑安县木把肇衅并赔款各等情备案由

十页

光绪三十一年十月二十六日收盛京将军赵尔巽文称：查接管卷内开，案据署辑安县吴令光国前后禀称，光绪三十一年五月十九日据冲和保乡约杨立信禀报，十二日由镇口来放簰苦力人三百余名，声称奉日军之令，在混江一带恃势骚扰。并有宪兵督带华韩苦力人等号放木簰，运往镇口，嘱令到镇每笼给洋十六元。当经该县札饬巡检徐士骐，督同巡队弹压。于二十九日据蕴和保羊鱼头木商张仁甲等五十四人联名，以忽有苦力二百余人号木逼放，众木把不平，意欲抗拒，呈请查究。正在劝解间，又据探报，号簰主事有镇口大昌洋行商人胜古，现在混江口设局，凡下运木簰均至该局领票放行。

六月初二日，安东日军建筑部陆军炮队曹长小椋米藏、技手浅尾真之助等带领护兵百余名并游民八九十名，由鸭绿江乘船来县会晤，并有军政署派来察看木植之全（金）泽喜雄治等，先后接见。即于是日接安东军政署大原函称，兹因敝军需用木材甚多，故今者建筑班各员及敝署宪兵上等兵率领所雇清国兵丁同赴贵属察看，务望襄助等语。旋于六月初五日据探报称，查得三十日夜间忽有木把二百余人由上江到来，至羊鱼头一带，绑去号簰头目秦广隆等十七八名，带赴上江。又探得祥和保粮子（米）甸子一带盘踞木把三百来人。又闻临江十六道沟王连坡纠邀木把一二百人，由大江而下。两造相持，势将械斗。该县督饬兵、团排解，极力开导，禀请照会各等情。当经前署军督部堂廷杰督饬交涉局面询日员，据称早得军电，已由司令部就近派员了结，批饬该县将办结情形禀复在案。

七月初七日，该县复以木把张姓等供称，伊等共有五六百人，伐木为生，辛苦结簰，性命在此。前月三十日，镇口奸商玉合栈勾通大昌洋行包揽木植，同来号木游民恃势欺扰。众人忿恨，绑去秦广隆等十人，带至粮米甸子。后被同伴保释六人，尚留四人，次日乘间逃散。镇口日军号木给价不及十成之二，如能从丰，伊等决不敢恃众滋闹等情。禀请照会日员，转饬公平议价前来。经本军督部堂批饬交涉局与日将福岛面商，嘱其电告大原军政官不可操之过急，恐激成事端，致伤交谊。

去后，不料七月二十六日即据该县禀称，窃卑职于七月十八日巳刻派出亲兵队哨长崔尧唐、警察局卫长史富春等随同王总巡懋忠，星夜驰赴麻线沟门，设卡截拿。约至五更时分，突遇木把八九十人，随带绑人，各执枪械，蜂拥而来。随督饬所部迎头痛击，木把串（窜）入山林，星分逃逸。击获被绑船户五名，内有通词一名，当经卑职提案集讯。据通词纪元茂供称，伊受雇日人，听纵大仓洋行管事加贺美勾串日人擅号木植，致被木把击伤。日人有凫水而逃，有被枪伤身死，共目①七人，搜去银元等物，余人逃散。伊与船户四人均被木把打伤绑带逃走，中途遇兵救回等语。质之船户王进理、李永清、李文和、李文俊，供情相同。当堂录供附卷，分别提验伤痕，饬令医治务痊。一面亲临勘验后，前至外岔沟与日员喻以公法，晓以情理，从中设法周旋，妥为排解，以全大局。除商请总巡督饬兵勇协力剿拿，认真弹压，一面悬赏购捞尸身，用示悯恻等情。并于八月初五日据署兴京厅孙长青禀，据该县禀称，照会外岔沟司

---

① 原文如此。

令部勘验肇衅实情,迨卑职舟过该处,查验枪毙之人并受伤船户,已由该司令官传载外岔沟,无从查验。旋据司令部官声称,被木把击毙宪兵伍长藤井春吉、兵卒烟山九市、池田房一、尾崎又市,外酒保雇员加贺美治,共五名。重伤兵卒板本国太郎一名,现在送镇医治,生死未定。清人受伤者四名。

次日,王总巡懋忠亦到司令部。连日商令该总巡限期严拿木把,以免失和。卑职与该总巡未便许限,允为派兵分拿。忽于今日文邀卑职与王懋忠商议要事会晤,仍令限期拿究木把,并根究派队剿捕日期,先后形迹之次。该总巡再三言及回营派人访拿此案,该司令部称伊并不防患,事先既来,又急思速去,心涉疑窦。声言日兵见己死之人均为惨怒,恐有意外之事,加害清官,即派兵三十余名分驻卑职及该总巡寓所。此系美名保护,实恐潜逃,抑有何心,难以忖度各等情。节经批饬,实力巡防,严缉首要,务获究办。一面饬经交涉局商允日将福岛函达该日员,将吴令、王总巡放回,以便缉犯究办。复于是月十二日据该县禀称,七月二十六日司令部前约改限八日,罚令暴徒处及暴行处纳征洋五千元,逾限首犯与罚金均无,即自派搜拘众民讯究等语。查暴徒处在卑境与临江以上各保地面,暴行处即卑属关门碰子左近,随告以初限十四日,未能应许,忽改八日,宪文不能电传,罚款事小,且恐激成民变,届时再议。该司令部副官土井允为即赴安东兵站支部商议。

八月初二日,司令部正官行山义一邀晤开议。八限已届,日兵遥涉中国,劳军伤财,国事为谁? 意气忿忿不平。卑职答以贵军抵境,敝县商民交相劳力,几至商贾辍业,农废耕植,毫无怨言,又为谁乎? 至所索罚款一节,向与各国交涉无此情理,且两国有修好约章,援以照议。据陆军通译名品治真译传司令部云,现在行军之时,罚款系敝军军法。卑职即云,与俄人交绥,行之则可,敝县碍难应允。彼曰,此款名曰罚款,实与已故宪兵等伤死之家父老妻子养赡之需。卑职答以两国交谊亲笃,敝县严拿首犯法办。所有恤养一款,我大宪必有办法,以尽交义(谊)。而译员言外尚有赔款,竟坚执必欲暴徒暴行之处认纳。相持舌辩两时之久,决意如此,须请司令官告示木把前衅不究,此款出诸木商与贵国御商大仓组洋行及玉合栈分认,敝县民人罚款决不承认。该译①司令官意欲派兵仍去放木,卑职劝阻再三,若是办法,必使民变,请俟敝县辞官,任意为之。译者又云,设一相安妙法,木筏势欲军用云云。仍令译请司令官出示开导木把不必固结前嫌,敝县方能主理。译云可与建筑部办事公正,何以玉合栈、大仓组为之代谋,出此衅端? 贵司令官既能预议罚款之谋,木筏之事未便置诸言外。译者言,罚款再宽限五日凑纳。卑职答议,如能出示七月十七日之释衅木把认纳罚款后一概完结,此后所有已放木筏及未放之木宽为给价。译云,以一半军用,照价给领,一半如木商自卖。随议请建筑部及日商等不得干预,庶百姓能心悦诚服。

初三日,译官来晤,暂由司令官一面出示招抚木把,一面仍限五日缴款,谕知各保日兵下乡弹压,见弗惊惶云云。现在商民情愿垫款完事,此项将来公议出诸木把、玉合栈、大仓组三分摊认,以求民安。迭据各保乡牌陆续禀请前来,卑职未敢拢许,伏候批示饬遵等情。查此案该商民畏扰求安,情愿垫款了结,应准从权照办。惟此项多数赔款既由木把、玉合栈同日商大仓组三股公认,则死伤之

---

① 原文如此。

恤费、损失之赔偿、木把之赎罪自应一概完结。木植价值亦宜商之
日人加价实发，使木把不致再生怨望，可保和平。遂批饬该县查
照，切实磋商，并将赔款先由殷实铺先行垫给，随后再令玉合栈等
分摊，勿累民间，妥为办理。

是月二十二日，又据该县禀称，日员司令官等因索款不遂，隔
别严责被绑平民九名。卑职往晤，告知肇衅木把早已远飏，何将良
民刁难，无此情理。该日员以既系良民，在伊家中搜出船内食物一
切。卑职答以无知愚民必系当日木把寻衅后日兵断缆下驶，四顾
无人，遗下杂物，见小拾回，旋经贵兵翻出，涉此疑冤，或者有之。
彼豁然顿悟，即于初七日商准将前拘杨德山、张诰等九名一并饬由
外岔沟巡检分别枷释。傍晚，又据司令部译员来称，前准照会，查
已放木筏一百二十八张，顷接电知，到安东者仅止一半，照军用价
付给矣。此后木植准令一半由商自卖，日本官商决不干预；一半军
用，木到付价。所索无（五）千元系格外体恤，明日如不缴款，另有
办法。卑职告知索款之数能将前事不究，商民暂允照办。此系商
民筹垫，敝政府能否认允，尚未可知。

初八日子刻，接据卑署警报，言俄军三百余人分东北两路窜
来，请示核夺。驻岔日军同时闻信，备兵御敌。民心惶惶不安。辑
安地方紧要，若不允交索款，卑职与总巡不能即回。金议早纳索款
一日，商民早安一日，辗转筹思，万分焦急。值此万不得已之时，只
可勉从民议，遂于初八日权准商民垫款，派卫长张秉钧送交外岔沟
司令部行山义一照数收纳，取存凭证存案。即于是日，司令部将防
护日兵撤回。

初九日，司令部邀晤，言及如商民再有冤抑之事，尽可来诉，
切莫纠众寻衅，有失和谊。卑职答以嗣后有不法恶徒，应即照会

拿办，日人不得拘禁责罚，彼亦允认。惟言罚款五千元外，仍须议恤已死之家养赡银两。卑职即询昨纳之款作何销用，彼云已交建筑部受领。又诘询缴建筑部何用，彼语支吾，暂不与议，将来由外务部核夺。卑职答以前议罚款已告知百姓作为已死家属养赡，译官声称人人皆知，未便顿翻前案。想贵军兴师除暴，所见者大，断无格外枝节失信于商民也。倘有别项名目，敝县决不承认，而该司令官慨然允许矣等情。据此，当以该县未将日员收款凭证内有无载明因何罚款等字样声叙明白，批据该县照缮罚款缴纳凭证式样三纸、函稿一纸，禀覆请咨立案前来。除批示外，相应粘抄凭式函稿咨呈。为此合咨贵部，谨请鉴核备案施行附抄件。

附录抄件　致日军司令部照会解缴罚款由

附抄为照会解款事。于本月二十二日准贵司令官议明木把纠众肇衅一案，旋经敝县派兵剿获纪通词等五名，送交在案。贵司令官勒限十四日严拿暴徒送办，逾期不获，罚征洋五千元，旋又改限八日。现已届两限期满，拿获未得，应照纳赔金五千元以赎木把前罪。兹派张卫长赍金纳收付证，所有案内事故概已完结。须至解照者。

该司令官见此照会，不但不收，自写一纸索印留案，卑职于名下用便戳为记，另纸照录。

附录文件　日军司令官改书日文由

照录司令官改书日文：

上纳证

一、金五千元也。

但明治三十八年八月十七日暴徒ノ件ニ係ル罚金上纳ノ分。

右上纳美①金也。

明治三十八年九月六日

清国辑安县知县　吴光国

清国辑安县巡捕队长　王懋忠

外察(岔)沟门子行山兵站司令部

第二号证

一、金五千元也[军票]。

但明治三十八年八月十七日暴徒ノ件二係ル罚金上纳ノ分。

右受领候也。

明治三十八年九月六日

外察(岔)沟门子行山兵站司令部

吴光国殿

王懋忠殿

附录文件　安东县兵站监部齐藤函稿由

安东县兵站监部齐藤函稿于九月初四日到。

清华仁兄大人阁下：久仰鸿名，未识荆州之面。爰于②修鲤牍，藉倾茅塞之心。迩维顺序延厘，因时纳祜，遥瞻芝范，曷罄藻思。弟谬膺辽东兵站监部安东县支部长兼兵站司令官，幸公务尚无陨越，堪以告慰绮注耳。兹启者，日前接到辑安县兵站司令官公文，云贵境有匪徒杀我兵丁遁逃，贵官不能拿获，因命该村征罚银五千元以交该司令部等情前来。弟窃思此事理合贵县派兵缉捕凶犯，照例严办。惟阁下之用心既已公平，之力于两国间亦费经营，忠厚之风实堪钦羡。自今以后，尚望严饬

---

① 疑为"实"（日文汉字写作"実"）字之误。

② 从骈文规范来看，"于"字当衍。

管下人民守分安业,勿再稍生事端,以贻误东亚之大局。而阁下镇压调停之责,万不可偶有疏懈也。是为至要。专此,顺颂升祺。名正具。

光绪三十一年十一月初一日发日本内田使照会一件
大东沟木植希转致军政官另议公平价值由

光绪三十一年十一月初一日发日本内田公使照会称:案查大东沟木植被日军占用一事,前经本部于八月三十日照会贵大臣,转饬驻津领事官秉公议价。旋准照复,内称据军宪回文,言军营使用之木材按甲乙二表定明价格,木商甚悦领取,请谕饬该商等亲向该处军宪办理价银授受等因,当经本部咨行北洋大臣转饬各商遵照。本月二十三日,复准北洋大臣咨称,据天津木商天庆号等联名具禀,大东沟木植虽经封禁,尚未占用。日军及安东县令并未与商等见过一面,更未与商等交过一谈,其所议价目皆系伊一面主裁。至谓安东县令具过保结,商等不知,想系该军勒令画押,以身处战地,不敢抗违,以致勉强签字。然物各有主,县令无代为允诺之权。现在该处之兵不久撤退,军中决无要需。而沙河子、龙宝沟等处封存之木必欲贱价强买,商等均未具领。兹由天津商会转据该商等二百六十二家禀恳设法,照请日军秉公议价,以保血本而维商业等因,咨请核办前来。查该项木材据该商等所禀各情,是前此议定之价只凭军政官一面主裁,且以所定价目太低,该商等迄未具领现值撤兵之际,所有该处存积木植未便仍以军用为词,自应秉公议价发给。相应抄录原禀,照会贵大臣查照,转致该处军政官另议公平价值,以舒商困,并希见复为荷。

光绪三十一年十一月初三日发北洋大臣文一件
大东沟木植事已照会日使由

光绪三十一年十一月初三日发北洋大臣袁世凯文称：大东沟华商木植被日军占用一事，十月二十三日接准咨称，据木商天庆号等联名具禀，日军政官所定价值不公，商等均未具领，请设法照请日军秉公给价等因，咨请核办前来。当经本部照会日本使转致该处军政官，另议公平价值以纾商困。除俟该使覆到再行知照外，相应抄录照会，咨行贵大臣查照可也。

光绪三十一年十一月初五日收盛京将军文一件
东边木植复被日军号用请专案索赔由

光绪三十一年十一月初五日收盛京将军文称：案据东边兵备道张锡銮呈称，案查东边木植公司自光绪二十九年春间设立，明以保护运木商贾，即隐以保全我国固有之江权。维时俄军驻奉，派人入山代（伐）木，复于对江韩岸设立公司，垄断一切。日本人从中包揽，韩人乘机抢夺，转令我国固有利权因而尽失。前东边道袁道大化惨淡经营，创办木植公司，又因经费无所从出，由道库借款三万二千余两，藉资垫办。是年十一月，职道到任，兼办木植公司事宜。其时日俄已启衅端，办理益形棘手。然以权利所在，焉敢委弃如遗。除公司兵饷业经禀明作正开销外，所有各局收买木植暨薪工一切，仍由道库垫用银一万一千一百三十两。公司存本（木）得一万一千零二十四件，估计价值适足抵补，并经禀明宪台，蒙批核咨外务部索赔在案。乃袁前道经手存留木植因被日军号用，呈由外务部照会索还价植（值），库款得以无亏。职道经手存留木植亦被日军号用，虽经照会安东军政官大原武庆，迄无只字之覆。现在日俄和议已成,此项木价库款所关,未便听其虚掷。可否咨明外务部专案照会索赔,抑或汇入赔偿中立财产案内一并办理,统候宪示遵行。再,现届年终,核办报销拟将此款先行开除,俟索赔到日再为登入,以清眉目,并请先咨户部查照备案等情。据此,除分行外,相应咨呈贵部,谨请查照酌核办理见覆施行。

光绪三十一年十一月十四日收内田使照会一件
大东沟津商木植应由高知县晓谕木商办理由

光绪三十一年十一月十四日收日本内田公使照会称:接准十一月初一日贵部文称,前因天津木商天庆号等之木料被日营在大东沟取用,应发给木价一节,其时我国管理工称(程)各员议定价值,并请中国地方官出具保结,经贵大臣录送该木料价值表,于东历十月十一日以六十五号公文照复本部在案。兹据该商等禀称,所定价表系日营官员独断,价值甚低,万难遵领,兹录送该商等原禀,即请贵大臣查照为盼等因前来,本大臣俱已知悉。查前次公文录送价表,实系管理工程各员于军务倥偬之际,务以公平为怀,拨冗议定价表,且请贵国地方官高知县出具保结,绝非一面独断。况安东县以外各处木商均按价表发给木价,并无烦言。此事应请贵国政府饬出具保结之高知县将此事之理由谕知天庆号等商人,或由该商径向我军官员领取木价,或由高知县代为办理,是为至盼。为此备文照复,请烦查照。

光绪三十一年十一月十七日发北洋大臣文一件
大东沟木植事抄送日使照复并知会盛京将军查复由

光绪三十一年十一月十七日发北洋大臣袁世凯文称:津商大

东沟木植被日军占用一事,本年十月二十三日接准文称,木商天庆号等禀称,所定价表系日营武官独断,万难遵领等因,当经本部照会日本内田使转致军政官另议公平价值,并抄稿咨行在案。兹准覆称,价表实系公平,且请地方官高知县出具保结,请饬高知县谕知商人或代为办理等语。除由本部抄录往来照会咨文,知照盛京将军转饬安东县高令详细禀复外,相应抄录来照,咨行贵大臣查照可也附抄件。

光绪三十一年十一月十七日发盛京将军文一件
津商大东沟木植事饬安东县令禀复由

光绪三十一年十一月十七日发盛京将军文称:光绪三十一年十一月十四日准日本内田使照称,接准贵部文称,天津木商天庆号等禀称,所定价表系日营武官独断,万难遵领等语,价表系公平,且请地方官高知县出具保结,请饬高知县将此事之理由谕知商人或代为办理等因。查此案本部迭准北洋大臣来咨,照会日本使秉公议价。兹准照称前因,除咨复北洋大臣外,相应抄录往来照会并北洋大臣来文咨行贵将军查照,转饬安东县高令详细禀复并声复本部以凭办理可也。

光绪三十一年十一月二十九日收北洋大臣文一件
木商天庆号禀木植被日军霸占等情请查核办理由

光绪三十一年十一月二十九日收北洋大臣袁世凯文称:据天津商务总会禀称,窃查案据木商天庆号等禀称,窃商等因大东沟存木被日军霸占,迭经具禀,蒙批并迭蒙咨呈外务部在案。十一月初七日蒙宫保札准外务部照会日本秉公议价,并抄录原文由商会转饬遵照等因。商等理应静候,曷敢多渎。但我宫保莅直以来,体恤商艰,笔难罄述。此项木植累经辗转挽救,商等被困早在洞鉴之中。商等伏查我宫保现与日本小村大使、内田公使磋议满洲条约,松木被占一节虽非交涉大宗,然失此机会,窃恐日后徒恃文牍,更多隔阂。至日军所称已经定价,原系伊军一面所定,商等并不知情,似可向彼力争。即如粤汉铁路、开平矿产,均以大力挽回,竟能废约,其明证也。商等受累万分,设非秉公发价,势难甘休。然商等之所倚赖者,惟恃我仁慈待民之宫保耳。万一小村、内田不肯伸明公理,将来商等前赴日京涉讼,仍须我宫保移会我国驻日钦使设法办理。商等不揣冒昧,屡渎不休,正冀转移有路,免致将来费手也。况商等有声明之事,刻下日商已将前项霸占木植堆积如山,上江木簰日商许华商采买一半,准其出口,日商自留一半转卖华商。而其所给木把之价大约每付二十元,照前定之价增至两倍有余,照现在时价减少十之六七,此中情节实不可解。为此仍恳商会转详宫保直接日使速为商明,以便秉公理结等情。据此,查此案已蒙宪台咨呈外务部照会日本公使秉公议价在案,兹据前情,相应据详请宫保大人格外矜全,就近与日本公使妥议,以便速结而苏商困等情,到本大臣。据此,除批示外,相应咨呈贵部,谨请查核办理施行。

光绪三十一年十二月二十五日收商部文一件
据魏震等电称日兵在十九二十道沟砍木祈商外部照阻由

光绪三十一年十二月二十五日收商部文称:光绪三十一年十二月二十三日据本部考察东三省商务章京魏震等由新民府来电称,日兵三百余名于十一月初旬由韩渡鸭绿江,在长白山南十九二十道沟砍木,并未知照地方官,祈商外部照阻,以保林业等语。相应咨呈贵部查照,酌核办理可也。

光绪三十一年十二月二十六日收日本内田使函一件
陈营官砍伐临江各处木植事已转本国饬查由

光绪三十一年十二月二十六日收日本内田康哉函称:接函称陈营官领兵多名硬伐临江县属木植,勒给低价,并不知照地方官,殊于情理不合,相应函达查照,转达贵国军政官速行禁阻,并希见复等因,均已阅悉。当经本大臣转达本国政府转咨饬查。除俟覆到再行函达外,相应函复贵王大臣查照可也。

光绪三十一年十二月二十八日发商部文一件
日官伐木事已函致日本使由

光绪三十一年十二月二十八日发商部文称:光绪三十一年十二月二十五日准咨称,据考查东三省商务章京魏震等电称,日兵在长白山南砍木,并未知照地方官,祈酌核办理等因。查此事于本月二十二日准盛京将军来电,当经本部函致日本内田使。旋准覆称,已转达本国政府饬查等语,相应咨复贵部查照可也。

日人在安东标地案

厅/司				科	类共计	件	编	
总事由	日人在安东标地案 　　光绪卅一年十一月盛京将军函称日军政官在安东租买地段 各情由。							
年	**月**	**日**	**收**	**发**	**某机关文**	**事　由**	**原件**	
							字	**号**
光绪 卅一	十一	初四	收		盛京将军函	日军政官在安东 六七道沟租买地 段托名军用标地 千数百日亩请设 法挽回由		

光绪三十一年十一月初四日收盛京将军函一件
日军政官在安东六七道沟租买地段托名军用请挽回由

　　光绪三十一年十一月初四日收盛京将军函称：案查前据东边张道锡銮转详安东县详报日军政官租买六七道沟一带开通市场核与约章不符一案，当经谨将先后情形并照绘地图函呈冰案。兹又据办理安东县交涉事宜高牧钦、护理安东县事成巡检樑等以准安东司令部斋藤遣人告称，安东六道沟以下沿河一带之地有关军用，嘱即传谕各该处乡保会首人等遵照出租等因。正在设法劝阻之际，于光绪三十一年九月十五、十八等日据安民山乡约马清禄、保正吕学礼等禀称，日本商人由江沿至娘娘城埋标，接连安民山、铜矿岭、三孤顶子等处，南北约有十五六里，东西约有八九里，立向各花户索要地照，刻不容缓等情，并据各地户以前情喊诉前来。随向日员再三婉阻，据称事关军用，碍难停止。嗣复连日磋磨，始据日官关口大尉告称，所有前在安民山、三道浪头等处插标之地，准照原定减去五分之四，下余一分必须租用，每日①地从优发给租价一百二十圆，先发定钱十圆，准地户暂行随意耕种，俟用地时再行补足原价。诘以此地究系军用抑系商用，据称系属军用，断不能再为减少，否则即派兵队往办各等语。随即查得日人改插标木，界内计地约有一千数百日，并闻每地一日已发给定钱十圆，各地户不敢抗拒，该县等亦格于军权，呈请核示办理等情。据此，查日俄和约已定，战线军队且须撤退，尚何军用之有？揆度其情，显系日商欲享特别之利益，而假权力于日员，以便日后拓广商埠，核与前案六道沟事同一律，均违约章。若不力

---

① 此处"日"同"晌"，是东北特有的地亩单位（多以十二亩为一晌，各地亦有差异），下同。

争,窃恐择要占踞,无所底止。除批饬安东县据理磋争外,应请荩筹并案妥商,设法挽回,以维主权而全民业。将来如何议结,统祈示复遵行。

日人请留安东令案

厅/司				科	类共计		件	编

总事由

日人请留安东令案

　　光绪卅一年正月盛京将军函称日军政官情留安东县高令等情由。

年	月	日	收	发	某机关文	事　由	原件	
							字	号
光绪卅一	正	初七	收		盛京将军、奉天府尹函	安东县高钦丁忧回籍日军政官请留任如何办理请示遵由		
					附录日员致东边道函	自安东高令奔丧回籍地方渐滋不靖请贵上宪电饬该令速回任由		

光绪三十一年正月初七日收盛京将军、奉天府尹函一件
署安东县高钦闻讣回籍日本军政府请留任如何办理请示遵由附抄

光绪三十一年正月初七日收盛京将军、奉天府尹函称：前据署安东县知县高钦禀称，于九月二十五日闻讣丁忧，请咨回籍葬亲守制。祺、杰夙知安东冲要，曾驻日军，该牧署理经年，长于因应，商民不扰，主客相安，接署非才，恐致多事。辗转筹商，当以留奉知县张振鹏前任该县巡检多年，于地方情形尚称熟习，派往接署。嗣因该令赴引未回，故拟令该县现任巡检成楔暂行代理，并派该牧帮办交涉事宜。乃复据该牧禀以葬期在即，不及奉批，先行返汴，并称所有安东任内经手款目已留妥实家人赶紧清理，一俟安葬事毕，速即前往结算交代。现据东边道张道锡銮叠次禀称，日本驻安军政官大原武庆函请禀留该牧迅速回任。窃思州县夺情向无成案，许则既违定宪，复碍主权；拒则有损邦交，恐生枝节。现已电催该牧速回清理交代矣。然究应如何办理之处，尚希酌示遵行。兹将日员函件录呈电览，祗请钧安。

照录抄件：

径启者：前以挽留高令在任守制等情，业由贵道转详在案。近闻省中拟委该令以帮办字样，安东一缺将另委一人署理，如此则是与敝军挽留情形相刺谬。夫前日之留该令者，原为民情欢洽，呼应较灵，实与交涉地方两有裨益。今若另委员来，反大失敝军之望。即乞速达贵上宪，无论予该员以何名目，而安东一缺必仍令该员兼理，不便别来一人。况自经该员奔丧回籍而后，地方渐滋不靖，仍希贵上宪迅即电饬该员速回安东本任，以重地方而笃邦交，实为欣盼。专此，顺颂近祉。

日人绑劫营官并拘勒商伙案

厅/司	科		类共计		件	编		

总事由	日人绑劫营官并拘勒商伙案 　　光绪卅一年三月盛京将军报日人绑劫营官刘福陞等情,北洋大臣函报审讯劫犯三喇嘛及日员请释情形,旋即照请日使转饬释放刘营官,北洋大臣咨称奉天所报刘营官被劫案已饬杨镇吴守将三喇嘛讯究,又报称日人勾结降匪拘勒商伙已饬将该日人等解津核办由。

年	月	日	收	发	某机关文	事　由	原件	
							字	号
光绪卅一	三	初一	收		盛京将军等文	驻洮源营官刘福陞被日人绑劫请照会日员查办由		
		初二	收		北洋大臣袁世凯函	密复拿获劫犯三喇嘛等审讯供词及日员请释未允各情由		
		初五		发	日本内田公使照会	洮源驿刘营官被日兵绑劫请转饬释放由		

（续表）

年	月	日	收	发	某机关文	事　由	原件	
							字	号
		十一	收		北洋大臣袁世凯文	准奉天军尹咨称日人带降队暨哨官三喇嘛等将刘营官绑劫并杀毙从人已饬杨镇吴守将三喇嘛究讯由		
		十四	收		北洋大臣袁世凯文	日人阿木等勾结降匪拘勒商伙已饬拘解送津核办由		

光绪三十一年三月初一日收盛京将军增等文一件
驻洮源营官刘福陞被日人绑劫请照日员查办由

光绪三十一年三月初一日收盛京将军增等文称：光绪三十一年正月初十日据署辽〔源〕州知州蒋文熙禀称，光绪三十年十二月二十六日下午有洮南府栈兵任广福来署面称，蒙荒栈道伯四兔地方系达尔罕王旗地界，距郑家屯一百四十余里，突有由西边外窜到日本收抚降队数百人，于二十五日将管带洮源驿路巡警队刘营官福陞绑劫，并杀毙从人三名、洮南府栈兵一名等语。卑职当经选派干役前往确查，并请吴总巡俊陞饬派左哨巡长哈致祥变装往探。去后，旋据探称，窃〔巡〕长奉派前往伯四兔探查日本降队绑劫刘营官情形等谕，遵即驰往该处。询据乡民声称，于二十四日午后突来日员数名、日队百余名，并带有招降蒙民各匪共五六百人，势甚猖獗。内有所招蒙古营官八塔桑、帮带八宝道吉、哨官三喇嘛、白音姐尔达等，到该处住宿。及二十五日，刘营官乘小车，带队兵六名并洮南府送公文栈兵一名，由北行来，即被日人与三喇嘛等将其均行圈劫进屯内关家店。当时将刘营官绑上，又将队兵三名、栈兵一名诱至崔家店西树根下，均行杀毙。其余三名不知下落。当日黄昏时候，日人带领降队将刘营官绑载大车上，云赴东北去等语。巡长遂至崔家店西查勘被戕队兵情形属实等情前来，核与去役查探各节大致相同。卑职伏恩（思）刘管带被投降蒙人绑劫，并杀毙从人三名、栈兵一名，本应调队进剿，既据探称内有日员日队，又未便孟浪从事，致生投鼠忌器之嫌。查伯四兔地方非卑州管辖，应如何之处，卑职未敢擅便，亟请宪台酌核示遵。再，刘管带既被绑劫，其新收各队心多未稳，深恐藉图报复，扰乱地方，遂商同吴总巡调集兵、团，暗为防守，并拟设法要回刘管带，以固兵心。应请宪台可否札饬恒统巡玉暂派妥弁,接管洮源驿路巡警队,以资约束,合并声明。除分禀外,理合驰禀,查核施行等情。据此,查该营官刘福陞管带新抚队兵,驻扎洮源府属巡警驿路,原所以靖地方安行旅。此次因经派令劝办荒务,轻骑驰赴各蒙,乃道经达尔罕旗之伯四兔,竟被绑劫,并杀其随带兵丁四名,殊堪诧异。除禀批示并札饬统巡恒玉赶紧派员接管洮源驿路巡警队以资约束,暨咨行北洋大臣外,为此咨呈贵部,谨请鉴核,照会日员迅速查办见覆,并先饬将刘管带释回,望即施行。

光绪三十一年三月初二日收北洋大臣袁世凯函一件
密件

光绪三十一年三月初二日收北洋大臣袁世凯函称:敬密复者,接奉二月二十九日密函,谨聆壹是。查此案经驻扎朝阳练军拿获盗犯三喇嘛即三音勒图、吴金海、三白眼、八王柳、马劣马、双喜等六名,解送朝阳府审讯。该犯等于获解后,有日员李得玉带降队官八宝札卜等六人到防请释放。当由该军告以我军巡防该处,三喇嘛率匪先行开枪,始将该匪拿获,并将抢劫各案开单交与日员据理辨驳,日员悻悻而去。旋经署朝阳守吴守将各犯提讯,除双喜年仅十五,供尚游移,应再研讯外,其余五名均供认二月十四日骑马各持快枪,同伙三十余人攻劫朝阳县民李万良家,为事主阻拒,未经攻破。次日添邀悍匪三道巴一股多人,复攻李万良家,适练军往援,始各逃窜,沿途又抢劫牲畜多匹。练军进至朝阳八大王庙,将该犯等拿获,并获快枪多件、马十一匹。复据事主李万良呈报攻劫情形,与犯供相符。三喇嘛为著名巨盗,另供认二十七年在奉天地面伙劫戕害札萨图王一案。该匪曾经日本先抚后遣,现虽有日员请释,而此案各犯情节重大,未便遽行释放,已电饬朝阳府妥为监禁,复加查讯,再审慎酌办。谨先密覆。

光绪三十一年三月初五日发日本公使内田康哉照会一件
洮源府属刘营官被日兵绑劫请转饬释放由

光绪三十一年三月初五日发日公使内田康哉照会称:光绪三十一年三月初一日准盛京将军文称,据署辽源州知州蒋文熙禀称,三十年十二月二十四日蒙荒栈道伯四兔地方系达尔罕王旗界,距郑家屯一百四十余里,突来日员数名、日队百余名,并带有招降蒙民共五六百人,内有所招蒙古营官八塔桑、帮带八宝道吉、哨官三喇嘛、白音姐尔达等,到该处住宿。及至二十五日,遇管带洮源驿路巡警队营官刘福陞乘小车带队兵六名并洮南府送公文栈兵一名,由北行来,即被日兵与三喇嘛等将其均行圈劫进屯内关家店。当将刘营官绑上,又将队兵三名、栈兵一名均行杀毙。旋将刘营官绑载大车上,赴东北而去。查该营官管带新抚队兵,驻扎洮源府属巡警驿路,原所以靖地方安行旅。此次因派令劝办荒务,驰赴各蒙,乃道经伯四兔,竟被绑劫,并杀其随带之兵丁四名,殊堪诧异。请知照日本驻京大大(臣),转饬迅速查办,并先将刘管带释回等因。相应照会贵大臣查照,转致贵国军政官查明办理,并将营官刘福陞即行释回,以安地方而符公理。

光绪三十一年三月十一日收北洋大臣文一件
准奉天军尹咨称日人带降队暨哨官三喇嘛等将刘营官绑劫并杀毙从人已饬杨镇吴守将三喇嘛究讯由

光绪三十一年三月十一日收北洋大臣袁世凯文称:三月初四

日准奉天军督部堂、府尹抚院咨开,光绪三十一年正月初十日据署辽源州知州蒋文熙禀称,光绪三十年十二月二十六日下午有洮南府栈兵任广福来署面称,蒙荒栈道伯四兔地方系达尔罕王旗地界,距郑家屯一百四十余里,突有由西边外窜到日本收抚降队数百人,于二十五日将管带洮源驿路巡警队刘营官福陞绑劫,并杀毙从人三名、洮南府栈兵一名等语。卑职当经选派干役前往确查,并将(请)吴总巡俊陞饬派左哨副巡长①哈致祥变装往探。去后,旋据探称,窃巡长奉派前往伯四兔探查日本降队绑劫刘营官情形等谕,遵即驰往该处。询据乡民声称,于二十四日午后突来日员数名、日队百余名,并带有招降蒙民各匪共五六百人,势甚猖獗。内有所招蒙古营官八塔桑、帮带八宝道吉、哨官三喇嘛、白音姐尔达等,到该处住宿。及至二十五日,刘营官乘小车带队兵六名并洮南府送公文栈兵一名,由北行来,即被日人与三喇嘛等将其均行圈劫进屯内关家店。当时将刘营官绑上,又将队兵三名、栈兵一名诱至崔家店西树根下,均行杀毙。其余三名不知下落。当日黄昏时候,日人带领降队将刘营官绑载大车上,云赴东北去等语。巡长遂至崔家店西查勘被戕队兵情形属实等情前来,核与去役查探各节大致相同。卑职伏思刘管带被投降蒙人绑劫,并杀毙从人三名、栈兵一名,本应调队进剿,既据探称内有日员日队,又未便孟浪从事,致生投鼠忌器之嫌。查伯四兔地方非卑州管辖,应如何之处,卑职未敢擅便,亟请宪台酌核示遵。再,刘管带既被绑劫,其新收各队心多未稳,深恐藉图报复,扰乱地方,遂商同吴总巡调集兵、团,暗为防守,并拟设法要回刘管带,以固兵心。应请宪台可否札饬恒统巡玉暂

---

① 前文作"左哨巡长"。

派妥弁,接管洮源驿路巡警队,以资约束,合并声明。除分禀外,理合驰禀,查核施行等情。据此,查该营官刘福陞管带新抚队兵,驻扎洮源府属巡警驿路,原所以靖地方安行旅。此次因经派令劝办荒务,轻骑驰赴各蒙,乃道经达尔罕旗之伯四兔,竟被绑劫,并杀其随带之兵丁四名,殊堪诧异。除禀批示并札饬统巡恒玉赶紧派员接管洮源驿路巡警队以资约束,咨呈外务部核示外,为此咨行贵大臣,请烦查照,照询日使迅速查办见复,并先饬将刘管带释回,望即施行等因,到本大臣。准此,查该犯三喇嘛前因伙劫朝阳县民李万良家,经扎朝阳练军拿获,解送朝阳府审讯在案。除仍饬统领练军杨镇、署朝阳府吴守究讯明确,具复核办外,相应咨呈贵部,谨请查照核办施行。

光绪三十一年三月十四日收北洋大臣文一件
日本人阿木等在朝境内搅扰已饬拘解送津核办由

光绪三十一年三月十四日收北洋大臣袁世凯文称:三月初七日据驻扎朝阳统领热河联军杨镇玉书、署朝阳府知府吴焘电称,据文令俊会同各营官禀称,二月三十日有日本人阿木、山田、平田三名带匪梁振铎等数人,至朝境泡子村福聚隆贾冠英铺内。因从前梁恩之父梁庆祥勾贼不法,阻扰练会,被何故令拘案管押,经梁庆祥之子梁莹求该铺出保,该铺不允。梁恩遂挟嫌勾同伙党梁振铎领日人赴铺搅扰,勒令买牛千头,后又减令交银万元,如不允即将该铺东伙带走。文令等与日人笔谈,诘以到中立之地何干,据称办兵队机密事,不能告知。文令等见人难以理阻,禀请酌示等情,并据贾广英具禀前来。查日本人在中立地方勾串勒索,无异票匪,殊与文明之国声名有累。现在该铺势甚危急,可否转达日使,将阿木等调回,抑如何办理,请迅即酌示等情。当经本大臣电复该镇等,战地人越境各国人在内地滋事,均可拘解。可告文令等,如果勒索或拘带商伙,即派兵将日人拘解来津查办等语。又于三月初八日据该镇等电称,又接文令并各营官来禀,初五日日人阿木等带同降匪梁振铎等在贾广英铺内搅扰,文令据中立条规向其理阻,该日人等置若罔闻,竟将贾广英用车拉走,该铺伙上前央求,任意鞭挞。汪振纲等闻信,带队追至郭家屯地方拦阻理论。日人降匪等大肆咆哮,相持半日,始将该日人降匪等带回福聚隆铺,飞禀请示等情。适奉电示敬悉,当即遵饬各营官迅将日人阿木、山田、平田三员并降匪梁振铎等分别护解来城。一俟送到,再由玉书等派人将日人阿木等由火车护送宪辕,合先禀闻等情,到本大臣。据此,除将该日人阿木等护送来津再行核办外,相应密咨贵部,谨请查核备案。

日送回俄伤兵案

厅/司		科		类共计	件		编
总事由		日送回俄伤兵案 　　光绪卅一年正月俄使照称日欲送回伤兵请转知由俄船直接收回,当即照知日使,据复须先开雇船日数每次接收最多人数,因询之俄使,得复已由烟台俄领径知日领由。						

年	月	日	收	发	某机关文	事　由	原件	
							字	号
光绪卅一	正	十五	收		俄国公使雷萨尔照会	日拟送俄国受伤人至烟台请转日政府不必送往由俄船直接收回由		
		十六		发	日本内田公使照会	俄病人不便在烟台登岸请准俄国雇船由日本船直接接收由		
		十九	收		日本内田公使照会函	送回俄病人一节俄员雇船需日数若干每次可承接人数若干请先询明速复由		

（续表）

年	月	日	收	发	某机关文	事　由	原件	
							字	号
		二十		发	俄国雷公使照会	日政府所询俄员雇船日数人数希酌定速复由		
		二十三	收		俄国雷公使照会	俄员雇船日数人数已饬该埠领事径告知日领事由		

光绪三十一年正月十五日收俄雷使照会一件
日拟送受伤人至烟台请转日政府不必送往由俄船直接收回由

光绪三十一年正月十五日收俄国公使雷萨尔照会称：前者贵王大臣声明由旅顺口送回俄国之人住留中国各口岸实属有险一节，本国已经设各法为免各枝节，[①]并今尚属周妥，目下生出一事，恐嗣后大有妨碍。查据日本公使于本年正月十三日所称，由本月十七日起，拟将俄国病伤痊愈者并不能干预战务之人二千五百名送至烟台，再行回国。查于四日之内不能预备船只以便送回许多之人，日本人深知此情。我国拟雇船前往大连湾接收此项残人，而日本政府不允。该残人等应于烟台住留数时，而该埠又无房屋及医生，其病伤始痊，又遭此苦哉。因是将此项人等送回一举，似属宽厚而实非宽厚也。日本政府不能收留俄国人如此之多，欲送回俄国。若如此送回，必致该人等在途中有许多苦死。查贵国政府送回国之人住留一事，曾商于本大臣，望贵国政府以仁德之义并以免在烟台生出难处，必能照知日本政府，不可于未定妥之先送至多数之俄国人。本国应行设法预先雇觅船只，以备将送回之人由日本船直接妥置所雇船内，无须登岸，否则俄人等必须住留烟台数时可也。

光绪三十一年正月十六日发日本内田公使照会一件
照会日本内田使俄人不便在烟台登岸请准俄国雇船由日本船接收由

光绪三十一年正月十六日发日本内田公使照会称：顷准俄国

---

① 此处语句不甚通顺，但原文如此。

雷大臣照称,日本公使于本年正月十三日所称,由本月十七日起,拟将俄国病伤痊愈者并不能干预战务之人二千五百名送至烟台,再行回国。查四日之内不能预备船只送回许多之人,日本人深知此情。该残人等应于烟台住留数时,而该埠又无房屋及医生。贵国政府免在烟台生出难处,必能照知日本政府,不可于未定妥之先送至多数之俄国人。俄国应行设法预先雇觅船只,以备将送回之人由日本船直接安置,所雇船内无须登岸等因前来。本部查烟台地方并无宽旷房屋可以容留多数俄人,兹准俄国大臣照称前因,应请贵国政府酌展期限,俾俄国自行雇船径由日本船接收,无须登岸,实为两便。相应照会贵大臣查照酌核,迅即见复,以凭转复俄国大臣可也。

光绪三十一年正月十九日收日本公使内田康哉函一件
函复送俄员回国雇船应日数若干每次可接人数若干询明速复由

光绪三十一年正月十九日收日本国公使内田康哉函称:前准照称,拟将俄国病伤痊愈者送至烟台再行回国,先由俄国雇觅船只,以备将送回之人直接安置俄国所雇之船,请将俄国伤病兵等送出期限酌展等因,本大臣当经转送达本国政府候示。去后,兹准覆称,先将俄员雇妥船只应需日数若干以及每次可能承接最多人数若干询明速复等因。为此函请贵王大臣将前开各节向俄国驻京大臣详细询明,从速见复,以便转达本国可也。

光绪三十一年正月二十日发俄国公使雷萨尔照会一件
日本政府所询俄员雇船日数人数希酌定速复由

光绪三十一年正月二十日发俄国公使雷萨尔照会称:本年正

月十五日接准照称，本月十七日起，日本拟将俄国病伤痊愈者并不能干预战务之人二千五百名送至烟台，再行回国。四日之内不能预备船只。烟台又无房屋及医生。望照知日本政府，不可于未定妥之先送至多数之俄国人，本国应行设法预先雇觅船只，以备将送回之人由日本之船直接安置所雇船内，无须登岸等因，当经本部照请商日本驻京大臣。去后，兹准复称，转达本国政府复称，先将俄员雇妥船只应需日数若干以及每次可能承接最多人数若干询明速复等因前来。相应照会贵大臣，即将日本政府所询各节从速酌定，详细见复，以凭转达日本驻京大臣可也。

光绪三十一年正月二十三日收俄国雷公使照会一件
照复俄员雇船日数人数已饬该埠领事径告知日领由　附洋文

光绪三十一年正月二十三日收俄国公使雷萨尔照会称：本年正月十二日接准照询，俄员雇妥船只应需日数并每次可能承接最多人数以便转达日本政府等因。查以如此之况，可望残人送回本国一节即无掣肘，并以仁德办理。惟经理各事归烟台办理之故，本大臣当经电饬该埠之副领事官径向日本领事官告知所询各节，以期速便。再，本国船只亦将至烟台矣。相应欣为照会贵国政府，并奉达本大臣深感佩所设之法为荷。

预防日人设立教堂案

厅/司	科	类共计	件	编
总事由	预防日人设立教堂案 　　光绪卅一年二月北洋大臣函称直绅密禀日人拟在中国设立教堂请设法预防由。			

年	月	日	收	发	某机关文	事　由	原件	
							字	号
光绪卅一	二	二十	收		北洋大臣袁世凯函	直绅密禀预防日本人在中国设立教堂以弭后患由		

光绪三十一年二月二十日收北洋大臣函一件
直绅密禀预防日本人在中国设立教堂以弭后患由

光绪三十一年二月二十日收北洋大臣袁世凯函称：敬密肃者，近据直隶绅士密禀预防日本人拟在中国设立教堂以弭后患等情，详阅禀词所陈，不为无见。兹将原禀录呈大部，伏乞垂察为幸计附抄禀。

附抄节录直隶绅士密禀称：窃绅士等顷阅日报，有福建泉州地面日本教堂被毁一案。日领事电请端帅查办，当复以日本教堂不在约章之内，姑允查办，请即撤回日人。而日领事径达该国公使，俾与外务部直接交涉，意在援设立教堂以为力争。同时浙省亦有此案。伏思事关重巨，在国家自有应付权衡，但绅士等有切近之虑，不得不谨就所闻以献刍议者。自吾国州县创立学堂，筹款无资，不免酌提地方庙产。当时奸僧忿无所逞，即有谋结日人传教中国，以为彼护符之计。迨绅士等游历东瀛，留心访察民情，日人又往往传教中国为言，而其贫民固多奉佛教，无人不欲游食中国。此其蓄谋已众，而年来未获发举者，特无因至前耳。今闽浙事起，伊国即乘此力争，必将以设立教堂为说。倘国家朝与其权，而夕可立至，则其为害必十倍于天主、耶苏。盖天主、耶苏传教虽久，民间尚以为非，有所顾忌。佛教之在中国入人已深，更加以日人势力牢笼，愚民必趋之若鹜。向来内地民气不靖，往往恃顽抗官，百计为难。若尽入日教，情有所挟，倍难抚驯。且三教纷立，各以势力相倾，地方益复多事。虽有贤能官绅，亦不遑弥其隙。一不得当，则教案遽起，贻害无穷。此往事之可鉴者也。且尤可虑者，日本与中国为邻，往来甚易，其近日教育多主奖励出洋，而以讲求殖民为要务。比已创立殖民学校，设为专科，俾国人汲汲学习汉语，以为异日扩张势力范围之地。其为谋叵测，凡吾国与彼交涉，皆不可不慎密者矣。此次日本要挟所当力拒，应在洞鉴之中，但其机会有不可不预防者。内田公使已回中国，道经东省，不日即到北京。伊等手段巧于外交，倘百计营谋，欲强我以必允，则事成而不可破日，争执挽回甚难。故绅士等拟乘其未至，先恳向外部一言，豫为防拒。但得不认日本设立教堂，即造吾国无穷之福矣。直隶推广学堂，多酌用庙产，故于此事所虑綦切。

查禁日谍案

厅/司		科		类共计	件	编	
总事由	查禁日谍案 　　光绪卅年三月理藩院文称准咨及片俄人拿获日人查禁等已咨黑龙江及连界各蒙旗盟严密巡查由。						

年	月	日	收	发	某机关文	事　由	原件	
							字	号
光绪卅	三	十八	收		理藩院文	准咨称俄在漠尔〔旗①〕河拿获日人请严行查禁等因已咨黑龙江将军饬查由		
		二十四	收		理藩院文	准片称俄人拿获拆毁铁路人员在漠尔齐河等因已飞咨黑龙江将军及连界之哲里木盟车臣汗部落各盟长严密巡查由		

---

① 文中时而作"漠尔旗河",时而作"漠尔齐河"。

光绪三十年三月十八日收理藩院文一件

准咨称俄在漠尔〔旗〕河拿获日人请严行查禁等因已咨黑龙江将军饬查由

　　光绪三十年三月十八日收理藩院文称：准外务部咨称，准俄雷使照称，漠尔旗河车站四十里西南俄兵察有蒙古暂宿处，拿获二人，带有轰爆等药。该二人乃系日本守备，伊上宪令其拆毁铁桥电线。查中国严守中立，遇有形迹可疑之人严行查禁。咨院转行严饬各该地方官实力稽查。再，俄使照内所称漠尔旗河即朱家坎，满洲名为秃尔旗哈讷尼河，即讷敏河，均在齐齐哈尔附近，合并声明等因前来。本院查齐齐哈尔地方隶黑龙江将军所辖，应由本院钞录原文咨行黑龙江将军，按照外务部原文所指各节转饬各该地方官弁实力巡查，并设法于关隘旅店严密稽察，毋得有疏防范。相应咨呈外务部可也。

光绪三十年三月廿四日收理藩院文一件

准片称俄人拿获拆毁铁路人员在漠尔齐河等因已飞咨黑龙江将军及连界之哲里木盟车臣汗部落各盟长严密巡查由

　　光绪三十年三月廿四日收理藩院文称：准外务部片称，本月十八日接准咨称，漠尔齐河车站西南俄兵察有蒙古暂宿处，拿获二人，带有轰爆等药一事，由本院咨行黑龙江将军严密稽查等因。查俄使原照有日本人在中国局外之地勾串蒙古人攻打等语，是以本部咨请贵院转行该蒙旗稽查，与黑龙江将军并无干涉。片行贵院，迅即飞咨该将军声明原委，将前件注销。仍由贵院查明附近黑龙江之蒙旗地面，转行该旗约束蒙民，毋许与日俄两战国人员有勾串攻打情事，以符中立之例，而免口实，是为至要等因前来。查此案前准外部片称，俄使照称拿获拆毁铁路人员在漠尔齐河即朱家坎，满洲名为秃尔旗哈讷尼河，即讷敏河，均在齐齐哈尔附近。查齐齐哈尔地方隶黑龙江将军所辖，当由本院咨行黑龙江将军，转饬各该地方蒙古员弁实力巡查。今准外务部片称，查明附近黑之蒙旗地面，约束蒙民等情。查黑龙江布特哈、鄂伦春、呼伦贝尔、索伦等处并伊克明安公旗均系黑龙江将军所辖，所有一切文移向由该将军转行。是以接准前咨，咨行黑龙江将军，转饬所属各蒙古员弁实力巡查在案。兹准片称，查明黑龙江附近之蒙旗，约束蒙民，除由本院再行严饬与黑龙江连界之哲里木盟、车臣汗部落各盟长，并飞咨黑龙江将军接照外务部所称，饬转各该蒙旗严密巡查外，相应咨呈贵部查照可也。

查复皖北①军营无日本教习案

厅/司		科		类共计	件		编	
总事由		查复皖北军营无日本教习案 　　光绪卅年二月北洋大臣查复俄使所指北洋武备教习实无其人只校译课本□日人并非现任员弁由。						
年	月	日	收	发	某机关文	事　由	原件	
							字	号
光绪卅	二	二十五	收		北洋大臣袁世凯文	查复皖北军营并无他国及日本教习由		

---

① 本件内容与皖北毫无关系,但原文如此。

光绪三十年二月廿五日收北洋大臣袁世凯文一件
查复皖北军营并无他国及日本教习由

光绪三十年二月二十五日收北洋大臣袁世凯文称：二月二十四日准贵部咨开，本年二月二十二日准俄雷使照称，光绪二十八年正月初八日接奉贵王大臣照复本大臣所指中国关内外或北洋海军延请外国武备教习一节内称，中国以将来自行教练，无论何国教习皆不聘请等语，自今观之，足征慎固邦交之意并未遵守。本大臣前曾屡次指明，北洋大臣、直隶马提督所统之军队内均有外洋武备教习及官弁甚夥，均经贵王大臣驳复。而目下情形，实与本大臣所言吻合。况此项官弁均系日本国人，即现与本国交战之国，尤不可以轻易视之。兹奉本国之命，请贵王大臣仍守前义，勿聘外洋武备教习，并将现在直隶北境军营内前所指之武备教习一并驱逐。否则此等举动，即不得不认为仇视，窃恐将来别生枝节等因。本部查俄使所称中国北方水陆各军设有聘请洋教习，除俄官外不请他国教习一节，迭向本署争论，迄未定议，业于光绪二十七年十二月初二日咨行贵大臣查照在案。嗣该使于二十八年正月来照，复言此事，经本部复以将来拟由中国自练，无论何国教习皆不聘请等因，亦在案。现值日俄开战，中国按照局外中立之例，派兵防堵边界。兹准俄使照称前因，应即妥筹应付以免枝节。所有直隶北境军营曾否聘请外洋武备教习并有无日本人在内，本部从前未准咨报，无凭核办。相应抄录二十八年正月本部与俄使来往照会各一件，咨行贵大臣迅即查酌办理，并详速电复本部，以凭照复该使可也等因，到本大臣。准此，查直隶北境各军营均系自行教练，并无他国武备教习，尤无日本武备员弁在内。惟保定府各学堂武备课书参差，应随时译修，因本国与日本文字相通，曾聘用日人五名充作翻译校译课本。该人等均非日本现任员弁，又皆在俄日失和以前聘用。迨失和后，即将大部颁发局外禁令各条给令签字，与本国一体遵守。该人等均经甘认照办，毫无异言，自不至干预分外之事。俄使所称各节，当系传闻之误。除先经电复并分行外，相应咨复大部谨请查照酌核照复施行。

战地商产损失赔偿案

战地商产损失赔偿案

厅/司		科		类共计		件		编	

<table>
<tr><td rowspan="2">总事由</td><td colspan="9">战地商产损失赔偿案总由①
　　三十一年六月山东巡抚迭次来文开呈烟台旅顺青泥窪等处战地商号财产清册约千数百万元请照日俄两使备案以备遇有损失索偿之地步，由部商请北洋大臣后复以战地所损失之商产只可于没收掠夺及故意损伤者俟战局大定方能索偿等语，盛京将军来文俄军强拆木排搭桥价值屡讨未付俄兵现已北退咨请由部核办，又接商部文称有商船二船装货由营口南来均在海口附近搁浅沉没因口外布满水雷及浮标撤去之故请向交战国索偿损失由。</td></tr>
</table>

年	月	日	收	发	某机关文	事　由	原件	
							字	号

旧署清档

战地商产损失赔偿案

目录

---

① 本案卷具体目录未在表格中填写，而是另纸开列（见下文）。

战地商产应归战国保护开呈烟台福盛东等号清册请照日俄两使由

六月十四日收北洋大臣文一件

战地商产已由东抚迭送清册由

六月二十四日发北洋大臣信一件

战地商产此时照会须有斟酌公法有无比例即复由

七月初三日收北洋大臣信一件

战地商产赔偿不能遽议或先照会立案由

九月二十八日收山东巡抚文一件

开呈烟台成兴顺等号在旅顺财产清折由

十月初七日收山东巡抚文一件

开呈烟台成兴顺等号在旅顺财产清折由

十月初九日收北洋大臣文一件

开呈烟台成兴顺等号在旅顺财产清折由

光绪三十一年正月初六日收山东巡抚文一件

开呈烟台长兴顺等号在旅顺等处财产清折由

正月十四日收山东巡抚文一件

开呈烟台长盛东等号在旅顺等处财产清折由

正月二十日收北洋大臣文一件

开呈烟台长盛东〔等〕号在旅顺等处财产清折由

四月初六日收盛京将军文一件

据兴京山货分局呈木植汇银被俄兵用尽请开除免解由

七月初九日收商部文一件

上海商船"金泰昌"等在营口遇险损货应向应赔之国索偿由

游秋宽校

光绪三十年六月初十日收山东巡抚文一件
战地商产应归战国保护开呈烟台福盛东等铺清册请照日俄两使由

光绪三十年六月初十日收山东巡抚周馥文称：案据农工商务局详称，据烟台商董候选州同梁礼贤等禀称，窃商等奉到札谕并抄发局外中立条规三十五款，又续奉到札谕民船各事详细办法五条，遵即传谕各商一体遵照办理。惟查烟台生意多赖旅顺口、青泥洼、海参崴北方一带等处为运销挹注之地，故各该处之设分庄行栈不下数千百家。今值俄日两国构难，与我商民无干也。乃口岸封堵，商人之禁约彼处者既无保护又无寄托，身命财产两不可保。侧闻公法所载，凡局外国之商货财产寄在战境者，均得开列清单数目，报明该国外部，俟战事完竣，由其照章包赔，各国皆仿此办法。商等伏查前札，谕内所颁中国应享局外之权利第七款内开"我人民寄居战境，身家财产均仰该国保护，不得夺其资财"等语，亦与公法宗旨略通。今以烟台一埠计之，旅顺等处货物财产约有数百万。而保护全无，独不得比于各国之开单取偿，致令商人毫无倚托，于枪林弹雨之中无奈弃其资财血本，迁道由山海关等处逃命潜归。似此，数百万资财沦于战境，毫无归着。烟台刻下萧疏异常，再罹此巨劫，各行号万难支持，与商务大有关碍。为此公请俯鉴商情，轸念商艰，恩准设法转行咨请保全，商等感戴无既等情到局。正在核办间，又据该董等禀称，窃商董等前以旅顺口、大连湾、青泥洼、海参崴等处战境，烟商所寄财产货物等项，约计不下千百万，业经禀请设法保护。并援万国公法赔偿例，拟请照会战国备案存查各等情在案。兹者旅顺等处尚在构衅未释，而我华在申已经兴办万国红十字会善举，藉可拯救华民并财产等项。于是烟台各商号凡在旅顺等处寄存货物财产者，皆来商会开单禀报，求为禀恳转详，咨请商部大臣知照战国，按单开总数保护赔偿等情。商董等统核单开总数，共银一千一百八十七万八千零七十九两零一分，另有清折备查。伏思此项巨款皆商民脂膏血本所积，倘听其沦没战境，不为保全，则商情大阻，商困益甚，实与商务消长大有关碍。理合据情代禀，伏乞转详抚宪，咨明商部，知照战国一体保护等情，并呈清折一扣到局。据此，本司道等查吴氏《公法便览》论战国与局外交际之例，其第十节载，凡两国用兵，于局外之旗号官员财物以及民间不犯军例之生业财产，务须加意护持。一有疏忽侵扰，即为干犯局外之权利。又，惠氏《万国公法》，其第三章论战时局外之权，第四章论和约章程，均载有原主讨还、战者交还、法院断令赔还各专条。今日俄战事未息，吾华守局外中立之规，凡旅顺口、大连湾、青泥洼、海参崴北方一带，俱系战境。烟商分设行栈寄顿，财产货物约计所值不下千百万两，自应按照公法所载剀切申明，由战国实行保护。如有损失，俟办理善后查明赔偿，庶足以恤商情而昭公允。除批示外，理合照造清册，详请鉴核，俯赐咨请商部存案备查。并请分咨外务部暨北洋大臣，转商驻京日俄公使一体查照办理，实为公便等情，到本部院。据此，除详批示并分咨外，相应咨呈大部，谨请查照办理，望切施行。

照录清册：

谨将北地各口岸各商号事业造具清册，呈请宪鉴核咨存案。

计开：

一、烟台福盛东禀呈，在旅顺口寓顺和盛内庄生理，有存木植，值价银二千两。

一、烟台福盛义禀呈，在哈尔滨寓双盛泰内庄生理，有存布衣，值价银六百两。

一、烟台福盛东禀呈,在大东沟寓玉合升内庄生理,有存东和源、玉合升、义盛栈木植,共值价银二万三千两。

一、海参崴成发祥禀呈,在海参崴北近士街设立杂货生理,计杂货、房产、铺垫,共值俄钱七万三百二十九千①。

一、商人于瀛海禀呈,在旅顺口开设永盛接当局,计资本并客存货,共值价银四千余两。

一、烟台协盛号禀呈,在镇口寓公义盛内庄生理,计存资本、货物,共值价银五百两。

一、又在海参崴寓义生东内庄生理,计资本、货物,共值价银五千两。

一、又在哈尔滨设立滨庄杂货生意,计存货共值银三万二千四百八十六两四钱。

一、烟台元春和代理人杨兰亭禀呈,在奉省东沟存木植,值价银三千两。

一、哈尔滨成发祥禀呈,在滨街设立杂货生理,计存货物、铺垫,共值价银俄钱十三万零七百八十吊零四百七十二文。

一、烟台同来兴代理人赵镇堂禀呈,在大东沟寓住同兴长有存木植,共值价银八千两。

一、烟台复盛恒禀呈,在大东沟寓合盛栈有存木植,值价银四千七百两。

一、商人姜运陶禀呈,在旅顺口开设益顺兴杂货生理,计存货物值价银九千两。

一、烟台丰裕号禀呈,在镇口开设丰裕栈油坊船店生意,计存

---

① 原文如此,此处"千"相当于"吊"。

资本、货物、房产,值价银五万五千两。

一、烟台西盛泰禀呈,在哈尔滨开设生意,计存房产、货物,共值银五千两。

一、又在旅顺口设立生意,计资本、货物,共值银一万二千两。

一、烟台东兴盛禀呈,在哈尔滨寓洪记栈有存布衣,值银四千三百两。

一、烟台同聚恒禀呈,在东沟长丰栈计存木植,值银一千五百六十一两三钱。

一、烟台万庆永禀呈,在旅顺口寓义顺成栈,计存货银一千两。

一、烟台成茂号禀呈,在旅顺口开设福合东杂货生意,计货物、房产,共值银一万七千二百两。

一、烟台同义祥禀呈,在东沟中和德有存木植,值银三千五百六十两二钱七分。

一、商人刘质亭禀呈,在青泥洼开设涌发栈杂货生理,计房产、货物,共资本银八百两。

一、烟台永丰盛禀呈,在青泥洼开设源盛当生理,计存估衣、房产,共值银五千三百两。

一、商人杨春阳禀呈,在旅顺口开设德茂号估衣生理,计存估衣、铺垫,共值银一千五百两。

一、烟台公盛栈呈称,在旅顺口开设公顺兴生理,计资本、房产、货物,共值洋一万五千元。

一、烟台德丰号禀呈,在旅顺口开设德丰和生理,计杂货、房产、铺垫、欠账、现银,共资本九千八百两。

一、商人李延寿禀呈,在旅顺口开设同义盛生意,计存杂货、房产、铺垫账目,共资本银一万一千零五十两。

一、烟台和城泰禀呈,在镇口中和栈存牛皮、粮豆、山茧,共资本银一万四千七百五十两。

一、又在营口通发栈存牛皮,值银二千五百两。

一、又在旅顺口有房产,值银二千两。

一、又在凤凰城存灰丝、山茧,共值银三千二百两。

一、烟台成生同、成生利禀呈,在东沟中和德存木植,共资本银四千八百五十一两三钱四分。

一、烟台东升泰禀呈,在海参崴开设生意,计杂货、铺垫、欠账、现银,共资本二万七千七百四十两。

一、烟台中盛恒禀呈,在旅顺口开设生意,计存货物房产共资本洋一万八千五百元。

一、又在营口寓富有长存货物,值洋五千元。

一、烟台大生盛、东升泰禀呈,在哈尔滨寓双盛泰存果品等物,共值银一千八百两。

一、烟台四合号禀呈,在东沟买存木植,价值银四千零五十六两三钱七分。

一、烟台源成号禀呈,在旅顺口设立生意,系源盛泰、源盛栈,计货物、房产,共资本银一万二千五百两。

一、烟台丰通裕禀呈,在旅顺口开设生意,计货物、铺垫、账目、现银,共资本四千五百两。

一、烟台永兴和禀呈,在青泥洼开设生理,计资本、房产,共值银四千两。

一、烟台协茂栈禀呈,在旅顺口开设杂货生理,计资本、房产,共值银四千五百两。外加铺垫、杂货,值银一万两。

一、又在东沟开设协茂裕杂货生理,计货物、房产,共值银八千两。

一、又在沙河镇开设协茂兴杂货生意,计资本银七千两。

一、烟台永发祥在青泥洼开设生理,计资本、房产,共值银六千五百两。

一、烟台德生盛禀呈,在旅顺口开设德顺盛杂货生理,并自置房屋、铺垫、外欠账目,共计资本银七千五百五十两。

一、又,烟台德生盛在旅顺口开设长盛东洋广杂货,并铺垫、外欠账目,共计资本银一千六百六十两。

一、烟台永顺成呈禀(禀呈),在青泥洼开设永和成、永裕成、永兴成生理三处,共计资本、货物、房产,洋银八千元。

一、烟台裕兴号呈报,在青泥洼开设裕兴成生理,计存资本并洋广杂货,银四千两。

一、烟台永大成呈报,在旅顺口开设永顺茂当号生理,计存资本当号并自置房产,共洋银六千四百八十九元。

一、林子清呈报,在旅顺口开设义和盛估衣生理,计存资本共洋银八百五十元。

一、烟台双盛泰呈报,在哈尔滨开设生理,计资本、货物并房产二处,共银七万二千两。

一、又在青泥洼开设同顺公司生理,计资本并有卸客货,共值价银二万一千两。

一、又呈报东家王培铎在旅顺口开设生理,计存资本、货物,值银二万一千两,并房产二处,价银二千两,共银二万三千两。

一、又呈报在营口寓鸿盛利按庄生理,计存资本、货物,值银五千一百两。

一、营口鸿盛利呈报,在营口开设生理,计存资本、货物,值银七万五千两。

一、宁海七齐子鸿滨呈报,在旅顺口开设义盛德洋广杂货生理,计存货物、铺垫、外欠,共银三千二百十八两。

一、烟台协丰和内寓李云堦呈报,在青泥洼开设文和盛生理,计存货物、资本,洋银九千七百元。

一、德丰号、丰怡祥呈报,在旅顺口开设四合成生理,计存资本、货物、铺垫,共银八百两。

一、烟台仁大号呈报,在青泥洼开设祥泰号生理,计资本、货物,共值银一千四百两。

一、烟台丰盛永呈报,在营口义顺栈栈房内存货物,共银二万二千四百八十一两七钱。

一、又呈报在沙河子丰盛厚计存铁货并存木板料,共值银五百零七两五钱。

一、烟台丰怡祥呈报,在旅顺口开设丰怡祥杂货生理并置房产,共银七千五百两。

一、烟台吉大来呈报,在营口福春长计存药材料银六百两,鸿聚丰存药材银一百五十两,存东沟兴来东木料银二千两,共银二千七百五十两。

一、烟台润昌油坊呈报,前与海参崴合伙生理开设东升恒,计存货物、资本,共银七千五百两。

一、烟台奇山所双兴号呈报,在大东沟作行庄生理寓中和德买办木料,共计资本货银七千零九十四两三钱九分。

一、宁海崔节卿呈报,在青泥洼开设工程磨坊生理,并置房产,共值银五千两。

一、烟台恒聚栈呈报,在旅顺口开设恒聚栈生理,货物、铺垫共银四千两。

一、烟台泰和盛呈报,在青泥洼开设押当铺并带杂货生理,共资本、货物,银五千三百两。

一、宁海曲福亭呈报,在青泥洼开设鸿德昶生理,计存资本、货物,共银七百两。

一、烟台泰和盛呈报在旅顺口教场沟开设泰和顺估衣生理并置房产,共计资本、货物,值银六千两。

一、烟台全盛泰呈报,在哈尔滨开设生理并有房产,共计资本、货物,值银五千两。

一、裕盛兴呈报,在大东沟行庄生理寓中和德买办木料,共计资本银三千八百七十一两二钱二分。

一、烟台恒茂号呈报,在安东县太平沟买办木植,价银四千五百两。

一、烟台泰成号呈报,在青泥洼开设泰成仁生理并有房产,共资本银三千三百两。

一、又在哈尔滨同丰泰内存杂货,又存海参崴成丰和内毡窝两处,共货银二千四百两。

一、烟台丰盛仁①呈报,在大东沟买料板,存同庆栈、中和德,又沙河广泰厚存姜黄,共计资本银一万零三百四十五两七钱六分。

一、又呈报在营口开设杂货生理住义顺栈,共计货物、资本,值银六百二十五两。

一、烟台和盛泰呈报,开设生理在旅顺口,又开顺和盛木厂,

---

① 《华商在战地财产保护及赔偿案》(参见下文)作“丰仁”,当误。

共计成本货银二万一千两。

一、福邑于心田呈报,在旅顺口置有房屋一所,值银一千五百两。

一、烟台丰盛义呈报,在青泥洼开设丰盛东生理,买存料板并杂货、房产,共计资本、货物,洋银三万七千五百元。

一、烟台丰盛义呈报,在沙河子买存料板五十二付,并买青豆四百七十石存东益昌,共合资本洋银八千零三十八元。

一、又呈报在大东沟自买料板五百九十六付,长丰栈、长盛福,共计资本洋银二万零八百六十元。

一、烟台德兴永呈报,在旅顺口开设三处:德兴长杂货生理,德兴义估衣生理,德兴东自置房屋①,内存杂货,共计资本、货物,银一万八千五百余两。

一、旅顺义盛泰呈报,在该处开设生理,计资本、货物并房产二处,共银二万九千两。

一、烟台义昌利呈报,在旅顺口开设利源兴估衣生理,共计资本货银一千两。

一、裕盛泰呈报,在哈尔滨自盖楼房产业一处,值银一万五千两。

一、黄邑唐惠田呈报,在哈尔滨开设裕盛泰杂货生理,计银二万两。

一、宁海州胡牟西呈报,在青泥洼开设晋兴栈木厂生理,房产货物共计银三千六百两。

一、烟台协成仁呈报,在大东沟行庄生理寓中和德,并买松木

---

① 《华商在战地财产保护及赔偿案》作"房产"。

板料一百五十六付零七件,共计资本银二千九百五十六两一钱。

一、宁海州官鉴三呈报,在哈尔滨自置房产一处,值银一万两。

一、复和兴呈报,在哈尔滨买房产一处,值银五百两。

一、福邑三山堂呈报,在哈尔滨新盖房屋一所,值银八千两。

一、黄邑王垂林呈报,在哈尔滨开设裕丰德杂货生理,计存货物值银六千两。

一、合生号呈报,在安东县太平沟自买木植,价银二千七百两。

一、烟台德昌隆内寓裕盛成呈报,在青泥洼开设生理,共存货物洋银四千五百元。

一、烟台裕盛栈呈报,在青泥洼开设顺裕盛米面铺生理,又哈尔滨内庄杂货生理,寓涌和成二处,共计〔资〕①本货银二万九千两。

一、宁海州崔传礼呈报,在青泥洼自置房产一处,值银一千两。

一、烟台兴来福呈报,在旅顺开设兴来顺杂货生理,又教场沟房产一处,又兴来永内存杂货,又太平沟兴来东内存杂货,又青泥洼义来兴号内存杂货,并有房产一处,共计资本银二万六千五百两。

一、哈尔滨同顺号呈报,该处南北两柜共存货物、铺垫,值俄钱十二万七千二百二十三吊二百三十文。

一、烟台恒升号呈报,在营口寓长隆泰,又义盛德两号,共存

---

① 据《华商在战地财产保护及赔偿案》补。

货银一万两。

一、蓬邑贺敬甫呈报,在旅顺口开设同顺栈杂货生理,并房产一处,共银七千两。

一、烟台福成号呈报,在东沟中和德计存红松板料,本银四千三百四十七两三钱二分。

一、烟台同义祥呈报,在哈尔滨自置房产三处,值银一万二千两。

一、恒升栈呈报,连号恒裕永在牛庄口永昶栈存牛皮,又亨泰栈存牛皮,又通发栈存牛皮,又铺东恒升同在通发栈存牛皮,共存五百零六张,值银五千两。

一、烟台德成公呈报,在旅顺开设德成顺生理,共存杂货银一万七千二百三十五两。

一、又呈报在旅顺开设德成公生理,置存杂货,又①东沟永和顺存买木板料并纸张,又沙河子存青丝烟,共银七千三百八十九两四钱。

一、宁海州丰泰仁呈报,在哈尔滨按庄寓裕盛泰,计存货物值银三万两。

一、同聚兴呈报,在旅顺口泰兴茂栈内存杂货,银八千三百五十两。

一、黄邑谦益兴呈报,〔在〕②旅顺口开设祥发涌杂货生理,计资本、货物,银六千五百两。

一、又呈报沈阳开设谦祥泰杂货生理,计资本、货物、房产,共值价银四万零八百两。

---

① 《华商在战地财产保护及赔偿案》作"在"。
② 据《华商在战地财产保护及赔偿案》补。

一、又呈报在沈阳开设祥泰涌杂货生理,计资本、货物,值价银一万八千五百两。

一、又呈报在凤凰城开设益丰涌杂货生理,计资本、货物,值价银一万五千万(两)。

一、又呈报在旅顺口开设祥泰永杂货生理,计资本、货物,值价银二千五百两。

一、烟台通兴祥呈报,在青泥洼开设安利工程局生理,自购地皮、盖房、牲口、车辆、石灰、木料、石头并铺垫、杂货等项,共银三万四千五百两。

一、曲连政借书洪泰号呈报,在旅顺口开设万丰堂生理,存置货物并置地皮房产,共洋银一万一千元。

一、由扬廷呈报,在青泥洼开设仁记东杂货生理并有房产,共计银四千一百五十两。

一、宁海仁泰义呈报,在哈尔滨存置房料,值银一千两。

一、烟台隆茂盛①呈报,在青泥洼自买房产一所,又海参崴开设外庄生理,存益兴盛、成丰和,共银一千五百两。

一、豫泰义呈报,在旅顺口开设生理,共计资本、货物,银五万三千两。

一、烟台元盛和呈报,在哈尔滨自置楼房一处,又青泥岗楼房一处并存杂货,又哈尔滨丰盛泰存置杂货,又青泥洼开设盛记栈杂货生理,共资本货银四万三千七百两。

一、烟台元盛裕呈报,在营口东沟镇存恒有昌铜铁杂货,又义顺栈存铜铁杂货,又义顺厚存货,又东沟同庆栈存木植,又镇口中

---

① 《华商在战地财产保护及赔偿案》作"隆茂号"。

和栈存铁货,又丰裕栈存铁货,又东沟长丰〔栈〕①、泰顺栈各存木货,共银五万六千两。

一、豫泰信②呈报,在哈尔滨开设生理,自置房产一处,值银一万六千两。

一、烟台同和栈呈报,在旅顺教场沟开设人和当生理,共计资本衣物银三千两。

一、烟台益丰裕呈报,在哈尔滨买置房产一处,共银一万五千两。

一、烟台广德源呈报,在金州貔子窝开设集源永油房,存置货物银二万两。

一、又呈报在安东县镇口开设广源东生理,存置货计银八千两。

一、又呈报在金州貔子窝开设广源永生理,货物、房产共银一万两。

一、烟台丰盛泰在哈尔滨设立泰合东生理,计存杂货银二万一千两。

一、又呈报在营口内寓义顺栈,计存杂货银三万五千两。

一、又呈报在哈尔滨自置房产一处,计银四千两。

一、烟台同复和呈报,在东沟按庄寓同兴长,计存木植,共银二千两。

一、烟台泰和盛呈报,在青泥洼自置房产一处,计银九百五十元。

---

① 据《华商在战地财产保护及赔偿案》补。
② 《华商在战地财产保护及赔偿案》作"豫信",当误。

一、益昌号呈报,在青泥洼开设杂货生理,存积货物共银六万两。

一、宁海苏季轩呈报,在青泥洼自置房产一处,值银四千两。

一、宁海常友三呈报,在青泥洼开设通兴福工程杂货生理,并置房产四处,共银一万两。

一、紫埠闫荫裕呈报,在旅顺口开设源兴隆磁器铺生理,存置货物、铺垫并外欠,共银四千两。

一、烟台信记①呈报,在旅顺口开设杂货生理,存置货物、铺垫,共银四千两。

一、宁海万德号呈报,在哈尔滨有房产一处,值银五千两。

一、宁海孙汇川呈报,〔在〕海参崴设立德生福行庄生理,计资本、杂货,共值银五千两。

一、宁海于南泉呈报,在哈尔滨开设德生福杂货生理,存有资本、货价,共值银一万五千两。

一、宁海杨松山呈报,〔在〕哈尔滨开设元升永杂货生理,计资本、货物,共银三万一千两。

一、又呈报在哈尔滨有②房产二处,共银二万五千两。

一、宁海杨玉亭呈报,在哈尔滨有房产二处,共值银一万五千两。

一、宁海董荫堂呈报,在海参崴设立元增同行庄杂货生理,资本、货价共值银八千两。

一、宁海杨玉亭呈报,在哈尔滨开设元增同杂货生理,存有资本、货物,银四万三千两。

---

① 《华商在战地财产保护及赔偿案》作"信记号"。
② 《华商在战地财产保护及赔偿案》无"有"字。

一、烟台合源号呈报，寄存镇口玉合栈赤糖，义和海、义发海纸、花椒，谦亨武〔赤〕①糖，共计资本银四百八十两。

一、又呈报寄存青泥洼恒增利绍酒五十坛，本银三十五两。

一、又呈报寄存东沟玉合升红松板料、杉松板料、杆子等件，共银二千七百十两。

一、烟台裕和盛②呈报，在旅顺开设生理，存置货物、铺垫，共银三万两。

一、烟台天盛兴呈报，在东沟、旅顺、青泥洼按庄三处买存木植，共银四千两。

一、黄邑范宜之呈报，在营口开设裕盛长银行杂货生理，计存现银又存杂货，堆积粮石，并置店业三处，统计银九十七万一千两。

一、蓬邑刘咏仁呈报，在营口开设乾丰泰洋广杂货生理，计存现银、货物并置店业一处，共银二十四万八千两。

一、黄邑张习贤呈报，在营口开设源成公杂货生理，计存货物、现银，共八万四千两。

一、黄邑王富彭呈报，在营口开设东记栈洋广杂货生理，计存货物、现银，共七万五千两。

一、黄邑王富基呈报，在营口开设源成东洋广杂货生理，计存货银（物）、现银，共十八万两。

一、烟庄（台）源顺成呈报，在哈尔滨开设杂货生理，所寄铺垫、货物、房产，共计俄钱二十四万零三千五百八十四吊四百四十文。

一、又呈报在海参崴开设杂货生理，计存铺垫、货物，共俄钱

---

① 据《华商在战地财产保护及赔偿案》补。
② 《华商在战地财产保护及赔偿案》作"裕和盛"。

六万四千吊文。

一、烟台公泰义呈报,在沙河子开设公义盛生理,计存资本、货物,共值价银一万五千两。

一、益兴永呈报,在旅顺口作杂货生理,共存货银一万三千两。

一、又呈报在哈尔滨开设杂货生理,共存货银二万八千两。

一、顺益公司呈报,在大东沟按顺昌木厂寓同庆栈内,存有板料、松杆、木料各件,共计本银二万一千五百二十七两三钱九分。

一、三义广①呈报,在旅顺口设立绸缎估衣生理,现存资本、货物、铺垫,共银三千余两。

一、烟台丰盛兴呈报,在大东沟同庆栈内买存红松板料,共值本银八千四百二十四两五钱二分。

一、福邑芝罘安仪镛呈报,在金州开设洪成号杂货生理,房产一处,共计资本、货物,银一万二千两。

一、福邑芝罘安承祕②呈报,在金州开设洪顺号杂货生理,又城北三十堡开设洪顺栈杂货生理,两处共计资本货银八千两。

一、烟台兴茂裕代报黄邑丁淦云在旅顺开设杂货生理,并有房屋③三处,共计资本货银二千九百五十两。

一、源发和呈报,在太平沟买存板料九十付,计银一千三百五十两。

一、宁海康革庄④郝天成呈报,在旅〔顺〕⑤开设杂货生理字号

---

① 《华商在战地财产保护及赔偿案》作"三益广"。
② 《华商在战地财产保护及赔偿案》作"安成祕"。
③ 《华商在战地财产保护及赔偿案》作"房产"。
④ 《华商在战地财产保护及赔偿案》作"康平庄"。
⑤ 据《华商在战地财产保护及赔偿案》补。

新盛东,共值洋银一千元。

一、烟台德昌隆内寓东顺德呈报,在旅顺口开设杂货生理,共计资本、货物、器具并置木房三间,合洋银四千六百元。

一、烟台协丰和内寓万顺仁呈报,在旅顺开设杂货生理,并有俄眼铁房一处,共计银四千七百①元。

一、黄邑王廉卿呈报,在海参崴开设成泰义杂货生理,又哈尔滨开设生理一处,又置店业一处,又房产五处,共计资本、货物、地皮,银三十五万两。

一、烟台双盛泰呈报,在大东沟玉合升号买存木料,值价银六千一百两。

一、烟台同德顺②呈报,在旅顺自置房产五处,计房八十一间,共资本银一万零五百三十两。

一、旅顺同顺祥呈报,在该处开设杂货生理两处,计存货物外具清单,共资本、货物,值俄钱八万四千九百五十吊零六百零六文。

一、东顺兴呈报,在旅顺口开设杂货生理,并俄眼铁房一处,共计资本、货物,洋银七千二百元。

一、烟台同福祥代报孙为美在旅顺口开设正泰木厂生理,共存料值银八千元。

一、福邑紫埠张可礼呈报,在旅顺口开设永盛昌磁器店,计存货物、铺垫,共银三千五百两。

一、烟台瑞盛号代报,永茂盛在旅顺口开设生理,计有资本、货物,共银七千五百两。

一、烟台瑞盛代报同和成在旅顺开设生理,计有资本、货物,

---

① 《华商在战地财产保护及赔偿案》作"四千四百"。
② 《华商在战地财产保护及赔偿案》作"同顺德"。

共值银二千两。

一、烟台天祥义呈报,在东沟吉顺栈存杉木板料并杉木杆,共银三千三百六十六两八钱七分。

一、烟台协丰和内寓李云垲呈报,在青泥洼开设文和盛杂货生理,计资本洋银九千六百元。

一、烟台公聚盛①代报天津李少臣在旅顺口贸易,所有货物存福和号,共洋银一千一百元。

一、旅顺口德兴公呈报,在该处开设杂货生理,并置房产、菜园等项,共资本、货物,银五千五百两。

一、烟台裕成栈呈报,李日新在营口设行庄生理,寓裕盛长内,计存现银并货银共五万两。

一、旅顺德聚祥呈报,在该处开设杂货生理,共计银三千两。

一、烟台聚盛和呈报,〔在〕海参崴设源来德,哈尔滨庆兴成,波璃②双盛福,大东沟玉合升,共四处,存货值银七千一百两。

一、烟台万盛栈呈报,在营口鸿盛利存货,值银一万五千两。

一、烟台瑞盛春呈报,在太平沟合盛栈存货,值银三千两。

一、东兴泰呈报,在旅顺孙家沟开设兴泰木厂存积木植二万五千五百两,又房产一处,又客货存积木植一宗,又青泥洼房产一处,三共合洋一万一千两。③

一、黄邑李捷三呈报,在旅顺口开设魁元德杂货生理,又有房产三处,计存货物产业,共银一万五千两④。

一、黄邑文来号呈报,在营口内庄生理,寓恒有豫、天合达,内

---

① 《华商在战地财产保护及赔偿案》作"公聚",当误。
② 原文如此,似为伯力之异名,下文"玻璃"亦同。
③ 《华商在战地财产保护及赔偿案》作"三共洋银一万一千元"。
④ 《华商在战地财产保护及赔偿案》作"元"。

存有资本货价,共值银一万六千五百两。

一、万顺合呈报,黄邑戚春堂在旅顺开设合记杂货生理,现存货银二千两。

一、烟台张德山呈报,在青泥洼开设德和生理,存置货物、铺垫并火船二只;又旅顺口存置货物、铺垫、房产,又海参崴房产,共计三处合银九十八万七千五百两。

一、又呈报在旅顺口开设德福祥杂货①生理,存置货物、铺垫;又哈尔滨德福祥存置货物、铺垫,②二处共计银十三万六千两。

一、又呈报在青泥洼开设德裕和生理,存置货物、铺垫、房产;又德发局存置货物、铺垫、房产,又旅顺口德祥局存置货物、铺垫,三处共计银十四万八千两。

一、又呈报在金州开设同盛杂货生理,存置货物、铺垫,共计银三万一千五百两。

一、又呈报在青泥洼合伙开设德增祥生意,存置货物、铺垫、房产;又哈尔洼(滨)合伙开设德增③生意,存置货物、铺垫、房产,并有自盖房屋二处,共计银十二万五千六百两。

一、黄邑戚春堂呈报,在旅顺口开设万顺利杂货生理,又开万顺栈估衣生理,共计二处,现存货银二千八百两。

一、烟台公和号呈报,在海参崴开设公和东④杂货生理,又在哈尔滨开设杂货生理,⑤又在哈尔滨江沿五道街房产一处,又十三

---

① 《华商在战地财产保护及赔偿案》无"杂货"二字。
② 《华商在战地财产保护及赔偿案》无"又哈尔滨德福祥存置货物、铺垫"十三字。
③ 此处似脱漏一字,《华商在战地财产保护及赔偿案》亦同。
④ 《华商在战地财产保护及赔偿案》无"公和东"三字。
⑤ 《华商在战地财产保护及赔偿案》无"又在哈尔滨开设杂货生理"十一字。

道街房屋一处,崴、哈两处共计房产货银二十一万六千三百八十四两①七钱五分。

一、黄邑文德成呈报,在营口天合达内寓按庄存置货银六万二千两。

一、黄邑文增祥呈报,在营口天合达内按庄有货银四千两。

一、烟台永增福呈报,在营口通发栈内现存牛皮八十张,又在永昶栈内存牛皮一百二十张,二共计费本银一千六百六十两。

一、又呈报在旅顺马家屯收买牛皮,存置四百八十张,计费本银三千六百两。

一、烟台涌丰福呈报,在海参崴杨来院开设杂货生理房产,又在哈尔滨开设杂货生理并置房楼,共计货物、产业银四万八千两。

又涌丰福呈报,在哈尔滨开设涌和成杂货生理,共值银一万两。

一、烟台恒升栈呈报,恒升同在牛庄通发栈存有蓝细夏布十件,值银一千两。

一、烟台谦顺发呈报,在大东沟泰盛福买存木料,又在营口协玉栈内存货银,共计一万两。

一、烟台同福祥呈报,义兴德在旅顺开设生理,计存货物共值银六千元。

一、又同福祥呈报,聚丰和在旅顺口开设生理,所存货物共计洋银六千元。

一、烟台义昌信呈报,在哈尔滨开设生理,存集杂货,又有房

---

① 《华商在战地财产保护及赔偿案》作"处",当误。

产一处,又有自盖楼房一处,共计铺垫、货物、房产,纵(总)值俄①钱十二万八千吊。

一、烟台福丰和呈报,在太平沟中和德内寓存积红杉松料板,值银一千五百五十两。

一、烟台长盛号呈报,在营口鸿盛利内寓作杂货生理,计资本、货物,共值银五千两。

一、宁邑崔介卿呈报,在旅顺口开设同兴工程局生理,存有资本、货物并俄员所欠工项,共洋银一万二千八百元。

一、烟台莱永春呈报,在营口义泰德内寓作行庄生理,共计资本、货物,值银六千两。

一、烟台鸿盛泰呈报,在大东沟玉合升内寓按庄计存货物,并义盛栈存木植,共计本银一万六千两。

一、鸿盛泰又报,在旅顺口福和号②内寓按庄寄存资本货银,共计一千四百两。

一、烟台和兴栈呈报,在青泥洼开设和兴盛晒皮货生意,存置牛皮货物,共银一千零四十两。

一、青泥洼信成栈呈报,在该处开设杂货生理,自置地方三段,自盖楼房;又大连湾开设同信成、同信合杂货生理,二处③共值银六万二千两。

一、烟台兴成德呈报,在旅顺置地两段,自修房屋三十余间,共合实银二千三百五十两。

一、烟台顺成号呈报,在哈尔滨涌和成内寓行庄生理,存置货

---

① 《华商在战地财产保护及赔偿案》无"俄"字。
② 《华商在战地财产保护及赔偿案》作"福合号"。
③ 《华商在战地财产保护及赔偿案》多一"通"字。

物,计银九千两。

一、烟台同聚和呈报,在沙河镇存豆子五百石,计资本银三千八百两。

一、同聚和又报,在大东沟有松板,计资本银一千二百两。

一、东兴栈呈报,在旅顺开设杂货生理,又砖瓦窑、存货、铺垫,并有房产三处,共计洋银一万四千一百元。

一、烟台聚昌泰呈报,在旅顺口开设福和酱园生理,并存合记木厂松木板料,又教场沟自置房产一处,共计银四千四百八十两。

一、烟台永昶同呈报,在旅顺开设杂货生理,自置房产七处,又砖瓦窑一处,煤厂存货,共计资本、铺垫、〔货〕①银,实值洋银六万五千九百元。

一、永昶同又报,在青泥洼自置房产一处,计洋银一万二千六百元。

一、万顺德呈报,在旅顺口、青泥洼开设杂货生理各一处,计存货物、资本,共银二十万两有余。

一、利顺德呈报,在旅顺开设杂货生理,并有房产六处,共计资本、货物、产业,值洋银三万三千五百元。

一、烟台德兴栈呈报,在旅顺口开设奎元居生理,并有自置房产一处,共计资本、货物,银一千五百两。

一、恒裕兴呈报,大东沟长丰栈存买木植,共资本洋银一万八千元。

一、和兴信呈报,在大东沟玉合升存买木植,共计资本洋银三千六百元。

---

① 据《华商在战地财产保护及赔偿案》补。

一、烟台永兴和呈报,在没沟营设立内庄生意,共存货银七千两。

一、蓬邑于连昌呈报,在营口开设源盛泰铁行生理,存置货物、现银,共计八千两。

一、蓬邑司安义呈报,在营口开设振兴盛杂货生理,存置货物、现银,一万两。

一、蓬邑于连珰呈报,在营口开设万泰新杂货生理,计存货物、现银,共一万两。

一、蓬邑刘维、刘经等呈报,在营口有房产一处,值银五万两。

一、福邑王春泉呈报,在青泥洼开设协源昶杂货生理,又开协盛号押当局生理,计二处共值银三千两。

一、东长顺呈报,在大东沟成兴厚存置木植银三千七百五十两。

一、又呈报在青泥洼开设杂货生理并存木植,又有房产一处,共计实银一万九千五百两。

一、烟台泰和盛呈报,福邑周松坡在旅顺开设德顺兴估衣铺生理,计存货银洋元二千二百枚。

一、宁邑义生福呈报,在海参崴义生东内寓按庄生理,计存杂货银五千两。

一、义生福又报,在海参崴开设义生东杂货生理,计存货物,值银一万两。

一、义生福又报,在哈尔滨自置房产一处,计银四千两。

一、义生福又报,在旅顺口东大街开设义生福杂货生理,计存货物,值银五万五千两。

一、福邑丁元滇呈报,在哈尔滨六道街新造砖房二处,房内铺垫等物,共银二万一千五百两。

一、烟台云锦号呈报,在海参崴行庄生理,又玻璃存货,又黑河存货,共计本银二千零四十两。

一、烟台中和顺呈报,在盛京开设中和东杂货生意,计存资本货银二万两。

一、青泥洼德益祥呈报,在该处开设生意并置房产,共计资本洋银八千元。

一、烟台双顺兴呈报,在青泥洼开设永利栈杂货生理,又置房屋四间,共计资本货银五百五十两。

一、黄邑山留青堂呈报,在营口开设恒有豫杂货生理、房产,又恒有为银行粮栈生意,又豫栈杂货生理,又恒有长银行杂货生意,又恒和裕酒局杂货,又房产一处,共计资本、货物,银四十四万五千两。

一、烟台成丰楼呈报,在青泥洼开设裕丰杂货生理,并置房产两处,共计资本、事业,值银六千九百两。

一、烟台成丰楼在旅顺兴隆街自盖房屋①一处,又水龙口自盖房屋一处,二共合银三千两。

一、烟台兴茂裕呈报,在旅顺庄存有京米、豆油,共值银二千两。

一、烟台同来盛呈报,在大东沟和兴东、同庆栈存木料五百三十付,共值银一万二千五百两。

一、黄邑邹玉舫呈报,在旅顺口开设东和泰杂货生理,并有房产,计存货物、资本,共银四千三百两。

---

① 《华商在战地财产保护及赔偿案》作"瓦房"。

一、烟台天盛德呈报,在旅顺赵家沟开设双和溎厂,外有房产一处,共计银五千两。

一、烟台顺和福呈报,在安东县大东沟存置松木板料,共计本银五千一百二十五两。

一、旅顺呼泰云呈报,在该处石岛源来庄存石块,共值银二千两。

一、旅顺兴茂长呈报,在该处开设杂货生理,计存货物,共值银四千两。

一、旅顺和兴利呈报,在该处开设杂货生理,计存货物,共值银六千两。

一、烟台恒义公呈报,在青泥溎开设面包铺一所并自置房产,共计铺垫、器具,值银八百五十两。

一、烟台裕成栈代东李日新呈报,在营口按庄由东洋装旅顺洋火二百五十七箱,适逢日俄开仗,未能转营,共值银七千两。

一、黄邑源成涌呈报,在营口裕盛长内寓按庄,存现银三万五千两。

一、海参崴东顺兴呈报,在该处开设生意,并有房产五处,计存资本、货物,共值银二万五千两。

一、烟台长盛德呈报,在营口裕盛长内寓按庄存置货物,共值银六万两正。

一、烟台东盛合呈报,在旅顺开设鸿昌泰杂货生理,并有华记石料,共值银五千两。

一、烟台公源盛呈报,在旅顺东大街有房产一处,值银五百两。

一、东长兴呈报,在旅顺开设生理,并有房产一处,共计货物、资本银五万两。

一、裕发恒呈报,在旅顺口开设杂货本局存置货银一万二千两,又自置房产两处,共值洋银三千四百元。

一、三盛德、三盛泰呈报,在旅顺设立洋货生意两处,存置杂货等,共计本银二十四万两。

一、烟台东成茂呈报,在青泥洼七道街自置房产一处,并有地皮一块,共值洋银六百二十元。

一、蓬邑益生盛呈报,在青泥洼寓丰盛东存红松、杉松料板,共值洋银六千八百二十元。

一、蓬邑张立广呈报,在青泥洼松树茔自置房产一处,共值洋银二千九百五十元。

一、旅顺同成栈呈报,在该处兴隆街自盖瓦房一处,又开同栈生理一处,又西估衣街买地皮自置房产一处,共计存置货物、铺垫、房产,值洋银四千五百十元。

一、烟台天成栈呈报,在东沟玉合升存板料,在沙河存杂货、豆子交玉合栈,又沙河长发裕存海纸,又沙河中兴和存青豆、板料、桥布,共计货物、资本银七千一百五十二两。

一、旅顺口呈报,长发永在该处开设杂货生理,又有房产一处,共计货物、资本值银八千四百两。

一、烟台①鸿成栈呈报,在东沟玉合升存板料,又在沙河子中兴和存杂货、红松板料等项,共计资本货银四千九百两。

一、烟台永吉盛〔呈报〕②,在旅顺口永和昌存新衣服四件,共值银四百八十两。

---

① 《华商在战地财产保护及赔偿案》无"台"字。
② 据《华商在战地财产保护及赔偿案》补。

一、烟台丰顺永呈报,在旅顺口存置木料,共银二千三百两。

一、黄邑王树堂呈报,在哈尔①滨开设晋丰号杂货生理,计存货银三万二千两。

一、和兴厚呈报,在营口恒有豫内寓②按庄生理,共存货银九万二千两。

一、烟台东成茂呈报,在青泥洼有房产一处,共值洋银四百元。

一、招邑福善堂呈报,在海参崴有房产三处,共银四万两。

一、黄邑成顺源呈报,在哈尔滨开设生意,陈家港有房产一处,六道街有房产一处,十道街有房产一处,傅家店有房产一处,共计货物银一万两。又房产该俄帖三万吊。

一、烟台张凌瀚呈报,在青泥洼开设义源盛、义增和、香泉堂三处生理,并有自盖房产三处,共计货物、产业,银一万一千五百两。

一、烟台盛泰和呈报,在旅顺口开设盛泰利衣庄生理,计存货物、铺垫,共银一千五百八十两。

一、烟台合盛源呈报,在旅顺口开设利顺盛杂货生理,自买房产一处,共银六千两、洋银一千元。

一、烟台济昌号呈报,在旅顺口开设怡源宏、怡源德杂货铺二处,并置房产一处,共计值英元③五千元。

一、烟台通顺和呈报,在旅顺开设通顺恒杂货生理,计存洋广货,银一万零三百两。

① 《华商在战地财产保护及赔偿案》无"尔"字。
② 《华商在战地财产保护及赔偿案》无"寓"字。
③ 《华商在战地财产保护及赔偿案》作"英洋"。

一、通顺和又报,在旅顺教场沟自置房产二处,共计银四千二百两。

一、烟台丰裕号呈报,在东沟同庆栈置存板料七十六付,计银一千七百两。

一、哈尔滨福兴和呈报,在该处开设杂货生理,又置房产四处,共计货银二万八千两,房产俄帖四万三千吊。

一、烟台源成达呈报,在太平沟长丰栈买存红松板料,又玉合升买存板料,共计本银六千四百八十九两八钱五分。

一、陈芳斋呈报,在青泥洼开设万兴德生意,并置房产,自买地皮,共计银九千八百八十五两。

一、陈芳斋又报,在旅顺开设芳记生意,黄金山下修木楼一处,共计货物、家具,银九百两。

一、邓汉卿呈报,在青泥洼自修板房一处,值银二百五十两。

一、烟台顺和成呈报,在青泥洼开设德和成生理,并修板房一处,共计银一千五百三十两。

一、烟台阜裕兴呈报,在旅顺东生茂存料板,又沙河明庆堂存料板,两处共计本银二百二十二两。

一、海参崴呈报,在该处开设永和栈杂货生理,共计资本货银值俄帖十二万吊。

一、永和栈又报,在哈尔滨开设生意一处,并置楼房二处,共值俄帖三十五万吊。

一、烟台丰裕号前报镇口开设丰裕栈船店、油房,并有房产三处,共计五万五千两。兹于三月十六日,日俄在镇未仗之先,俄军临行放火,立将两囤青豆烧尽,炎及谷草,连烧油房豆油、豆饼,霎时成灰。比时并无土匪、炮弹,合并声明。共计被烧之物值镇平银一万零五百零七两五钱附具清单。

一、于宗禄呈报,在旅顺开设裕盛福工程局一处,自置房产三处,又在大连湾开设裕盛福工程局一处,存置木料、货物,又开石灰窑两处,共计资本、所存各项,值英洋三万五千二百六十五元。

一、平度任景先呈报,在旅顺口开设聚兴成生理,又太阳沟存木料,共计货物、房产,值洋银一万四千六百八十七元七角二分。

一、烟台同顺祥呈报,在青泥洼开设同生祥生理,并修板房六间,共计银七百两。

一、烟台洪顺祥呈报,在哈尔滨开设洪顺和生理,共计资本、货物、房产,值规平银二万九千一百六十五两六钱。

一、兴泰号呈报,在青泥洼开设兴泰祥洋衣铺,自盖瓦房六间,共计货物、资本,值银一千八百两。

一、青泥洼成甡号呈报,在该处开设洋货铺,并置房产一处,共计杂货、洋酒、资本,银一万二千六百两。

一、郁琴生呈报,在旅顺口开设琴生洋货铺,并兴隆街置房产一处,郭家房产一处,共计资本、货物、产业,值银二万一千八百两。

一、胡佑遵呈报,在青泥洼开设大生杂货铺,共计银一千二百两。

一、邱开森呈报,在青泥洼自置房产两处,共计银一千二百两。

一、烟台东兴呈报,在青泥洼开设顺发栈工程局,存置材料,又买空地宅基三段,自修舢板二十四艘,并有窑厂五处,存置砖瓦石灰,俄国欠发工银,俄国监工欠银,修盖俄国官房五处、修盖[①]兵

---

① 《华商在战地财产保护及赔偿案》作"造"。

房工未完先佃(垫)①银，又开顺发仁工程局一处，又开顺发西工程局一处，又开顺发义洋货行一处，又开阜丰和洋货行一处，又开益昌号洋货行一处，又开天兴源工程局一处，又开泰记接当局一处，又在铁岭开设大成栈粮行一处，又沈阳开合盛墉粮行，又盖州开②东兴盛行栈一处，又开东兴昌杂货生意，又瓦房店开设杂货生理，又双城埠开杂货生理，共计资本、货物、估衣、粮石③各项，值银六十五万二千五百两。

一、福邑刘兆廷呈报，青泥洼开设源发盛杂货生理，又开怡和酒局，自盖房产，共计资本、货物，值银四千五百两。

一、福邑刘宓基呈报，在青泥洼开设合盛栈杂货生理一处，并有俄国铁路公司欠工银，又自修房屋④一处，又盖瓦房一所，又买舢板一艘，又开鸿顺祥车店、磨坊，共计资本、货物、铺垫，值银二万零一百两。

一、烟台兴成德呈报，在海参崴西高力营地皮自盖瓦铁楼房一处，共计值银四千五百五十两。

一、福邑金万山呈报，在旅顺教场沟自盖房两处，共值资本规平银一千二百两。

一、栾和亭呈报，在旅顺教场沟自盖房产一处，又铁匠街自盖房产一处，又在铁匠街河西房产一处，又东大街开杂货生理一处，又开合记木厂一处，又伙入福和⑤酱园本银，又牙壶嘴开砖瓦窑一处，共计资本、货物、产业，值银六万二千九百两。

---

① 据《华商在战地财产保护及赔偿案》改。
② 《华商在战地财产保护及赔偿案》多一"设"字。
③ 《华商在战地财产保护及赔偿案》作"粮店"。
④ 《华商在战地财产保护及赔偿案》作"自修产"。
⑤ 《华商在战地财产保护及赔偿案》作"福合"。

一、董光甫呈报,在青泥洼开设盛丰银楼,共计支出本银六百五十两。

一、蓬邑王昭年呈报,在貔子窝开设益庆福杂货生理,共计资本货银八千一百五十两。

一、辛岾杨依阶呈报,在海参崴置有房产杨莱院,共计资本置(值)银六十万两。

一、董学勤呈报,在旅顺教场沟开设义兴泰接当局,又开泰华斋钟表,又同昝宝珍修造房产一处,共计资本、货物、房产,值银六千三百五十洋元。

一、王仲三呈报,在青泥洼修置房产,共合洋银一万一千元。

一、福邑邹立东①呈报,旅顺口教场沟自置房产两处,共洋银一千七百元。

一、烟台和成德呈报,在旅顺口开设和盛德杂货生理一处,又分设辽阳和盛公生理一处,二处共计资本货银七万两。

一、邱开森呈报,在青泥洼自置房产两处,值银一千二百两。

一、烟台裕成和呈报,在哈尔滨寓同泰福、万合栈,存货银八千两。

一、裕成和又报,在青泥洼自置房产一处,值银五千两。

一、裕成和又报,在镇口寓福隆祥、玉合栈,共存货银六千两。

一、裕成和又报,在营口寓裕盛长②,存货银两万两。

一、裕成和又报,在旅顺口开设裕兴成,共计资本货银一万五千两。

---

① 《华商在战地财产保护及赔偿案》作"邹立栋"。
② 《华商在战地财产保护及赔偿案》作"玉盛长"。

一、裕成和又报,在旅顺口连号裕兴成,置买房屋一所①,值银三千两。

一、裕成和又报,在青泥洼开设万合栈,存货银一万两。

一、裕成和又报,在旅顺口作存货,在福增盛四千,裕兴成六千,共计银一万两。

一、烟台裕庆合②呈报,在大东沟寄存木料,又存洋广杂货,沙河子又存乔布三十件,营口寄存羽绸两箱,共计资本货银、粮石③银三千三百四十两。

一、烟台和成德呈报,在青泥洼开设万顺成生理一处,并自置房产两处,共计木厂、货本、产业,值银二千六百两。

一、烟台宝昌公司呈报,在旅顺口开设德记号本(木)④厂生理,自〔盖〕⑤房产三处,共计所存木料、资本银七万九千两。

一、宝昌公司又报,在旅顺口开设文裕祥生理一处,自盖房产一处,共计资本、杂货,值银一万六千八百两。

一、宝昌公司又报,在旅顺口开设四合成砖瓦厂一处,自盖房产一处,共计资本货银二万二千四百两。

一、黄邑万和顺⑥呈报,在青泥洼开设万顺和生理一处,自盖房产八处,共计资本货银一万六千两,又四千两,共银二万两。

一、旅顺东和泰呈报,在该处自置瓦房一处,共计资本洋银六千元,又货物银五千七百元,共一万七千七百元。

---

① 《华商在战地财产保护及赔偿案》作"一处"。
② 《华商在战地财产保护及赔偿案》作"裕庆和"。
③ 《华商在战地财产保护及赔偿案》作"两"。
④ 据《华商在战地财产保护及赔偿案》改。
⑤ 据《华商在战地财产保护及赔偿案》补。
⑥ 《华商在战地财产保护及赔偿案》作"万和成"。

一、广东欧阳鹏呈报,在海参崴开设生理,共计资本、铺货,实值银八万六千二百四十二元三角。

一、欧阳鹏又报,在旅顺口开设德泰号生意并置房产,共计资本、货物,值洋银十七万九千四百四十四元。

一、大连湾连泰呈报,在该处开设生意一处,又分设青泥洼盛泰永①,二共实银四万八千元。

一、旅顺权泰呈报,在该处开设生意,计存货物、资本,值②洋银四万元。

一、营口益盛远呈报,在该处开设西益盛生理,并有自盖房产一处,共计资本、货物,值银一万六千五百两。

一、益盛远又报,在营口开设东益盛生理,并有自盖房产一处,共值一万九千两。

一、陈子成呈报,在营口开设益盛远生意,存置货物,共计银一万五千两。

一、烟台恒益栈呈报,在青泥洼自置房产一处,值银二千二百两。

一、平度张永辉呈报,在旅顺口开设聚兴号生理,并置房产一处,又在太阳沟存置石灰等项,共计资本、杂货,银一万六千六百二十四元。

一、烟台元春和呈报,在奉天庄河存积纸货,值银三千两。

一、烟台和成德呈报,在青泥洼开设和顺德生理一处,并买房产一处,共值银一万两。

一、和裕顺呈报,在旅顺设立公司帐房一处,又太源沟买地基

---

① 《华商在战地财产保护及赔偿案》作"盛德永"。
② 《华商在战地财产保护及赔偿案》无"值"字。

一段，又鸭绿江岸龙岩沟开杂货生意，并开工程局，又哈〔尔〕滨分设帐房，有砖楼一座，计存货物、木料、铺垫，共值羌帖五万六千六百元。

一、东生茂呈报，在旅顺、青泥洼设立工程局生意两处，并置房产，共存货物、木料，俄国欠工银，总计俄钱二万六千一百九十吊。

一、烟台泰兴号呈报，在旅顺口开设泰兴茂粗细杂货生理①一处，又在教场沟自置地皮修盖房屋一处，又开设接当局生意一处，又买地皮、房产一处，共计资本、货物，值银三万五千一百两。

一、宁邑孔广英呈报，在青泥洼开设成记栈杂货生意一处，自买地皮盖房一处，共计资本、货物，值银二千六百两。

一、于尚德堂呈报，在青泥洼自盖木板房七间，共资本银二百八十两。

一、福邑刘英三呈报，在青泥洼开设双和顺生意，并有房产一处，共计货物、铺垫，值银一万四千九百两。

一、安利号呈报，在旅顺口开设生意，自盖瓦房三处，铺垫、估衣、石灰、工部官项欠银、砖瓦、木料、货车、骡子，共值银二万九千九百五十两。

一、福邑奇山所刘宇基呈报，在青泥洼顺发栈存置苇席二百八十捆，共计资本洋银一千四百元。

一、盛京海城县方品重领有义顺华东本，在奉天田庄台开设义顺油坊②，实存油饼、粮石，值银十五万两。

一、黄邑于元春在奉天没沟营开设义顺华行店生意，计存现银二万两，洋杂货物、粮石统值银二十万两。

---

① 《华商在战地财产保护及赔偿案》作"生意"。
② 《华商在战地财产保护及赔偿案》作"油房"。

一、直隶永平府杨训庭领义顺祥东本,在奉天没沟营开设恒义利银行生意,计存现银二十万两。

一、黄邑吕之信领于存仁堂东本,在奉天没沟营开设东成玉磁器行生意,实存货银五万两。

一、福生号呈报,在旅顺口兴隆街开设洋服铺生理一处,存置本银、货物,共计三千两。

一、森泰号呈报,在青泥洼开设洋木器铺一处,自盖房产两处,共计资本、货物,银四千六百两。

一、福生号又报,在青泥洼开设洋服铺一处,并有自盖房产三处,共计资本、货物、产业,银五千八百两。

一、瑞生祥呈报,在青泥洼开设京货铺生理一处,并有自盖房产一处,共计资本银三千二百两。

一、史香才呈报,在旅顺口兴隆街自盖瓦房一所①,计银一千五百两。

一、增泰隆呈报,在海参崴按庄专理杂货生意,寓福聚栈内,尚存杂货等件,共值银三千五百两。

一、黄邑马良材呈报,在青泥洼设立乾亨裕杂货生意,计内存货物又房产一处,共值洋银四千元。

一、宋贤垒呈报,在旅顺口开设利顺源杂货生理一处,存置货物,计银五千两。

一、万兴和呈报,在黑河设立洋货生意一处,计存资本、货物,共值银五万一千两。

一、长珍号呈报,在旅顺口开设茶叶生意,又分设青泥洼,二

---

① 《华商在战地财产保护及赔偿案》作"一处"。

共货本银一万七千八百五十七元五角。

一、成春和号呈报，在旅顺口存置木料各物，共值洋九万元。

一、源泰号呈报，在大东沟存放木料，共值洋四千四百元，共俄钱一百三十七万八千零五十七吊七百①四十六文。

每吊作银三钱②，合银｜一〇｜乂乂十｜③。

百　　万

共银一千零零④五万七千四百六十二两五钱五分⑤。

共洋银一百零二万五千九百五十七元五角二先，每元作银二钱⑥，合银二｜三｜二〇川⑦。

十万　　两

合计银一千一百八十七万八千零七十九两零一分。

光绪三十年六月十四日收北洋大臣文一件

战地商产已由东抚造送清册由

光绪三十年六月十四日收北洋大臣袁世凯文称：六月初八日准山东巡抚周馥咨开，案据农工商务局详称，据烟台商董、候选州同梁礼贤等禀称文与六月初十日收山东巡抚咨相同等因，到本大臣。准此，除清册已由山东抚院分咨，无庸再行咨送外，相应咨呈贵部，谨请查酌办理施行。

---

① 《华商在战地财产保护及赔偿案》作"四百"。
② 即八钱，"钱"字用简写俗体字。
③ 即一百一十万二千四百四十六两二钱。
④ 原文如此。
⑤ 《华商在战地财产保护及赔偿案》作"二分"。
⑥ 即七钱，"钱"字用简写俗体字。
⑦ 即七十一万八千一百七十两三钱，"两"字用简写俗体字。

光绪三十年六月二十四日发北洋大臣信一件
战地商产此时照会须有斟酌公法有无比例即复由

光绪三十年六月二十四日致北洋大臣袁世凯函称：密启者，接准大咨，以东抚咨烟台商董等禀，旅顺口、大连湾、青泥洼、海参崴等处烟商分设行栈，寄顿财产、货物，所值不下千百万两，开单请知照战国存案保护赔偿，转咨查酌等因。查日俄战事初起，本部布告中立，声明东三省民命财产均不得有所损伤，并照知俄使保护海参崴等处中国商民等因，各在案。海参崴设有中国商务委员，商民去者固多，存者尚可照料；而大连湾、青泥洼已为日踞，旅顺亦岌岌可危。就俄而论，保护几无其力，赔偿尚非其时。日本行军颇严纪律，所到之处尚能安民。既居仗义之名，复当战胜之后，此又可与言保护而未易与言赔偿者也。东省猝遭兵燹，商民均属无辜。琐尾流离，至堪悯恻。已奉旨饬查抚恤，并集办红十字会设法救济，藉顾目前。至烟台各商号货物财产沦于战境，既据环词禀诉，亦应预为筹及，以慰其呼吁之心。而我守中立，与他国情事不同。按之公法，未知有无恰当比例。此时照会战国，自不得不详加斟酌。执事虑周藻密，所筹洞中机宜，尚希卓裁示复，以凭核办。专此布达，顺颂勋绥。

光绪三十年七月初三日收北洋大臣信一件
战地商产赔偿不能遽议或先照会立案由

光绪三十年七月初三日收北洋大臣袁世凯[1]函称：敬密复者[2]，接奉钧函，谨聆一是。大部厪念华商财产沦于战境，预筹办法，详切咨询，曷胜悚佩。查陆战公法，占领军不得没收私家财产，

---

[1] 《华商在战地财产保护及赔偿案》无"袁世凯"三字。

[2] 《华商在战地财产保护及赔偿案》无"敬密复者"四字。

又当严禁兵士掠夺各等因，系指战国待敌国之人民而言。至寄居战境之局外人民，其身家财产例归战国保护。故华商在战境内寄顿之财产、货物，开单知照战国保护，乃中国应有之权，日俄两国均应照办。惟要求赔偿一事，洵未易言。谨就战地情形论之，如旅顺陷于①重围，为两国炮火交轰之地。该处商民产业，苟非先行迁避，自难免于损伤②。此为战事必至之势，战国可不任咎，我亦无辞索偿，只可揭其没收、掠夺及故意损伤者酌索赔偿。然其如何损害，迄尚未知。索赔一节，无从办理。大连湾、青泥洼两处，前为俄军驻守，现被日军占领，亦应查明占领前后之有无没收、掠夺及故意损伤之举，方可索偿。海参崴属俄管辖，现尚未遭兵燹，保护之责〔专〕③任在俄国，似应分别办理，尚不至窒碍难行。但赔偿一事，非俟战局大定，不能议及。或由大部酌量分别照会两战国立案备查，冀留地步，统祈裁夺施行。〔专此密复，敬请钧安。〕④

光绪三十年九月二十八日收山东巡抚文一件
开呈烟台成兴顺等号在旅顺财产清折由

光绪三十年九月二十八日收山东巡抚周馥文称：案据登莱道何道彦升禀称，敬禀者，案查前准商务总局咨，以据烟台商董梁礼贤等禀陈战境财产总数，请转详分咨保全等情，详蒙宪核批准，分咨查照办理等因，仰见维持商务之至意，莫名钦仰，遵经传谕烟台商会知照。兹据烟台商会委员、候选知州李祖范禀称，烟台商号成兴顺等六十五家呈称，前蒙宪谕，凡有货物、财产在旅顺等战地者，

---

① 《华商在战地财产保护及赔偿案》作"陷在"。
② 《华商在战地财产保护及赔偿案》作"损失"。
③ 据《华商在战地财产保护及赔偿案》补。
④ 据《华商在战地财产保护及赔偿案》补。

准其详报数目,先行存案。俟俄日战事完结后,禀请抚院移知外务部归案办理等因。兹据该商号等具呈续报,共六十五家,计值银三十七万八千六百七两四钱、洋三十七万四千五百三元一角二分、俄洋九千五百元。为此造具清折,伏祈转详抚院并移商务局查照,实为公便等情。据此,理合开具清折,禀请查核,俯赐转咨外务部核办,实为公便等情,到本部院。据此,除禀批示并分别咨行外,相应咨呈大部,谨请查照核办施行。

登莱青道折开众商在旅顺战地等处房屋、财产实数,具载十月初九日收北洋大臣文内,兹不重录。

光绪三十年十月初七日收山东巡抚文一件
开呈烟台成兴顺等号在旅顺财产清折由

光绪三十年十月初七日收山东巡抚周馥文称:案据农工商务局详称,案准东海关监督何道彦升咨开,据宁海州城并戏山口众商号呈称,为木料被扣商情惶惧,谨援烟台七十二家商号具呈开单一案,环乞酌夺以恤下情而保商本事。窃本年日俄失和,于四月间蒙谕,烟台商号向在关东贸易者,将所有货物等项逐一开明价值数目呈案,以便照会日俄两国事后赔补等因。咸钦惠爱商贾,保护维持之大德。凡在宇下,感戴同深。现闻烟台商号共七十七家公同具禀,缮单呈案。商等向在宁海州城内并戏山口开号营生,兼售木料。上年各赴关东沙河子、大(太)平沟一带买存木板,迄今民船不敢往运。现在各号并计,共存本银一万三千五百九十八两有零。近闻本月内该处木料无论已装在船暨未装在地者,概被日本营扣留,不测是何意见。商等血本攸关,众情惶惑。欣悉烟台商帮业经呈请,或照会日本军政署,抑电达外务部酌夺等情在案。商等用敢援照,具呈缮附各号买存沙河子、太平沟等处木料本银数目清单,乞恩施俯赐批示,归并烟商一案办理,恭沐一视同仁之至意,戴德上呈等情。据此,相应咨会查照办理,并粘单一纸。又据烟台商会坐办委员、候选知州李祖范禀称,窃据烟台商号瑞盛〔等〕九十四家呈称,该商等在奉天大东沟地方购买木植堆存各栈,计值价银二十六万三千七十两零四钱五分。因俄日开战,未及外运。而日军自抵东沟后,屡将商号木料随时取用,并不给价。而该商既无从力争,又不可理喻,势绌计穷,莫名焦虑。可否叩求代禀抚院移知外务部先行存案,俟俄日两国战事完结后如何给价以恤商艰,曷胜迫切待命之至。为此开具清折,据情代禀,伏乞批示遵行。又据禀称,窃据烟台商号成兴顺等六十五家呈称,前蒙东海关道宪谕,凡有货物、财产在旅顺等处战地者,准其详报数目,先行存案。俟俄日战事完结后,禀请抚院移知外务部归案办理等因。兹据该商号等具呈续报,共六十五家,计值银三十七万八千六百零七两四钱、洋三十七万四千五百零三元一角五分、俄洋九千五百元。为此造具清折,伏乞转详抚院移知外务部先行存案,实为公便各等因到局。准据此,查前据烟台商会董事梁州同礼贤等禀陈烟商在旅顺口等处战境所寄货物、财产总数,请详咨保全到局,业经详蒙抚院分咨在案。兹宁海州等处商号呈报在沙河子、泰(太)平沟一带买存木料价银,又烟商呈报在镇口、东沟买存木料价银,及旅顺等处房屋财产数目,均在战境,自应一律保全,以昭公允而恤商情。除咨复并批示外,理合照造清册,详请抚院鉴核,俯赐咨请商部存案备查,并请分咨外务部暨北洋大臣,转商驻京日俄公使一体查照办理,实为公便等情,到本部院。据此,查烟商瑞盛号等九十四家、成兴顺等六十五家,前据登莱道分别开折禀报,当经咨呈大部、商部暨咨北洋大臣查照核办在案。兹据前情,除详批示并分咨外,相应一并咨呈大部,谨请查照办理施行。

烟商瑞盛等号在镇口东沟木料并银数清折,详见日扣商人木植案内本年九月初五日收北洋大臣咨文,兹不重录。

宁海州等商号在沙河子、太平沟木料并银数清折,详见日扣商人木植案内本年十月十八日收北洋大臣咨文,兹不重录。

烟商成兴顺等号在旅顺等处房屋、财产清折,详见本案内本年十月初九日收北洋大臣咨文,兹不重录。

光绪三十年十月初九日收北洋大臣文一件
开呈烟台成兴顺等号在旅顺财产清折由

光绪三十年十月初九日收北洋大臣袁世凯文称:九月二十八日准山东巡抚部院咨开,案据登莱道何道彦升禀称,敬禀者,案查前准商务总局咨,以据烟台商董梁礼贤等禀陈战境财产总数,请转详分咨保全等情,详蒙宪核批准,分咨查照办理等因,仰见维持商务之至意,莫铭(名)钦仰,遵经传谕烟台商会知照。兹据烟台商会委员、候选知州李祖范禀称,烟台商号成兴顺等六十五家呈称,前蒙宪谕,凡有货物、财产在旅顺等战地者,准其详报数目,先行存案。俟俄日战事完结后,禀请抚院移知外务部归案办理等因。兹据该商号等具呈续报,共六十五家,计值银三十七万八千六百七两四钱,洋三十七万四千五百三元一角二分、俄洋九千五百元。为此造具清折,伏祈①转详抚院并移商务局查照,实为公便等情。据此,理合开具清折,禀请查核,俯赐转咨外务部核办,实为公便等

---

① 《华商在战地财产保护及赔偿案》作"伏乞"。

情,到本部院。据此,除禀批示并分别咨行外,咨请查照核办施行等因,到本大臣。准此,相应咨呈贵部,谨请查照核办施行。

照录清折:

谨将众商在旅顺战地等处房屋、财产实数缮折,恭呈鉴核。

计开:

旅顺:

成兴号杂货铺:存货物、铺垫,合银七千五百两。

聚成号杂货铺:存货物、铺垫,合银六千五百两。

成兴昌、同兴昌号木厂:存木料、铺垫,合银三万七千两。

吕仁成:存房屋三处,合银六万八千两。

姜日增:存房屋、铺垫、窑厂、砖瓦,合银一万四千三百七十九两。

德成兴号:存货物、房屋,合银二千五百两。

赵凤田:存房屋六处,合银二千四百五十两。

和顺号:存货物、铺垫、房屋,合银五千两。

敬业书院开设公和彩、公和利、公和昌号:存货物、房屋,合银一万五千两。

海丰居号:存货物、房屋,合银一万五千两。

姜翰声开设义顺堂、成兴顺号:存货物、铺垫,合银一万二千七百两。

高景:存房屋二处,合银六千四百〔两〕。

周兰舫:存房屋、生意各一处,合银一万一千两。

仁合成号包做工程:存木料、铺垫,合银三千五百两。

福增盛号:存货物、房屋,合银一万七千九百两。

聚太东号木厂:存木料、房屋,合银一万一千七百两。

庆和栈号：存铺垫、货物、房屋，合银八百七十两。

兴茂长魁记：存木料、货物，合银八千三百两。

双盛和窑厂：存房屋、货物、铺垫，合银八百两。

裕顺兴号杂货铺：存货物、铺垫，合银一千七百两。

丁凤祥：存房屋二处，合银一千六百两。

裕成号杂货铺：存货物、房屋，合银二千八十两。

公兴太号杂货铺：存货物、铺垫、房屋，合银一千九百五十两。

鸿太号：存货物、房屋，合银七千一百二十五两。

王元慈：存木料、房屋等件，合银四千八百五十两。

恒发福杂货铺：存货物、铺垫，合银八千五百两。

永源盛杂货铺：存货物、铺垫，合银三千二百两。

恒升号煤厂：存煤炭、石灰、房屋、器具，合银二万四千九百十两。

程延祥：存房屋二处，合银一万九千二百两。

王维垣：存房屋三处、生意一处，合银一万五百两。

韩树滋：存房屋三处、生意一处，合银一万五千四百两。

陈广三：存房屋一处、生意一处，合银九千两。

乔树卿：存房屋一处、生意二处，合银七千九百两。

文筱侯：存房屋一处、生意一处，合银二千五百两。

徐继贤：存房屋、生意共六处，合银七千四百两。

王子源开设采真堂药局：存房屋、生意，合银一千八百两。

冯诚德堂：存于信兴工程局大米一千八十九包，合洋二万一百二十九元一角。

同和楼号：存货物、铺垫，合洋六千一百元。

聚昌分号杂货铺：存货物、房屋、铺垫，合洋十一万四千九百三十五元。

广增顺杂货铺：存资本、货物，合洋三千二百元。

和兴利杂货铺：存货物、房屋，合洋三千元。

同泰福杂货铺：存货物、铺垫，合洋三千二百元。

桂德堂：存房屋四处，合洋五千七百元。

夏全敏：存房屋二处、生意一处，合洋一万一千五百元。

长和堂号磨坊：存铺垫、房屋，合洋一万六千三百十元。

梁维旭：存房屋、舢板：合洋九千八十元。

同太福号：存房屋三十四间，合洋四千五百元。

泰兴魁号：存货物、房屋，合洋五千八百元。

鸿泰栈号：存木料、房屋，合洋一万三千六百五十元。

陈惠亭：存于文裕祥之木料，合小洋元六千一百六十九元二分。

长珍号杂货铺：存货物、房屋，合洋一万四千元。

张力斋：存于合记号之木料，合小洋三千一百元。

义盛利号估衣铺：存货物、铺垫，合洋六千五百元。

泰和顺号估衣铺：存货物、铺垫、房屋，合洋九千七百元。

祥顺兴号杂货铺：存货物、铺垫、房屋，合洋五千五百元。

增兴福号：存货物、房屋、木料、砖瓦，合洋二万五百五十元。

王绍祖：存接当铺二处、房屋二处，合洋八千元。

元顺和号杂货铺：存货物、房屋，合俄洋九千五百元。

共计五十八家，共合银三十六万二千三百十四两、洋二十九万零六百二十三元一角二分、俄洋九千五百元。

青泥洼：

吕仁成：存房屋二处，合银一万二千两。

德昌号杂货铺：存货物、房屋，合洋六万六千八百八十元。

李忠谟工程局：存木料、砖瓦，合洋一万七千元。

恒盛斋号：存货物、铺垫，合银一千两。

共计四家，共合银一万三千两、洋八万三千八百八十元。

大东沟：

张力斋：存木料，合凤平银六百七十六两五钱。

陈惠亭：存木料，合凤平银一千一百十六两九钱。

源太号：存木料，合银一千五百两。

共计三家，共合银三千二百九十三两四钱。

以上三宗，共六十五家，合银三十七万八千六百七两四钱、洋三十七万四千五百三元一角二分、俄洋九千五百元。

光绪三十一年正月初六日收山东巡抚文一件
开呈烟台成兴顺等号在旅顺等处财产清折由

光绪三十一年正月初六日收署山东巡抚胡廷幹文称：据登莱青胶道何彦升禀称，敬禀者，案查前据烟台商会委员李牧祖范禀称，以据烟台众商成兴顺等禀陈在旅顺等处战地房屋、财产，请转详咨部核办等情，当经据情禀蒙前宪批准，分咨核办在案。兹据该员禀称，据长盛东商号等具呈续报，共一百七十八家，计值银六十一万零四百六十四两零五分、俄洋十八万九千四百十五元，造具清折，请为详咨汇案办理，实为公便等情。据此，理合开具清折，禀请查核，俯赐转咨外务部核办，实为公便等因，到本署部院。准此，除分别咨行外，相应咨呈大部，谨请鉴照核办施行〔计咨呈清折一扣〕[1]。

---

[1] 据《华商在战地财产保护及赔偿案》补。

照录登莱青胶道清折：

谨将烟台众商在旅顺战地等处房屋财产实数缮折，恭呈鉴核。

计开：

旅顺：

长盛东号：存货物、铺垫，合银一千六百六十两。

徐广寿：存房屋，合银一万一千六百八十两。

徐继荣：存房屋，合银二千九百二十两。

郭苍赐：存生意、房屋，合银八千六百八十两。

福增祥号：存货物、房屋，合洋银九百八十元。

金起胜、宛长英：存房屋、铺垫、家具，合银九百八十两。

宛长英：存房屋、铺垫、家具，合银三百两。

德茂号：存货物、铺垫，合银一千五百两。

赵化亭：存房屋，合银一千三百九十两。

成兴利号：存货物、铺垫，合洋银五千元。

文成号：存货物、铺垫、房屋，合银三万五千八百两。

魁立园：存房屋、铺垫，合银一千二百三十两。

福德堂号：存铺垫、房屋，合银六千七百两。

德顺盛号：存货物、铺垫、房屋，合银七千五百五十两。

福星德号：存货物、铺垫、房屋，合银六千三百五十两。

三合永号：存货物、合资本银（资本，合银）①五千两。

立兴号：存货物、铺垫、房屋，合洋银二千四百五十元。

德庆斋号：存货物、铺垫，合银五百两。

任得山：存房屋，合银三千二百两。

---

① 据《华商在战地财产保护及赔偿案》改。

鸿昌号：存木料、石灰，合银一万五千九百二十两。

天盛福号：存货物、房屋，合银七千七百两。

福丰号：存铺垫、货物，合银四百四十两。

郭仕德：存房屋，合银一万一千五百七十两。

杨立勋：存房屋，合银八千二百两。

聚兴号：存房屋、木料，合银五千二百五十两。

德丰和号：存货物、铺垫、房屋，合银九千八百两。

刘长有：存房屋，合银一千四百四十两。

四合成号：存货物①、铺垫，合银八百两。

郭振鹏：存房屋，合银五千五百两。

韩恒产：存房屋，合银三百五十两。

和顺兴号：存货物、铺垫、房屋，合银三千九百两。

韩玉成：存房屋，合银一千六百五十两。

蒋国范：存房屋，合银二千四百两。

丰怡祥号：存铺垫、货物、房屋，合银七千两。

通顺恒号：存铺垫、货物、房屋，合银一万四千五百两。

德兴长、德兴东号：存铺垫、货物、房屋，合银一万一千一百两。

丰通裕号：存铺垫、货物，合银四千五百两。

德兴义号：存铺垫、货物，合银三千一百两。

丰盛东②：存铺垫、货物、房屋，合银二万一千四百十七两六钱。

恒兴利号：存资本、铺垫、房屋，合银九千两。

元顺祥号：存铺垫、货物、房屋，合洋银九千五百元。

蒋兴才：存房屋，合银一千五百两。

---

① 《华商在战地财产保护及赔偿案》作"存货"。
② 《华商在战地财产保护及赔偿案》作"丰成东"。

高清玉：存房屋，合银三千两。

顺洋①客栈：存铺垫、房屋，合银一千七百两。

金万宝：存房屋，合银一千四百六十两。

范得成：存房屋，合银一千九百两。

汪吉成：存房屋，合银一千二百六十两。

新增福号：存货物、铺垫、房屋，合银九千九百一十两。

孙玉璋：存货物、铺垫、房屋，合银三千七百四十两。

泰兴茂号：存铺垫、货物、房屋，合银一万五千六百两。

宝生永号：存铺垫、货物、房屋，合银二万二千一百两。

顺和盛号：存房屋、木料，合洋银五万五千八百七十五元。

霍良顺：存房屋，合银五万九千一百十五两。

义丰厚号：存房屋、货物、铺垫，合银四千五百两。

荣记木厂、荣记工程局：存房屋、木料，合银二万二千五十两。

兴德堂：存房屋，合洋银五千一百二十元。

于善堂：存货物、铺垫、房屋，合银②一万三千九百元。

荣祥本号：存房屋、家具，合洋银二千二百三十元。

中盛恒号：存铺垫、货物、房屋，合银一万三千三百二十两。

于鸿德：存房屋，合银三千二百两。

张元鸿：存木料，合银一千五百两。

刘希成：存房屋，合银四百五十两。

李广林：存房屋，合银一千四百八十两。

张子扬、张廷柱：存房屋、家具，合银八百五十两。

福兴店：存铺垫、货物、房屋，合银八百二十两。

---

① 《华商在战地财产保护及赔偿案》作"顺祥"。
② 《华商在战地财产保护及赔偿案》作"洋银"。

梁圣学：存铺垫、房屋、木料,合洋银二千九百五十两(元)①。

潘洪义：存房屋,合银三千两。

张安邦：存房屋,合银三千二百五十两。

日生永号②：存铺垫、货物、房屋,合银五千九百两。

张国贵：存房屋,合银一百八十两。

金玉宣：存房屋,合银三百八十五两。

福兴园号：存资本③、铺垫、房屋,合银二千七百两。

福兴公号：存铺垫、货物、房屋,合银四千两。

成顺和号：存铺垫、货物、房屋,合银七千两。

天顺永号：存铺垫、货物,合银六千两。

阜昌利、阜昌和号：存铺垫、货物,合银七千七百两。

四顺成号：存房屋、家具,合银八百七十两。

王起顺：存房屋,合银四百七十五两。

玉发祥：存铺垫、货物,合银八百五十两。

高起春：存房屋,合洋银二百五十元。

白凤山：存房屋,合洋银八百五十元。

于得水：存房屋,合银一千一百两。

恒泰木厂：存铺垫、木料、房屋,合银一万九百五十两。

玉成号：存家具、货物、房屋,合洋银九百元。

杨凤魁：存房屋、家具,合银六百四十两。

福兴成号：存货物、房屋、铺垫,合银七千九百二十两。

和顺福、和成福、和顺东号：存铺垫、货物、房屋,合洋银一万

---

① 据《华商在战地财产保护及赔偿案》改。
② 《华商在战地财产保护及赔偿案》作"日生永"。
③ 《华商在战地财产保护及赔偿案》无"资本"二字。

三千八百五十元。

　　张其政：存房屋、家具，合洋银一千一百五十元。

　　初元仁：存房屋，合银一千二百五十两。

　　庄茂才：存房屋，合银六百两。

　　德华澡塘：存房屋、铺垫，合银三千四百二十两。

　　杨冲语：存房屋，合银一百四十两。

　　恒盛和号：存货物、房屋，合银一千二百五十两。

　　潘有贵：存房屋、铺垫，合银二千二十两。

　　邓静修：存房屋，合银九千七百二十两。

　　杨立言：存房屋，合银四千八百两。

　　郭永和：存房屋，合银三百两。

　　李福年：存房屋、家具，合银四百五两。

　　天和号：存货物、房屋，合银二千五百两。

　　赵兰亭：存房屋、家具，合银二百二十五两。

　　辛锡禄：存房屋、家具，合洋银一千七百五十元。

　　张善卿：存房屋、木料、铺垫，合银一千五十两。

　　于在水：存房屋，合银二百五十两。

　　祥记栈：存铺垫、货物，合银八百两。

　　孙起龙：存房屋，合银三千一百六十两。

　　张松林：存房屋，合银四百两。

　　鸿胜德号：存铺垫、货物，合银一千二十两。

　　栾瑞田：存房屋，合银二百五十两。

　　鸿泰昌号：存铺垫、货物等①，共合银一千八百两。

---

① 《华商在战地财产保护及赔偿案》无"等"字。

战地商产损失赔偿案 | 195

郑鸿宾：存房屋、器具①，合银七百六十两。

永泰木厂：存货物、铺垫，合银一万六千九百二十两。

孟广华：存房屋，合洋银五百四十元。

徐福来：存房屋，合洋银三百元。

陈云生：存房屋，合洋银七百二十元。

张振东：存房屋，合洋银二千八百元。

聚丰成号：存货物、铺垫，合洋银一千九百十元。

天泰号：存铺垫、器具，合银五百八十三两。

元发恒号：存货物、房屋，合洋银二万一千元。

宋玉璋：存铺垫、货物、房屋，合银五百八十两。

陈吉善：存房屋、家具，合银七百二十两。

谭日高：存房屋、铺垫，合银六百八十两。

王斌：存房屋、家具，合银三百十五两②。

长盛号：存货物，合洋银一千八百五十元。

周芝亭：存房屋，合银一千两。

天德堂：存货物、铺垫，合银八百三十两。

张福宽：存房屋，合银一千八百两。

王寿增：存房屋，合银二千二百六十两。

孙宝善：存房屋，合银六百二十两。

赵守富：存房屋，合银五百二十两。

宋万松：存房屋，合银一千五十两。

郭文治：存房屋，合银三千七百两。

---

① 《华商在战地财产保护及赔偿案》作"家具"。
② 《华商在战地财产保护及赔偿案》作"三百十五元"。

刘治田：存货物、家具，合银二百五十两。

元发居：存货物、家具等①，合银四千一百五十两。

胡云龙：存房屋，合银一千二百两。

张绍虞：存房屋，合洋银六百元。

同顺成号：存房屋、铺垫、家具，合银一千一百六十两。

和顺馆：存房屋、铺垫、家具，合银二千六百七十两。

杨立基：存房屋，合银三千八十两。

慎生号：存石条，合银七千七百九十六两四钱。

贾云起：存房屋，合银二千八百九十两。

王则甫：存房屋，合银一百七十五两。

王宗全：存房屋，合银五百五十两。

王乃孝：存房屋，合银一千一百一十两。

福顺兴号：存房屋、货物、铺垫，合银一万一千九百十七两五分。

双盛园号：存房屋、铺垫、家具，合银七百二十五两。

和顺祥号：存货物、铺垫，合洋银一千五百六十元。

吴积薪②：存房屋，合银一千两。

润胜澡塘：存房屋，合银四千九百二十两。

赵长令：存房屋，合银四百八十两。

杨国泰：存房屋，合银一百二十两。

王深起：存房屋、铺垫，合银二百五十两。

刘贵荣：存房屋、铺垫，合银二千五百两。

魁兴永号：存铺垫、货物，合银五百七十两。

---

① 《华商在战地财产保护及赔偿案》无"等"字。
② 《华商在战地财产保护及赔偿案》作"吴绩薪"。

陈兆麟：存房屋、家具，合银一千一百两。

刘顺田：存货物、铺垫，合银一百九十两。

义和福号：存货物、铺垫、房屋，合银二千二百五十两。

福盛源号：存货物、铺垫〔、房屋〕①，合银洋②一千二百五十元。

张恩裕：存货物、铺垫，合银五百五十两。

仁德堂：存货物、器具，合银四百八十两。

泉盛堂：存铺垫、家具、房屋，合银二千五百一十两。

永生堂：存货物、器具，合银三百五十两。

五松斋、五松栈：存铺垫、货物、机器等，合洋银五千五百元。

孙书翰：存房屋，合银一千九百九十两。

徐有业：存铺垫、货物、车马等，合银七百三十两。

福山馆：存铺垫、家具、房屋，合银五百两。

周玉禄：存房屋，合银三千六百两。

梅凤山：存铺垫、房屋，合洋银六千四百五十元。

庆发永：存房屋、估衣等，合洋银一千四百元。

华春园：存铺垫、家具，合银七百两。

德聚园：存铺垫、家具，合银九百五十两。

源福永：存铺垫，合银五百两。

昌兴顺：存货物、铺垫，合银三百两。

三合号：存房屋、木料③、家具，合洋银二千七百元。

合兴号：存房屋、木料、家具，合洋银三千四百二十元。

---

① 据《华商在战地财产保护及赔偿案》补。
② 《华商在战地财产保护及赔偿案》作"洋银"。
③ 《华商在战地财产保护及赔偿案》作"木器"。

福兴号：存木料〔、铺垫〕①、家具,合洋〔银〕②一千二百元。

万兴号：存铺垫、木器、家具,合洋银一千二百元。

元兴号：存铺垫、木器、家具,合洋银一万八千二百六十元。

泰兴号：存料板,合银五千二百两。

以上共一百七十八家,合银六十一万零四百六十四两零五分、俄洋十八万九千四百一十五元。

光绪三十一年正月十四日收山东巡抚文一件
开呈烟台长盛东等号在旅顺等处财产清折由

光绪三十一年正月十四日收署山东巡抚胡廷幹文称：据农工商务局详称,案据烟台商会坐办委员、候选知州李牧祖范禀称,窃卑职前曾蒙谕,凡有货物、财产在旅顺等处战地者,准其详报数目,先行存案。俟俄日战事完结后,禀请抚院移知外务部归案办理等因。奉此,前据商号成兴顺等六十五家禀报在案。兹据长盛东商号等具呈续报,共一百七十八家,计值银六十一万零四百六十四两零五分、俄洋十八万九千四百一十五元。为此造具清折,伏乞转详抚院查照,将来汇案办理,实为公便等情到局。据此,查烟台宁海州各商号在旅顺等处货物、财产、买存木料价银,蒙经本局两次详蒙前升院周分咨在案。兹烟台长盛东等号呈报在旅顺等处房屋、财产均在战境,自应一律保全,以昭公允而恤商情。除禀批示外,理合照造清册,详请鉴核,俯赐咨请商部在(存)③案备查,并请分咨外务部暨北洋大臣,转商驻京日俄公使一体查照办理,实为公便

---

① 据《华商在战地财产保护及赔偿案》补。
② 据《华商在战地财产保护及赔偿案》补。
③ 据《华商在战地财产保护及赔偿案》改。

等情,到本署部院。准此,查此案前据登莱道具禀,当经分别咨行在案。兹据前情,相应咨呈大部,谨请查照施行。〔须至咨呈者计咨送清册一本。〕①

照录清册:

今将烟商在旅顺战地等处房屋、财产实数开具清册,呈送鉴核。

详见本年正月初六日收署山东巡抚文内,兹不重录。

光绪卅一年正月廿日收北洋大臣文一件
开呈烟台长盛东等号在旅顺等处财产清折由

光绪三十一年正月二十日收北洋大臣袁世凯②文称:正月初九日准署③山东巡抚部院胡咨开,据登莱青胶道何道彦升禀称,案查前据烟台商会委员李牧祖范禀称,以据烟台众商成兴顺等禀陈,在旅顺等处战地房屋、财产,请转详咨部核办等情。当经据情禀蒙前宪批准,分咨核办在案。兹据该员禀称,据长盛东商号等具呈续报,共一百七十八家,计值银六十一万零四百六十四两零五分、俄洋十八万九千四百十五元,造具清折,请为详咨汇案办理等情。据此,理合开具清折,禀请查核,俯赐转咨外务部核办等因,到本署部院。准此,除分别咨行外,相应咨呈贵部堂,谨请查照施行等因,到本大臣。准此,相应咨呈贵部,谨请查照核办施行〔计抄折〕④。

照录烟台众商在旅顺战地等处房屋财产实数清折:

详见本年正月初六日收署山东巡抚文内,兹不重录。

---

① 据《华商在战地财产保护及赔偿案》补。
② 《华商在战地财产保护及赔偿案》无"袁世凯"三字。
③ 《华商在战地财产保护及赔偿案》作"署理"。
④ 据《华商在战地财产保护及赔偿案》补。

光绪三十一年四月初六日收盛京将军文一件
据兴京山货分局呈木植汇银被俄兵用尽请开除免解由

光绪三十一年四月初六日收盛京将军增祺、奉天府尹廷杰文称：光绪三十一年三月初八日据东边税捐总局呈称，窃据兴京山货分局委员李如棠等呈称，窃查卑局收款项皆系山钱杂帖，通融使用。该地钱法向称奇窘，而现银钱实属寥寥，非先期交给木商变价易银，难以呈解。先后委员禀明局宪，历办无错。前于去岁七月间由宝义隆木排十一张汇银三千八百八十七两，核计其数，实有盈无绌。不意行至省城东河沿，被俄官兵阻住，拆散搭桥，如数用尽。所有价值，屡讨未付。遂禀请总局转详督宪照会发价，以清款目，业已蒙准在案。嗣经交涉局帮办李鸿谟带同委员等往返讨取，允以归于汇案如数付给。后又经委员面见武廓米萨尔领取，遂云此款既系将军照会，统归交涉局办理，他人不得闻问。委员等遂面恳交涉局总帮办代为领取，云以连日交战，实难讨要，现已退兵远，此款无着。委员等再愁思，殊难为计。伏查卑局地处偏僻，钱法奇窘已极，藉由木植汇银，系照向章办理。加以去岁道路梗塞，商贩均已裹足，山货寥寥，收数因之不旺。局用一成经费尚且不敷，若再加此意外无着之巨款，更属无力措交。惟有仰恳宪恩，转详督宪体恤下情，准以卑局报收未解之款恳恩免解，如数开除，以免赔累，请核转等情。据此，查该处向来钱法不通，购银匪易。该局将征存钱文就近交给木商变价，易银报解，是于无可设法之中变通办理，实系向来办法。兹木植既被俄军用尽，应得价值屡经该委员会同交涉局往索，分文未付，以致款归无着，无从筹措。惟有仰恳宪台逾格恩施，俯念事出意外，体恤下情，准该局如数开除免解，俾免赔累。是否可行，职局未敢擅便，理合呈请查核等情。据此，查此案前据该总局呈报,当经札饬交涉局并照会俄员,转饬将所用木植照单给价,以重税款,乃迭据该局派员与俄员磋商,虽据允俟汇案付给,旋以战事日急,未肯照付。现在俄军皆已北退,更难办理。除咨明户部查核并分饬知照外,谨此咨呈贵部,请烦鉴核施行。

光绪三十一年七月初九日收商部文一件
上海商船"金泰昌"等在营口遇险损货应向应赔之国索偿由

　　光绪三十一年七月初九日收商部文称:据上海商务总会严道信厚禀称,据上海慎记沙船商号禀称,商号向有沙船行驶北洋渤海等处,载货贸易。光绪三十年四月二十八日,有"金泰昌"船在营口装货来南,维时日俄正在开战,俄兵遂于营口地方安设防具,遍布水雷。"金泰昌"船行至距口不远之处,向有灯竿标认,均为俄兵撤去,以致进退两难。全船触搁沉没,船货漂流,寻救不及,计共损失资本银二万八千四百八十二两,当向西海关声明,暨禀报奉天省属之海城县在案。又据镇康沙船商号禀称,窃商号有海船牌名"金万年",长十四丈五尺,阔二丈五尺,载重关平四千二百担,向驶北洋生意。光绪三十年四月初三日从营口运货来南,报关验捐放行。其时俄日两国均未悬有封港之禁,意谓可以前进。岂知甫到口门,水雷已经布满,浮筒标竿又被俄兵撤去,以致进退两难。避让不及,猝然搁浅沉没,无从施救。所有船身货件漂散殆尽,当向西海关声明,并禀报该管奉天省属之海城县在案。先后各恳,据情转详商部俯赐立案,设法索赔。据此,理合抄单上陈,仰祈俯念商艰,转咨外务部、盛京将军汇案办理等因前来。查该商船"金泰昌""金万年"等装货南来,正值日俄开战,海道中梗,而其时又未悬封港之禁,遽将向有灯竿标认之处全行撤去,以致该两船先后遇险,均遭覆没,计"金泰昌"船损失船货资本银二万八千四百八十二两,"金万年"船损失船货资本银四万二千一百三十八两五钱之巨。目下日俄议和之期已近,所有辽东半岛之商民人等,其受战祸之累者自必统计损害,向应赔之国理论索偿。相应粘单咨行贵部查照,以便汇案办理可也。

照录粘单:

"金泰昌""金万年"两船所失细数:

计开:

"金泰昌"船长十四丈三尺,阔二丈四尺,载重四千担:

一、"金泰昌"船资本工料各项。

计银九千五百两。

一、豆油二百五十篓计重八百五十担,每担市价银十两四钱。

计银八千八百四十两。

一、豆饼三千片每片市价银九钱一分。

计银二千七百三十两。

一、元豆营斗四百石每石市价银八两八钱。

计银三千五百二十两。

一、籽油二十篓计重一百一十担,每担市价银十二两。

计银一千三百二十两。

一、杂货十五件。

计银八百五十两。

一、各货税捐暨装篓等费。

计银一千七百二十二两。

共计银二万八千四百八十二两正。

"金万年"船长十四丈五尺,阔二丈五尺,载重关平四千二百担:

一、"金万年"船工料各项。

计银一万一千两。

一、豆油五百六十篓计重一千九百十六担八十八斤。

计银一万七千八百一两三钱二分。

一、元豆五百石计重一千五百担。

计银四千一百七十两三钱五分。

一、籽油六十五篓计重三百五十四担四十三斤。

计银三千四百三两四钱。

一、豆饼三百片。

计银二百七十六两。

一、杂货五十九件。

计银二千五百两。

一、税捐使费等项。

计银二千九百八十七两四钱三分。

共计银四万二千一百三十八两五钱。

海参崴①○俄钞七万三百二十九吊。

又银五千两。

又银二万七千七百四十两。

又银七千五百两。

又银五千两。

又银八千两。

○又俄钞六万四千吊。

又银三十五万两。

————————

① 本件文字皆以行草书写,笔迹与前文不同。

又银乙万两。

海　银二千零四十两。

银二万五千两。

〇俄钱十二万吊。

银四千五百五十两。

银六十万两。

△银八万六千二百四十二元三角。

银三千五百两。

哈尔滨　银一千八百两。

又银七万二千两。

又银五千两。

又银二千四百两。

又银乙万五千两。

又银二万两。

又银乙万两。

又银五百两。

又银八千两。

又银六千两。

〇又俄钱十二万七千二百廿三千三百卅文。

又银乙万二千两。

又银三万两。

又银乙千两。

四万三千七百两。

乙万六千两。

乙万五千两。

二万乙千两。

四千两。

五千两。

乙万五千两。

又银三万乙千两。

又银二万五千两。

又银乙万五千两。

又银四万三千两。

○俄钞二十万零三千五百八十四千四百四十文。

又银二万八千两。

乙万两。

○俄钱十二万八千吊。

又银四千两。

二万乙千五百两。

二万二千两。

哈　○俄钱三万吊。

○俄钱三十五万吊。

银二万九千乙百六十五两六钱

银八千两。

海、哈两处银二十乙万六千三百八十四两七钱五分、银四万八千两。

俄钱共 | ○夂川一川十士士①。
─────────百　万

① 即一百零九万三千一百三十六吊七百七十文。

合银〡三〒〡〤〢〇攵〡①。
　　万

银〡〣〤〢〨〣〇三〩②。
　百　万

银元〣〒〢〤〢二③。
　　万

合银〧〇〣〒攵〢〡④。
　　万

总〢〇〣攵〨攵〢〇〩⑤。
　　万

原数乙千乙百八十七万八千〇七十九两〇一分。

除海参崴、哈尔滨，共计银九百八十三万八千二百八十六两九钱六分。

又六十四万〇七百五十九两五钱八分四厘⑥。

通共乙千〇四十八万五千六百九十六两五钱四分四厘。

---

① 即十三万六千六百四十二两九分六厘。
② 即一百八十四万二千七百八十两三钱五分。
③ 即八万六千二百四十二元二角（参照前文记载，最后一位数应为三角）。
④ 即六万三百六十九两六钱一分。
⑤ 即二百零三万九千七百九十二两五分。
⑥ 在"六十四万"之下，旁边又写有"七千四百〇九两五钱一分四厘"。

华商损害赔偿赈抚总案

华商在战地财产保护及赔偿案①

厅/司	科	类共计	件	编

	华商在战地财产保护及赔偿案
总事由	光绪卅年东抚咨请照商日俄公使保护中立国民在战地财产并造送清册前来，旋据北洋大臣复称战地内局外人之身家财产例归战国保护惟有损伤始能索赔，须分别照会两战国立案，卅一年东抚咨送烟台众商在旅顺战地等处房屋财产实数清册，黑龙江将军函称华商损伤俟详查具报并请派队保护奉天，差遣道府呈报交涉事件，并单开俄日损毁人命财产各故由。

年	月	日	收	发	某机关文	事　由	原件	
							字	号
光绪卅	六	初十	收		山东巡抚周馥文	战境商栈货物财产应由战国保护造送清册请商日俄公使一体查照由		

---

① 本卷宗所收档案与前文《战地商产损失赔偿案》多有重复(偶有个别字词出入，已综合二者进行互校，请参阅前文注释)。为节省篇幅，此处重复档案一律略去，仅保留题名与事由。

（续表）

年	月	日	收	发	某机关文	事　由	原件	
							字	号
					附录清册	载北地各口岸商号存放货物价值计共一千一百八十七万余两由		
	七	初三	收		北洋大臣袁世凯函	在战地局外人民之财产应归战国保护被没收及损伤得索赔偿其未遭兵燹者亦应开单照会两战国以备日后开议由		
光绪卅一	正	初六	收		署山东巡抚文	咨呈烟台众商长盛东等号在旅顺各战地财产价值清折由		
					附录清单	烟台众商在旅顺战地等处房屋财产实数由		
		十四	收		署山东巡抚文	咨送烟台众商长盛东等号在旅顺战地等处房屋财产清册由		
					附录清单	据农工商务局造报烟台各商在旅顺战地等处房屋财产实数由		

（续表）

年	月	日	收	发	某机关文	事　由	原件字	号
		二十	收		北洋大臣文	据何道禀称烟台长盛东等号续报在旅顺财产数目由		
					附录清单	据东抚转据东海关道造报烟台各商在旅顺战地等处房屋财产实数由		
	九	初二	收		黑龙江将军函	商民生命财产所被损伤俟详查具报请照会日俄两使转致统兵大臣先收招募华队枪械再行资遣并请由北洋分拨一旅由		
	十	初九	收		北洋大臣袁世凯文	烟台商人在战地财产清单咨请查照办理由		
		二十六	收		奉天差遣道钱鏐候补府于驷舆呈文	日俄军在奉天损害人命财产分缮清单并胪列交涉案件由		
					附录交涉事件	内载日人占地及占船抗捐各事由		

（续表）

年	月	日	收	发	某机关文	事　由	原件	
							字	号
					附录清单一	日军在奉损毁人命财产约合银数由		
					附录清单二	俄军在奉损毁人命财产约合银数由		

光绪三十年六月初十日收山东巡抚周馥文一件

战境商栈货财应由战国保护造送清册请商日俄公使一体查照由

（正文略）

光绪三十年七月初三日收北洋大臣袁世凯函一件

战境内局外人民之身家财产例归战国保护为没收掠夺及故意损伤

者得酌索赔偿外其未遭兵燹处亦应尽保护之责请大部分别照会两

战国立案以备日后开议由

（正文略）

光绪三十一年正月初六日收署山东巡抚文一件

咨呈烟台众商长盛东等号在旅顺等战地财产价值清折由　附折

一批

（正文略）

光绪三十一年正月十四日收署山东巡抚文一件

咨送烟商长盛东等号在旅顺战地等处房屋财产清折由　附册

（正文略）

光绪三十一年正月二十日收北洋大臣文一件

据何道禀称烟台长盛东等号续报在旅顺财产数目由　附抄折一件

（正文略）

光绪三十一年九月初二日收黑龙江将军函一件

商民身命财产所被损伤俟详查具报请照会日俄两使转致统兵大臣

先收招募华队枪械再行资遣并请由北洋分拨一旅由

光绪三十一年九月初二日收黑龙江将军达桂函称：本年七月二十二日折弁回吉，接奉钧函，祗聆种切。日俄现虽停战，戒备仍严。运货之禁，明知转圜匪易，前电所谓非不审时，亦迫于形势之无可如何耳。即如商民身命财产究被损伤若干，桂到吉时曾与富润之将军商酌，屡拟派员往查，以战地不容搀越，未敢冒昧。嗣因俄兵骚扰逼甚，百姓流离失所，督饬交涉局员与廓米萨尔索阔宁竭力磋商，始允各派妥员分往抚辑。近据各路禀报，无非在俄营附近访查情形。而战地之如何蹂躏，总难得其确数，迟迟不报。职是之故，现又商诸富润之将军，设法详查，先行约计总数，具报大部立案，以为将来索赔地步。惟是和议有消息，而民间被扰如故，仍不少差，半由于通事煽诱，半由于花膀横行。究其实，仍是中国莠民过多所致。故桂以为索赔之事虽缓，而保护之计尤急。盖索赔者救摧残之民，保护者全完善之地，谋之不可不早也。况通事本城狐社鼠，设和成兵退，便无所恃。诱彼掳掠，藉以分肥，自是意计中事。而花膀队所用枪械又较官兵精利，散而为盗，制之殊难，散无所归，尤为巨患。为今之计，拟请大部俟两国罢战有期，照会日俄两使，转致统兵大臣，先收招募华匪队伍枪械，再行资遣。并于退兵时严加钤束，不使重扰闾阎。一面仍求设法由北洋再分拨一枝劲旅，出关暂驻奉界，以备不虞，庶吉江两处亦可藉资镇慑，三省幸甚，大局幸甚。愚昧之见，是否有合机宜，仍祈裁酌施行。肃此寸缄①。

---

① 按照书信规范，此处似未写完，尚应有"伏维垂鉴""敬请钧安"一类套语，但原文如此。

十月初九日收北洋大臣袁世凯文一件

烟台商人在战地财产清单咨请查办由

（正文略）

光绪三十一年十月二十六日收奉天差遣道钱鑅、候补府于驷舆呈一件

日俄军在奉天损毁人命财产分缮清单并胪列交涉案件由

光绪三十一年十月二十六日收奉天差遣道钱鑅、候补府于驷舆呈称：我外部必须索伊英法文原底。

一、阅日俄和约第四条违背，满洲工业商务中固可取以扩张者，在日俄两国立约内不得阻碍各国普通之利益。此条文义奥折，不甚明显。

一、有人言，日俄此次和约第四条文意极为深曲，其英法文原底与报章所登迥不相同，最须留意。如将来扩张其说，则中国工商实业上大有亏吃。当索得原底，令熟于英文者译出。据云语意实系深曲，颇难解释。特将译文录呈，并将英文底稿抄呈，请通家再加审察。其有横线者，乃存疑之处也。

一、本日有千金寨等旗民人等递呈之①日人在彼强号地亩发价收买。查其地即系抚顺煤矿，当遣人往查。乃日人已插栅，不准人入，其意不过欲把持此矿耳。此矿虽经俄办，然亦有华股为多，岂可独据？况附近尚有民开之矿，亦出煤甚多，兹将原呈寄阅。

---

① 此处文理不通，但原文如此。

附录交涉事件内载日人占地及占船抗捐各事由八页

一、闻小山出有告示，已与将军言明，准民间用军票完纳粮税云云，殊深诧异。此事前月间小山曾向云，某税局不收军用手票，是故与我军队为难又说了许多老套头的话，无非是我们不知好歹的意，请将军禁止。当告以各处解款因手票价不合算，有用有不用，皆听其便。况奉省商民皆用纸帖，若令其专收手票，则奉省商情立可败坏。此事不能令其必用，亦无人禁其不用，仍听其便可耳。渠乃借此出示，实为不解。然即以军票论，现在军事已停，照公法即应收回，更不能常久行用军票也。好在民间不见本国官告云，渠虽出示，亦无所用。然恐不知者妄生议论，故附书以备解说。

平心而论，奉自战事经年，银钱两缺，商家不敢出帖钱，帖人亦不信商家之帖。若先无俄之罗卜，后无日之军票，民将困难不堪。现在民间谁不存手票，官署谁不用手票？小山此举，殊可不必耳。

一、从前与俄所定条款，自应作废。但此语应从那一边过说出，须酌。

一、奉天非有客队助威，势难平靖马贼。此层必须磋允，并不求过辽东，只要得混合一协在辽西驻扎，则奉可腾出辽西之营注力东者。不但马贼易平，即二马等类亦有所慑而听驱使矣。务要争得为要。

一、连日与福岛说事甚多，有极难回答者列后：

一、日前调署各缺，渠颇有违言，当告以调缺之事万难与人商量，姑且将主权二字不提，如事前泄漏，往往生许多议论。又或避难就易，选精择肥，徒多纷扰。又有遣局员密往接办，或提其丁书，或查其劣迹，即被撤之人亦不令预先知之，何能告之外人？福云，我亦知此系内政，无干预理。但各军队所在换一人前往，总要与之交涉。若彼此毫不通知，到办事时军队上一味不理，试想此员可能在彼办事否？何况再加以掣肘乎？请贵将军细思。

以上所说，我只好含胡答之，竟难有善法。

一、铁路驻兵一事，与之力说，由中自护。福云，中国无兵力，只好我们自办，否则俄若冲入，又要费我数十万兵力矣。且中国现虽新练数镇，后无接续，岂堪一战？若征兵果行，亦须二十年外后方能接得上。又，枪炮无多，纵有兵亦如无耳。乃犹不欲我驻兵耶？当答以征兵之令易行，决不待二十年可成。福笑曰，不能，将校最难，总须每毕业一次，即有一二千人之将校层出不穷乃可。此事袁宫保知之最深，将军不可易视。

外英文第四条一纸、译文一纸，又千金寨呈一纸。

一、本年四月据铁岭防守尉、知县会禀称：四月初三日准驻铁日军政官木村宣明面称，现接省城总司令部来电，嗣后辽河来往船只，所有商民装运粮石、货物，概不得向之收税。铁界共有征税河口几处，应即一律免纳等语。该尉、县等以事属解部正款，屡向辩论，并禀经盛京户部，饬由交涉局向驻省日军政署商议。该日员谓，沿河船只正资装运军物，设局收税有碍军需。再四磋磨，坚不应允。此辽河粮货税被其阻止者一人（也）。又，辽河自设河防，向于沿河口岸另设有河防捐。除铁岭河防捐自四月起与粮货税一并停止外，其余各口尚在收纳。不谓夏秋以后，选据田庄台河防分局陆续禀报，辽河自六月起，上行船只大半标插满洲水运会社旗号，到局不肯纳捐。诘之，系因营口铺商东永茂、西义顺两家会同日人开设满洲水运会社，专为包运自营载往上河货物。言明一切捐税无庸捐纳，惟按每货一件向客收取运费若干，收费后每船发旗一枝。迨七月间，又由营口日军政署出示辽河运船回载章程九条，复有沿河捐税一概宽免以期速行之语。于是商船过往，捐局益不敢过问。此辽河河防捐被其阻止者又其一也。查辽河为奉省大水，下自营口，上讫通江，长逾数百里，而沿河局卡自被阻止，均已数月无征，不惟经费所关，且于主权尤有干碍。

一、本年九月据安东县知县呈据所属六七道沟民人郭文德、王维三等先后呈诉，日军现在该处，将大道南北地亩计共一千一二百日拟一律占用，给价收买。该民人等以农夫养生在地，无地即无生活之资，性命所关，不甘应允。而八月十九夜即有宪兵带同六七道沟乡约，将花户王连桐、王西浦等传去，押在黑屋。至二十日，又将赵文信、郭文才等传去。人心皇皇，相继投县，恳求作主。该县正核办间，又准安东驻扎辽东兵站监支部斋藤与前军政官大原声称，六七道沟所占地亩系属军用，即须饬令各地户出租领价。虽经该县答以事关重大宜从缓办，而大原坚不允许，旋派宪兵催唤地户，每地一日议给洋钱八十余元。此安东县所呈情形也。当经交涉局于九月十七日函商日将福岛，请其转饬停止。函中声称，该地既系军用，则军事有平和之日，此项地亩似庸无（无庸）认租议价。若为兴建商务而设，刻下既非其时，且商埠之开应归两国国家交涉，将来筑场划界，必使主宾两得其宜，此时更无须预谋购此。况事关①业，难以相强。贵将军体恤民情，凡事一秉大公，素所深钦。应请转饬停止，俾该处农民不至失业等语。函达去后，迄未据复。

一、本年十月十四日据省城东古城子千金寨计军屯三屯乡长、会首邓文明等于十月十四日呈称，九月二十一日有辽阳日司令部专员到身等三屯，将屯地均行注册，合共千余亩，并绘具地图，声

---

① 此处似脱漏一"商"或"实"字。

称每亩给价洋七元,不日须尽数收买。该员注毕,旋回辽阳。去讫,伏思身等三屯多系旗人领名之地,民人接典承种。目下上等地亩,每亩有受典价东钱三百余吊者。如被日员勒价强买,业主与典主均无法生活等情。当经交涉局面向日军政署查问,据伊未知有此事,其中情节不甚明白等语。嗣由局派员前往密查,尚未查复。

一、上年三月,闻俄人由省南金家湾屯南养猪圈子地方大铁路起向东修一枝路,直达抚顺,于三月廿间动工,被占田茔甚夥。当经照阻,暨分别饬查。旋据稽征千山台煤矿税务委员慕令昌治禀,此路于五月廿间修至古城子,过此以东又分两条,一偏直趋千金寨,为转运华兴煤矿煤斤之用;一偏北趋杨柏堡,复趋老虎台,均为转运抚顺煤矿煤斤之用。并据其旗民各地方官查复,所占地亩均令地主领价,每亩作价十四元,加青苗三元三角,各地户均已领讫等情。此俄修抚顺支路也。日人于本年春将省城新民府中间紧靠人行大道修一小铁路,用人力小铁车转运军物。旋又将此路折(拆)去,距人行之道稍远地方,南北各修小铁路两条。南路仍用人推小铁车,北路则用小汽车,均系由省直达新民府。又,日人于上年自安东过江后即顺路铺设小铁轨,旋经凤凰、辽阳等厅州,直趋省城。现闻距省只十余里,不日可以竣工。查此路过鸭绿江即与彼义州、汉京之路相接,而以上两路修时并未据知会。此日修新民、安东两支路也。

附录清单　日军在奉损毁人命财产约合银数由

谨将日军在奉损毁人命财产约合银数缮单列后。

计开:

一、据承德、兴仁、怀仁、盖平、辑安、岫岩、临江、海城、新民、开原、辽阳、彰武、广宁、抚顺、凤凰城、辽源等十七府厅州县首报,被日军损失民间财产共约合银四百四十三万二千七百零五两四钱三分八厘除已赔银七千九百二十四两八钱五分二厘,尚亏银四百四十二万四千七百八十二两零五钱八分六厘外,有人命二百八十六名。

又据承德县续报,被日军毁民间财产约银一万八千四百五十二两零零①五厘。

以上首报续报,共被日军毁损财产统约合银四百四十五万一千一百五十七两四钱四分三厘除已赔银七千九百二十四两八钱五分二厘,尚亏银四百四十四万三千二百三十二两五钱九分一厘。

一、据兴仁县属木厂广吉发等四号被日军砍烧四丈多长松柱八根。

一、据临江县报,干沟子屯民郑云腾被日兵扎死。

一、据福陵四品官报,官窑被日军毁坏正瓦房六间、砖墙二百一十五丈、照壁一座,长三丈,高八尺,大窑两座。

一、兴仁县属马官桥屯关帝庙被日军毁坏正殿三间、九圣祠半拆、娘娘庙半拆、东廓(廊)房三间、佛龛三个、西廊房三间、前殿三间、铜佛八尊、站像四尊、神马二尊、神马童二尊,钟楼半拆、东西便门半折(拆)、钟一架、沙松旗杆一对、松木方子八块、大方砖四百块、鼓一架、馨(磬)二口、大牌扁三十五块、磁香炉四个、铁香炉一个、供桌七个、铜茶呼(壶)一把、铁大勺二把、锡旗杆顶一付重九十余斤、丈五椽子一百对、大京锅二口、二京锅一口、大缸三口、黄云缎袍一件、蓝布道袍二件、黄丝绦一条、青大布裤子三条、条砖二千八百块、瓦二千块、地八仙六张、方橙(凳)子四个、椅子二个、坐呼(壶)一把、大条桌二张、大春橙(凳)子二个、大板橙(凳)三条、茶

---

① 原文如此。

机子二个、大顺箱二个、大坐箱二个、大方盘六个、大小盆三套、大坐橙(凳)二条、大梯子一个、大跳板四块、磁器家什五座、红粮六石、元豆五石、小米子八斗、劈柴一石三百斤、秋稭四百捆。

一、据兴仁县属木厂东河神庙被日军毁坏神像五尊、东西耳房两间、东西廊房各三间,房内暖阁打下门窗隔扇,烧毁周围墙,折(拆)倒供桌、张木、供器五件、隔房门六扇,钟磬(磬)打碎。

一、据昌图府报,南街居民王得增被日兵枪毙。

一、据抚顺县路记报,被日军折(拆)毁成(城)墙一百四十六七丈有余,城垛一百二十余堵。

一、据岫岩尉报,衙署被日军损坏,残缺不齐。

一、据承德县报,三台子等十八屯共三百八十六户,被日军车轧毁禾稼七千零六十四亩。

附录清单 俄军在奉损毁人命财产约合银数由五页

谨将俄军在奉损毁人命财产约合银数缮单列后。

计开:

一、据承德、兴仁、怀仁、复州、通化、盖〔平〕、兴京、辑安、岫岩、临江、安东、海城、新民、开原、凤凰城、辽阳、广宁、彰武、宽甸、抚顺、辽源等二十一府厅州县首报,被俄军损失民间财产共约合银二千七百八十四万一千一百五十五两六钱四分六厘除已赔银二十二万一千六百六十六两四钱八分七厘,尚亏银二千七百六十一万九千四百八十九两一钱五分九厘外,尚有人命一千一百四十六名内一名给恤洋银七十元,四名给恤银十四两四钱。

又据兴京、承德、兴仁、辑安等四厅县续报,被俄军毁失民间财产共约合银二十一万五千一百零八两五钱六分四厘除已赔银二百八十两,尚亏银二十一万四千八百二十八两五钱六分四厘外,有人命二十三名,共给恤银二十四两。

又据通化县报,俄军损毁公产约合银一百三十八两七钱八分。

以上首报续报及公家共被俄损财产,统约合银二千八百零五万六千四百零二两九钱九分内除赔银二十二万一千九百四十六两四钱八分七厘,统尚亏银二千七百八十三万四千四百五十六两五钱零三厘。

又据兴京厅续报,被俄军伤损人命财产,共给恤银洋元一千一百零三元六角、银二十四两。

又据承德县续报,日兴隆等栈被俄员沉船数十余只、豆饼七八万块、元豆一万七八千石,均未估价。

又据军署礼司禀,省城南鹿圈木栅被俄军拔去六十四根,惊毙鹿五只,均未估价。

一、准盛京礼部咨,宝胜等被俄军烧毁庙房二间,及松榆各树亦被俄军砍毁。又,西塔钟鼓二楼被俄军焚毁,南塔庙房五间被俄军焚,及塔座钟鼓楼、照壁、围墙均被俄军拆毁,松柳树二百余棵。

一、据新民府报,黑鱼沟屯民李恒发被俄兵砍死,并焚毁房五间,连财物在内。

一、据西安县报,乌鲁半截河屯民王会被俄兵枪毙。

一、据西安县报,跑马梁子屯有避难民刘姓一名及闺女一口,均被俄兵击贼误毙。

一、据福陵四品官报,官窑缸盆七个、大锅四口、二锅二口、大缸六口、铡刀一口、大槽子一面、稿柜二个、板箱子四个、坐箱六个、大桌子四张、八仙二张、椅子二对、大榆树二棵、方砖二千八百块、条砖二万四千块、小各砖一万零三百块、披水砖二百六十块、沙滚砖三百块、大板大通各瓦共四百五十块、狗头三百件、滴水一百二十件、秫稭二万五千捆、及工所大缸七口、大锅六口、白碗一百六十个、铡刀一口、大闯二把、冰穿十把、大抱斧一把、大接锯三把、稿柜二个、大桌子五张、八仙二张、椅子二对①、板箱十六个、案架子两个、大槽子一个、窗户十合、板门三村(付)、大照壁一座、缸盆八个、苇席十四领、方砖二千块、条砖三千块、大通椽五百根、桩木四百根。以上各物均被俄军毁坏。

一、据大围场统巡报,南山城子巡队赵文福及商民范洛明、艾绍荣、尹起胜、潘洛清等五名被俄军杀害,并掳去饷项银元一百五十元、枪十三杆、号衣七件、马十三匹。

一、据兴仁县报,边牛录堡子屯丰元恒烧锅瓦房九十六间被俄兵烧毁,并掳去财产、货物、油酒各飞②。

谨将日俄两军在奉互损人命财产约合银数缮单列后。

计开:

一、据辽阳州报,被日俄两军损失民间财产约合银十六万九千零八十二两九钱三分,外有人命二十一名。

又据辽阳州及该州属尾明山税捐委员等,被日俄两军损失公产约合银九万七千零九十九两二钱六分。

以上民产公产被日俄两军毁损共约合银二十六万六千一百八十二两一钱九分。

一、据抚顺路记报,委员李英奎因日俄接仗时被枪毙命。

此外尚有昌图、海龙、柳河、东平、西安、西丰、康平、铁岭、洮南、奉化、怀德、开通等十二府县因两军在境无从查悉,尚未造报。

---

① 此处与前文有重复,但原文如此。
② 原文如此。

日俄战事经过地方分别赈抚案

厅/司		科		类共计	件	编	
总事由	日俄战事经过地方分别赈抚案 　　光绪卅年二月北洋大臣函报设法拯救旅顺金州一带被难华民，商部请发电知照赈济电一……①红十字会免费，盛京将军会奏日俄战事经过地方分别赈抚保护情形，奉旨各路难民派员分别……②，卅一年盛京将军具奏续筹赈抚情形，户部片请解奉赈款转行日使免生沮[阻]隔，当即照请日使……③放行，盛京将军详述各属被灾情形及颁表式饬属造报，并附送各抄件，第二批解奉赈款亦经……④使转饬放行，盛京奏派监司大员到西路办赈，吉林具奏战事逼近设局急赈各情由。						
年	月	日	收	发	某机关文	事　由	原件
							字　号
光绪卅	二	初六	收		北洋大臣袁世凯函	设法拯救旅顺金州一带被难华民由	

---

① 此处残缺，推测为"律照"二字。
② 此处残缺，推测为"赈抚"二字。
③ 此处残缺。
④ 此处残缺。

（续表）

年	月	日	收	发	某机关文	事　由	原件	
							字	号
					附录致俄国阿提督函	欲救护旅顺青泥洼等处华民回籍由		
					附录阿提督复函	多数华民已回籍余均愿留不必派船前往由		
		初九	收		商部片	请发电上海吴侍郎赈济一事亦一律照红十字会免收电费由		
	五	十三	收		盛京将军增将军等文	会奏日俄战事经过地方分别赈抚保护一折抄稿咨呈由		
					附录原奏	日俄战事经过地方分别赈抚保护情形由		
	六	二十三	收		盛京将军增祺等文	会奏经战地方分别赈抚等因一折恭录朱批知照由		
	七	三十	收		谕旨一道	增祺等电奏悉土工矿夫所办甚是各路难民著分投赈抚等因由		

（续表）

年	月	日	收	发	某机关文	事　由	原件	
							字	号
光绪卅一	正	十四	收		盛京将军文	具奏续筹赈抚情形一折抄稿咨呈由		
					附录原奏	续筹赈抚一切情形由		
		二十九	收		盛京将军、奉天府尹文	具奏续筹赈抚一折恭录朱批知照由		
	二	十四	收		北洋大臣袁世凯文	铁路总局申称户部先拨赈十万送奉已知照日领据复应知照驻京公使并允一面行文驻使转达前途免致误会由		
	二	十七	收		户部片	解奉赈款请转行日本驻京大臣以免俟会由		
		十九		发	日本公使内田康哉照会	奉天委员王立全领解赈款请转饬兵队放行由		
		二十一	收		日本内田公使照会	奉天委员李席珍解赈款护照已签字交陶观察并饬知各军队由		

（续表）

年	月	日	收	发	某机关文	事　由	原件	
							字	号
	三	十七	收		军机处交出增祺片奏	驿巡道王颐勋赴锦办赈请以孙葆瑨暂护道篆一片奉朱批该部知道由		
	四	十一	收		署盛京将军函	详述各属被灾情形及颁表造册由		
					附录会禀	日俄两军进退抚顺日期由		
					附录兴京协领等会禀	俄兵驻境滋扰情形由		
					附录大围场统巡等会禀	俄兵驻境扰害情形由		
					附录大围场统巡瑞禄禀	俄兵入境滋扰盗贼肆起由		
					附录营务处来文	俄兵在防境淫掠烧杀扰害地面由		
					附录兴京同知孙长寿禀	俄兵掠去通化县令由		
					附录奉化县禀	俄员索要盗犯由		
					附录胡委员面禀	俄兵经过各地面情形由		

（续表）

年	月	日	收	发	某机关文	事　由	原件	
							字	号
					附录通化县秋桐孚禀	被俄兵掠去放回时地方已蹂躏不堪由		
					附录通化县附禀	俄兵为难均系通事及抢匪所唆使由		
		二十		发	日本内田公使照会	奉天委员孙规良等领解赈款请即转饬放行由		
		二十五	收		日本内田公使照会	府经孙规良等护照盖印送还并电司令官转饬军队勿阻由		
	七	二十一	收		吉林将军文	具奏战事迫近民不聊生派员设局急赈由		

光绪三十年二月初六日收北洋大臣袁世凯函一件

设法拯救旅顺金州一带被难华民由

光绪三十年二月初六日收北洋大臣袁世凯函称：初二日接奉钧函，谨已聆悉。承示拯救难民等因，足征我王爷、大人痌瘝在抱、视民如伤之至意，钦仰莫名。前闻旅顺、金州一带自日俄开战后，华民之遭难被困其中者颇多。而俄人防查甚严，华员碍难出入。因派北洋雇用之哪喊国武弁曼德、医生法人纳玉成赍函往商俄提督阿力克塞夫，请其许我遣船前往救载内渡。乃去已多日，阿酋尚未接晤，仅复函推诿，谓彼处居民多已南行，其居者悉自愿留，不必派接□①有不便等语。看此情形，断非口舌所能争论。因饬赈抚局遴派干员，挈带巨款，前往榆关一带查访被难华民，随时赍助，设法安置。兹奉钧示，遵即筹拨公款，招集善绅，广为劝募。仿照庚子年救急会办法，先与驻津日俄领事商明，分派员绅前往东省，相机探进，设法拯济。查各国红十字会救死抚伤，洵为战时善举。但中国向未入会，俄复猜忌多端。局外国拯救本国难民，本为公法所许，彼且不允；遣船赴旅，倘往战地设会，恐彼藉词推诿，愈难协商。是否有当，统候钧裁。专肃密复，祗叩钧安，伏维垂察。

附录致俄国阿提督函

欲救护旅顺青泥洼等处华民回籍由

附录致俄国阿提督函：

径启者：近因贵国与日本国不幸失和，深为惋惜。东三省内有难免战场之地，该处商民被累，深为可悯。且旅顺口、青泥洼等

---

① 此处空缺一字。

处我国民人妇孺，多系他省民籍寄居其间，猝遇战事，俱欲回籍
而不可得，实属无可奈何。本大臣深怜我国民人暂居战境，不得
不设法拯救以重生灵，想贵大臣同有此恻隐之心，必能竭力相
助。今特委随员曼德，哪威国人，北洋医学堂总教习纳玉成，法
国人，前赴台端面聆一切。即饬其前往旅顺、青泥洼等处察看
寄居各该处华民，倘有欲回籍者暂因船只少，便由该员等预先
知照聚齐，随时电禀本大臣派船前往，装回最近局外之口岸安
置，俾免危险，不胜幸甚。我国笃重邦交，业经明降谕旨，严守
局外，各省将军督抚分饬所属军民人等一体钦遵。其在旅顺、
青泥洼等处商旅及其眷属，自应遵守局外条款。将来装运回
籍，亦绝无违犯条款之事。贵大臣夙秉大公，久为本大臣所钦
佩。今该二员前来，务希推情指示一切，并请通饬各该管营官，
随时相助。本大臣当为寄居战境各商民同声感谢。专此布达，
顺颂时祺。

附录阿提督复函

多数华民已回籍余均愿留不必派船前往由

照录俄阿提督复函①：

敬复者：接到正月初七日来函，本大臣深念贵大臣厪系中国
之民住满洲里及辽东之半岛，所以照复。此项民人光景，自日本开
仗后，立刻该处左近寄居众民愿回籍者听其自便。当时即有多人
搭船到南边口岸者，亦有乘车往北开行者，所剩之人皆系自愿留在
该处。嗣因保护辽东半岛以防敌人进攻各港口，已备置水雷及断
绝海道，若派船至该处，甚有危险。兹特切实奉布贵大臣，派船前

---

① 本件多有文理不通之处。

往毫无所需。如中国商民妇孺现欲迁往他处,可随心乘车过营口改道。本大臣并可饬将穷困之人量力帮助,以遂其行。可惜许多中国人民,平时俄员无不以恩相示,近日竟为俄员指证与敌人往来。该民人擅用俄人相信之意。无论此事通例所在,仍不能改,俄员亦常挂心中国众民之在大俄政府租界境内居住者,所以派旁不相干,实无所需,且所派之人此外尚有不便。现在旅顺镇业经告白尽知为危险之地,该处守将有极大全权,因此干预该守将所管权限以内各项事务十分不巧。此系军律,谅贵大臣夙所深知。祗复,顺颂近祉。

光绪三十年二月初九日收商部片一件
请发电上海吴侍郎赈济一事亦一律照红十字会免收电费由

光绪三十年二月初九日收商部片称:顷本部收到电政吴大臣电一件,又发本部右参议杨士琦电一件,相应一并抄录,片呈贵部查照可也。

照录抄电:

收上海吴侍郎电

商部钧鉴:宙。阳电谨悉。电局免费,旧章甚严。前据施绅等禀,故批令照赈济免费局章办理。既经大部与外部商明,不限字数,遵即分饬各局照办。惟赈济一事亦系拯民水火,只得一律弛限,免再渎请,并求钧察。熹。庚。

发上海招商局杨参议电

施道则敬电禀红十字会免收报费事,业经商明外务部电商袁宫保、吴侍郎照准。顷准吴侍郎覆称,已分饬各局照办,希饬知施道遵照。至该会来往电报,虽不限字数,务须简明,以免虚糜。祈一并饬遵。治、英、穆。青。

光绪三十年五月十三日收盛京将军增等文一件
会奏日俄战国①事经过地方分别赈抚保护一折抄稿咨呈由

光绪三十年五月十三日收盛京将军增等文称：案照本军督部堂、抚尹堂于光绪三十年四月十六日会奏日俄战事经过地方分别赈抚保护情形等因一折，除俟奉到朱批再行恭录咨呈外，相应抄奏咨呈贵部，谨请鉴核施行。

附录原奏

日俄战事经过地方分别赈抚保护情形由

照录抄奏：

奏为谨将日俄战事经过地方分别赈抚保护情形恭折具奏仰祈圣鉴事。窃日俄开战，奉省适当其冲，所有战事经过地方，商民不免废时失业等。现已札饬各该管地方官详细查明，分别赈抚，俾得及时耕作，以免流离。所需款项，即由该旗民地方官库存各款先行动支，核实造报，作正开销。并饬将各该管地面一切人民财产竭力弹压，妥为保护，以期仰副宸厪。除分咨外，谨合词恭折具奏，伏乞皇太后、皇上圣鉴。谨奏。

光绪三十年六月二十三日收盛京将军增祺等文一件
会奏经战地方分别赈抚等因一折恭录朱批知照由

光绪三十年六月二十三日收盛京将军增祺等文称：案照本军督部堂于光绪三十年四月十六日会奏为日俄战事经过地方分别赈

---

① 此字似衍。

抚保护情形等因一折,当经抄奏咨呈在案。兹于五月二十三日奉到朱批:知道了,钦此。钦遵并分行外,相应恭录咨呈贵部,谨请钦遵鉴核施行。

光绪三十年七月三十日奉旨一道

增祺等电奏悉土工矿夫所办甚是各路难民著分投赈抚等因钦此

光绪三十年七月三十日奉旨:增祺等电奏悉。据称将土工矿夫人等资送入关,所办甚是。各路难民著即遴派贤员分投赈抚,毋任失所。仍著该将军等督饬巡警各队,随时认真稽察防范,以安人心。钦此。

光绪三十一年正月十四〔日〕收盛京将军文一件

具奏续筹赈抚情形一折抄稿咨呈由

光绪三十一年正月十四日收盛京将军文称:案照本军督部堂、抚尹堂于光绪三十年十二月十一日具奏为谨将续筹赈抚一切情形具陈等因一折,除俟奉到朱批再行恭录咨呈外,相应抄奏咨呈贵部,谨请鉴核施行计抄奏一件。

附录原奏

续筹赈抚一切情形由

照录抄奏:

奏为谨将续筹赈抚一切情形恭折具陈仰祈圣鉴事。窃自日俄宣战以来,始于奉天东南各处,渐及省城附近地方。所有办赈、筹款、请捐各情形,均经先后电奏在案。现据前派委员刘长春等陆续回省,并据东边道张锡銮禀报,除安东县被灾较轻,无庸再赈,暨凤凰厅属之赛马集、怀仁县、辑安县为日军所阻,仍饬由地方官先行赈抚外,其凤凰厅、岫岩州、宽甸县赈务,均经散放完竣。此外,金州一隅仍难派员往查。复州、盖平、海城皆战事一过,波及尚轻,独辽阳较重。夏间派往之委员郑鸿勋仍同该州逐日散放粥米,并经等拨给一万五千银圆,为海、盖、辽各城办理平粜之需,由红十字会拨给绵衣多件。复经北洋大臣、直隶督臣袁世凯不分畛域,派员携款两万圆驰赴辽阳,现尚会同赈济。此自七月十一日奏报以后东南两路续办赈抚之一切情形也。俄自辽阳退后,乃相持于省城之南。自八九两月,两军陆续鏖战,始则田禾蹂躏,继则人民咸被驱逐,财产粮草全归乌有,房屋多被焚毁一空。难民纷纷来城,总计不下十余万口,其无亲故可投及贫乏不能自给者,几至三万口,惨苦不堪言状。仓卒之间,先经分派多人散之以钱,旋饬筹济局为之筹备房屋,随时安置栖身之所,添设粥厂数十处,逐日施放粥米。一面由天津及本省置做绵衣一万四千件,又由上海红十字会运到绵衣多件,分别散给。其有受伤者送赴医院,死者给以棺殓,病者有医,产生有所。当由西流水荒价及库存款内提银,在(再)于西丰县购粮二万六千余省石,新民府、锦县、广宁县购粮六千余石,又由北洋大臣以协赈银二万两改购大米六千津石,均已设法运省。而数万口难民幸免于啼饥号寒之苦,其有径往新民府、彰武县避难灾黎,均经札饬该府县分别设立粥厂,加意抚恤。第以战事尚在无定,久则需款益繁,即幸而来年春耕不误,赤地数百里,牛犁子种固须预筹,倘再迁延,后患何堪设想。当经电请外务部代奏开办实官捐,已蒙恩允,俾善后稍有所恃。又念省城柴米本觉缺乏,若任此十余万难民坐食于危城,空匮之虞可立而待,于是不得不为移民移粟之计。遂剀切晓谕,有愿就食于新民、西丰、西安者,趁粮车回空,各予车脚川资,派员送往。先期饬由该府县,或设法筹捐,或动用正款,预备粮屋妥为安置,事定仍可还乡。愿往他方者给资,如之不愿者听之,现已分遣不少矣。尤可虑者,城中既存粮无多,而四外村屯百十里间,亦经客军搜刮略尽。冬赈虽足,暂济燃眉,而来岁民食亟宜筹储。顷又饬由西安、西丰、铁岭、开原等县添购粮四万余石,以资接济。无如道阻且长,其间洋兵之截掠,胡匪之滋扰,转运殊非易易。然力果能为,惟有竭力为之而已。至此次赈务,各属情形不同,而省城之急赈尤有不同,自应因时因地各制其宜,实非寻常水旱偏灾可比例。现在筹济局印委各员多以时局之艰,不忍支领薪水,愿效驰驱。等只有勉以大义,严查弊端,事事务求实在,力拯斯民于涂炭中,以仰副朝廷子惠黎元之至意。将来赈务事竣,一切用款惟有仰恳天恩,俯准开单报销,免造细册,以省繁牍。如蒙俞允,并请饬部先行立案,出自鸿慈。除咨部外,理合恭折具陈,伏乞皇太后、皇上圣鉴。谨奏。

光绪三十一年正月二十九日收盛京将军、奉天府尹文一件
具奏筹赈抚一折录稿知照由

光绪三十一年正月二十九日收盛京将军、奉天府尹文称:案照本军督部堂、抚尹堂于光绪三十年十二月十一日具奏为谨将续筹赈抚一切情形具陈等因一折,当经抄奏咨呈在案。兹于光绪三十一年正月初五日奉到朱批:户部知道,钦此。除钦遵并分行外,相应恭录咨呈贵部,谨请钦遵鉴核施行。

间复准户部翰电,内开:本月十三日奉旨,发奉省赈银三十万,希即出具文领,派员赴部承领等因。准此,自应派员前往如数领运回奉,以应急需。惟现值两战国逼近省垣,事机紧迫,赈款关重,暂时未便多储。且恐道路阻隔,致滋意外。应由户部先行发给

十万两，余俟开正再行请领，以免疏虞而昭慎重。除派孙守葆瑨、顾丞儒基、冯牧树铭、千总王立全等执持文领前赴户部请领并分行外，相应咨行，请烦查照，转饬关内外铁路总局知照并饬属妥为保护，望切施行等因，到本大臣。准此，合行饬局知照等因。奉此，职局此次户部拨发帑银三十万两，先运十万赴奉，原系赈济难民要需。惟当东省有事之秋，外人不知底蕴，窃恐或多误会。曾由职局函致日本驻津领事，请为转饬查照。兹准复称，接奉来函，以户部拨发帑银三十万两先装运十万两赴奉天赈济东省难民之用等语。本总领事查运银赴东关系甚重，惟既系户部拨发，应由户部知照敝国驻京公使办理为是。本总领事亦一面行文驻京公使转达前途，免致误会等因前来。理合申报查核等情，到本大臣。据此，除分咨外，相应咨呈贵部，谨请查核办理施行。

光绪三十一年二月十七日收户部片一件

解东赈款请转行日本驻京大臣以免误会由

光绪三十一年二月十七日收户部片称：据北洋大臣咨称，准奉天总督①咨开，前奉电旨，奉省难民麕聚，颠连困苦。宫廷时深悯恻，著户部发给帑银三十万两交增祺、廷杰妥为经理，尽力赈抚，以奠灾黎。应如何移民就食并著妥筹办理，务当源源接济，毋任流离失所，钦此。复准户部翰电，奉旨发奉省赈银三十万两希即出具文领派员赴部承领等因。现值两战国逼近省垣，且恐道路阻隔，致滋意外。应由户部先发十万两，余俟再行请领。本大臣查此次部拨三十万两先运十万两，原系赈济难民要需。惟当东省有事之秋，

---

① 应系"奉天将军"之误。

外人不知底蕴,窃恐或多误会。曾函致日本驻津领事,兹准复称,运银赴东关系甚重,惟既系户部拨发,应由户部知照敝国驻京公使转达前途,免致误会等因,咨部查核办理前来。查奉省赈济需款甚急,惟恐前途稍有阻隔,应请贵部转行日本驻京大臣。其俄国驻京大臣应否一并知照,统祈酌核办理可也。

光绪三十一年二月十九日发日本内田公使照会一件
奉天委员王立全领解赈款饬兵队放行由

光绪三十一年二月十九日发日本国公使内田康哉照会称:光绪三十一年二月十七日准奉天委员李席珍等禀称,职道等遵奉盛京将军增札委,请领恩赏奉天办赈银三十万两并江苏、四川协赈银五万两。兹已领齐,由委员王立全先将一批银十五万两解放奉天,请发给护照等因。查此项银两系为奉省办赈之用,除由本部缮就护照一纸,送请贵大臣签字交还发给该委员收执外,相应照会贵大臣转达贵国军政官,饬知沿途驻扎兵队查照放行可也。

光绪三十一年二月二十一日收日本内田公使照会一件
奉天委员李席珍解赈款护照已签字交陶观察并饬知各军队由

光绪三十一年二月二十一日收日本国公使内田康哉照会称:照得接准光绪三十一年二月十八日贵部文称,奉天委员李席珍奉盛京将军札饬,领收恩赏奉天办赈银三十万两并江苏、四川协赈银五万两,兹将第一批十五万两饬委员王立全解赴奉天,禀请发给护照前来。兹将应行发给护照送至贵大臣处,请为查明签押缴回,以便交付该委员,并请知会沿途贵国军政官,毋加留阻,以便畅行等因前来,本大臣俱已知悉。该护照已由本大臣签字交付陶观察外,

并电请本国政府饬知该赈银经过各处之军队可也。为此备文照
复,请烦查照。

光绪三十一年三月十七日收军机处交抄片奏一件
增祺等奏驿巡道王颐勋赴锦办赈请以孙葆瑨暂护道篆一片奉朱批
该部知道钦此

　　光绪三十一年三月十七日收军机处交抄增祺等片奏称:再,
查日军到省,俄人北退,城内商民安靖如常,业经会同电达外务部
代奏在案。其四乡经战地方渐就平定,节届清明,自应资遣难民及
早归耕。其侨寓省城者,已由奴才等督率筹济局员逐户清查,酌给
房价、牛价、籽种、口粮,俾得及时东作。其西路新民、锦州各府属
难民,亦应一体派员资遣。惟事重款巨,拟委监司大员,方足以昭
慎重。现经奴才等会派奉天驿巡道王颐勋前往筹办,第往返周历,
非数月不能竣事,道署事务繁要,不可一日乏员。查有候补知府孙
葆瑨,练达有为,现办省城交涉,措置裕如,堪以委派就近暂护道
篆,以专责成而资臂助。除分檄饬遵并咨部查照外,理合附片陈
明,伏乞圣鉴训示。谨奏。光绪三十一年三月十七日奉朱批:该
部知道,钦此。

光绪三十一年四月十一日收署盛京将军函一件
详述各属被灾情形及领表造册由

　　光绪三十一年四月十一日收署盛京将军函称:承准三月十四
日赐书,仰荷指示周详,莫名感佩。新民设立军务署一案,月前屡
以北洋虞电及日使答复大部之语催令速撤,其意始终坚执,颇不谓
然。不问彼能否转圜,在我不可不自顾地位,仍当随时与之磋议,

请释厪系。俄队向不安静，又在溃败之后，加以通事与所招华匪相助为虐，淫凶残暴，殆不堪言。撄其锋者，不止旧门一乡傅玉廷等十五人已也。业将各属禀报先后电陈聪听。第电文简略，每不详尽，且间有未及电达之处，兹将各禀钞呈冰案，敬备钧核。此外，昌图于三月十九日有城外五台子之战，炮弹直入郡街，轰毙男妇数名，伤者十余人。幸仅围攻一日，城内尚未甚损。刻下北路大军均相持于府界之金家屯、八面城一带，其在东北路者则相持于西丰所属之大青杨、梨树河一带。惟两战国均恐漏泄军事，稽查严切。该文武多不敢具禀，即禀亦不敢罄言，往往派弁来省面诉，或另以私函辗转禀达。是以三月十五日所上大部删电谓据海龙府孙寿昌、总管依凌阿专差面禀，盖并无公牍（牒）也。兹就各该处所禀及所传述情形相比较，大约海龙、西丰、西安三城最重，昌图次之，奉化又次之。然奉化尚在未经战事，昌图亦仅经过一半。将来究竟何似，尚难预必。廷杰处兹时局，补救无方，清夜以思，难安寝馈。惟有飞饬各该府县相机维挽，勉力护持，务使难民不至流离，以期战过之后易于复业，未审能如所望否。各属损伤民命财产册报，多不如式，且未分晰某国所损，是仍无凭索偿。刻又通札严催，并一面饬造清册，一面随札颁发表式，令其照式填写，俾归一律而免错误。将来一俟某属先报，即将某属先咨。刻既未据查明，应请暂缓咨送。至省城资遣难民，业已将次蒇事，所余无几。近并商妥日军政署，由彼拨派宪兵二十名驻城西南适中之地，共五处，每处驻扎宪兵四名。另由营务处选派马队五十名，每处驻扎十名。彼此逐日往来，梭巡会哨。遇有日兵滋扰，由宪兵随时约束。如有盗贼窃发，由马队设法缉拿。倘匪众兵单，即由该马队知会附近中日各防队，一体协力剿办。并随时密派委员分路稽查，以防疏懈。从此照常耕作,不误农时,差堪仰慰苤怀于万一。专此肃覆计呈清折十扣。

附录会禀

日俄两军进退抚顺日期由

再,正封函间,适接通化秋令放回禀报,合将原禀抄呈钧察计续呈清折一扣。

照抄本年二月初十日接到抚顺路记吉祥同该城防御德祥等会禀。敬禀者:窃查抚顺于二月初三、四两日,俄军大队由南撤来,城内民心惶恐,搬逃窜者不可胜计。职等即同领催兵等竭力安慰,诚难止遏。忽于初四日未刻,俄军陆续出城,屯伏山北,临行将伊堆集粮草木植纵火。正逢南风大作,火势愈猛,延烧民房三处。无如俄兵乘间抢掠,大小铺商现在已空,并打死居民男妇二名口。职等率领委官催兵等正在捕灭余烬时,而俄兵窥见四旗公缺委官李英魁救火奋勇,用枪打伤殒命,深堪悯恻。是时日军进城,职等迎接。于初五卯刻,日军登城,俄军傍山,两国交战,枪炮互施,又将居民男妇三名口均被枪炮流子毙命。约至申刻,俄军败退,日军回城。初六日,全队出城北逐俄兵去讫,仅留日官数员,仍旧占踞衙署以及官兵民宅。惟伊队兵自南北往络绎不绝,强住民宅,翻取商民余物不休。职等正在出示晓谕,安慰民心间,即有日官川将军进城见面,商办安民之意,伊即出示,现在民情稍安。职等自宜详慎办理,以副宪台和睦中外、保卫地方之意。所有日俄两军进退抚顺日期,理合肃具禀闻,虔请钧安,伏乞垂鉴。职吉祥等谨禀。

附录兴京协领等会禀

俄兵驻境滋扰情形由

照抄本年二月十六日接到兴京蓝翎协领毓瑛、监理书院绅董举人李法宸会禀。敬禀者:为会衔禀明事。窃查兴城自去岁正月十四日俄军强占衙署、各旗官厅、书院房间,并本城充差不过数十名,前经职瑛禀明在案。惟今于二月十一日吃紧,风闻欲将阖城房间尽数焚毁。职等赶紧向俄员豆思兑米力各林诉以空城伊等驻居一年有余,何忍焚毁?豆思兑声称,粮台甚多,不易搬移。职等向其苦言,竟自置之不理。于十二日寅刻,将所堆粮草之处一齐焚毁,将书院房间并民房共有八九十间①。职等视火起之时,意欲前往就(救)护,彼因施放枪支,持刀乱砍死不知姓名四五名,容俟稍安查明,另文呈报外,理合将焚毁房间、杀死人命大概之缘由先行禀闻,虔请钧安。

照抄本年三月初一日接到署通化知县秋桐孚来禀。敬禀者:窃自去冬以来,俄队驻境者恒有百余人。其平时采办粮草或为设拨,每有在乡奸淫抢掠乡捐之事,乡民饮恨尤深。然此等匪徒藉势欺凌,罔知大体。卑职诚恐激成民变,随与李总巡遴派干弁,分赴各保劝谕乡牌妥为弹压,随时排解,幸无他虞。及今年春间,两军战事吃紧,由怀仁败回俄队及随来匪类不少。彼时约计在境已不下三四百人,满街滋闹,交涉日繁。正在万难设措之际,旋于二月十二日夜九点钟,从县属西路突来日木(本)军队五六百名。而在境俄军及所招匪类先期闻信,由东路逃走。日军到后,因俄人北窜,遂将其木植公司房间焚毁,存粮当饬就地贫民分散。次日十一点钟,拔队仍由原路返回,约束甚严,秋毫不犯,绝无惊扰之处。不期日军走后,十月十六日,俄人败军从西路忽来马步队三四百名。十七,俄统领马大力多夫又带败队马步三四千人到城,称有五六千人,虚张声势,分占铺户房房②,勒令铺商供应食用、草料。并逼

---

① 此处疑有脱漏。
② 此字疑为"间"或"屋"字之误。

卑职与李总巡包补贫民分散粮草以及日本军队所烧本(木)植公司房间,统限一日内均须办齐,否则给洋银一万元以抵赔修房价。此外,又逼卑职与李总巡出具日本军队到城烧房情形印文,并要骑马三十匹、大车十五辆。种种刁难,毫不讲理。至十九日八点钟,该败队误闻传言,自相惊骇,马大力多夫忽然拔队北走。因以上刁难各节,卑职与李总巡仅为出具印文一纸,其余并未照办。马大力多夫留后队数百人,满街沿门搜索牲口,先将卑署与李总巡营内骑马概行搜去,又牵民户骡马牛驴,不计其数。犹未足意,复入卑署各屋搜翻,并将卑职围住,逼要洋银一千圆,持枪当胸,以刀加颈,并欲纵火烧房,百般恐吓,非给不可。不得已,当由铺商如数措交,始肯散去。临行时,又抢铺商谦泰润、聚源当等各家财物,并拿就地商民二百余人扛送电线。卑职派人随后查探,该败军大队已过北冈,赴柳河而去。现在境内并无俄人,地方安谧。伏查俄人强拉牛马,不独此次。败队到境,城内被其搜索一空。即平日过往俄兵及所招华队强拉民间牲口,不知凡几。现值东作方兴,乡民无力购买,可否酌量资助,以示体恤之处,卑职未敢擅便。除将被掳牲口之家俟查明数目另行详报并分禀兼宪、抚宪暨本道、本厅外,所有日本军队到境、出境各日期及俄队退走滋扰,应否资助情形,理合禀请宪台鉴核示遵,实为公便。再,今日探回,俄队退走在柳河界内小城子护守粮台,或云将粮卖尽,即须北窜,合并声明。肃此具禀,恭请勋安,伏乞垂鉴。卑职桐孚谨禀。

照抄本年三月初七日接到西丰县德凯来禀。敬禀者:窃卑职前因俄兵购粮劝阻未允,禀请照会在案,一面仍设法力阻。俄兵于二月初十日出境。讵本月十六日因铁开一带俄兵北败,纷纷来县,驻扎城外四面山头,约有千余人。四乡亦有俄兵滋扰,甚有奸抢杀人报者两案，未报当亦不免。目前俄兵分布东西各围，海龙较多，往来不绝。兵、团不敢持枪，盗贼因而四起。小民既受兵灾，又遭盗劫，困苦不堪言状。惟关厢内外尚称安静，劝谕乡民入城避难，设法安抚赈济，以免流离失所。卑职为俄兵扰民，日与俄官辩论，或允查禁，或诿不知，其势汹汹，殊难理喻。访闻日兵已分股进围，相距不过数十里，不久必有战事。卑职惟有恪守中立，妥为办理。除随时禀报外，理合将俄兵驻境滋扰情形禀报宪台查核。再，此禀因道路搜查甚严，特用信纸书写，以便藏带，又不便多带，故不分禀，合并声明。此具禀，敬请钧安，伏乞垂鉴。卑职德凯谨禀。

附录大围场统巡等会禀
俄兵驻境扰害情形由

照抄本年三月十三日接到大围场统巡瑞禄、西丰县知县德凯会禀。敬密禀者：窃查俄兵驻境情形，业经卑职德凯专差密禀在案。兹查俄兵除前在城外山头驻扎千余外，复添数百名，占居城外民房，而四乡之俄兵诸多扰害。近日县属榆树沟居民李学孔家因俄兵通事强奸杀人，激于义忿，立时杀死俄兵通事各一名。俄兵复杀死李姓等三名，并烧毁居民房屋十七家。职等随时赴俄营理论力阻，俄武弁不谙情理，置若罔闻。乡村之柴草牛马，俄兵亦任意携取，小民困苦不堪。惟城内尚称安静，职等会同出示劝谕乡民入城避难，一面预觅闲房，设法安置，并饬抚济局查明穷苦贫民与外来难民，一律赈济。除李学孔一案详细情形，卑职德凯另行禀报外，理合将俄兵驻境扰害情形禀报宪台查核。再，此禀因沿途搜查甚严，特用信纸缮写，以便藏带，又不便多带，故不分禀，合并声明。肃此密禀，敬请钧安，伏乞垂鉴。

附录大围场统巡瑞禄禀
俄兵入境滋扰盗贼肆起由

照抄本年三月十三日接到大围场统巡瑞禄来禀。敬禀者：窃查俄兵入境地方不靖，业将大概情形会同西丰县德令禀报在案。伏查两军战过铁开，俄队退拒威远堡门外，由二道河子取道往赴吉省，或窜入各围，车马拥挤，络绎不绝，以致道途梗塞，十数日间文报不通。经职密饬弁兵采择道路，绕越俄卡，另设马拨，递送往来公文。近日以来，西丰驻扎马步俄队不下二千余人，均在城外倚山拒守，昼来夜去，飘忽靡定，占居民房，肆行滋扰。各围各乡，俄兵往来，索要柴草，换夺马牛，扰害多端，言之发指。乡村四外，淫掠烧杀之案迭见层出。虽经会同地方屡次往见俄员，力行阻止，彼族抗不为理，置若罔闻。而今之交涉，迥非未战之先，尚能理论。掏鹿四面均设俄卡，或十数里，或二三十里，远近不等。惟城西设卡戒备甚严，盘诘行人，不容经过，往往视作奸细，绑拷非刑。由西而东者，尚可放行。现于城内不甚扰害。近闻俄招华队溃散二百余人逃拐枪械号衣，纠集匪类，在围场沿边一带暨清河沟地方分股窜扰，均在两军设卡左近乘隙抢劫，明知兵力不到，隐然以俄为护符。经职与西丰县德令凯面商，俄员在吉奉连界之二道河、松树嘴一带派兵堵御，俄员再四不允，甚至舌敝唇焦，不免心生疑忌，交涉事件尤形掣肘。倘彼族不退，缉捕盗贼限于阻碍，无所施其力。猥以职管辖营队有巡缉贼匪、清理地面之责，现已分饬所部各营，一体加意防堵，小心保护，相机设法，妥为布置，以期上副宪廑。除分禀外，理合将俄兵入境滋扰盗贼肆起大概情形据实禀陈。专肃，敬请钧安。

附录营务处来文
俄兵淫掠烧杀由

照抄本年三月二十四日接到督辕营务处来文。为呈请事。窃职处于光绪三十一年三月二十一日准瑞统领禄移称,兹据西丰总巡傅岐标呈称,窃于本年三月初三日据职营驻扎十八道背围、凉水泉子右哨正巡长胡万昌报称,巡长自抵防所,因时事多艰,按日轮派什兵四路探访以防伏莽。于二月三十日巡长赴掏鹿底营领饷回归,途间传闻有俄兵二十余名在防境夹荒沟地方烧杀乡民。到防后,询知头队正兵潘得胜出探未归,上紧寻觅,始闻附近乡民传说,是日午前突来俄兵四五名,在夹荒沟里陈姓家强拉牛只。陈姓情急,手持扎枪与之争拒,误伤俄兵胳膊,当被同来俄兵开放快枪,将陈姓击毙。俄兵去后,报知十八道背围保正陈殿文、练长于得水,带领乡民十余人,途遇队兵潘得胜,极力邀其同往验看。方至陈姓院内,不料复来俄官一员,带兵二十余名,将该兵与保正、练长等十余人围于院内,不问皂白,开枪环击。仅逃出王姓年老者一名、徐姓幼童一名,其余十几人同时殒命。俄兵复将尸骸堆积,纵火焚烧,附近房屋俱成灰烬。仍有俄兵遥相瞭望,不容华民上前看视。该兵与保正等所骑马匹均被掠去,号衣、战裙势必同毁于火等情,呈报前来。职据报之间,恐有起衅别情,未敢冒昧具报,当经札派左哨正巡长侍凤岐前往详查,务得确切。旋于三月初九日据该巡长呈复,所查情形与胡巡长原报大致相同。惟焚毁尸骸之后,俄兵又在夹荒沟外枪毙更料围王姓乡约一名,原报未及详叙等情。职查俄军在境处处设卡,不但递送文报时有阻拦,购买日用柴米亦多窒碍。该兵潘得胜虽非死于战阵,溯其致死之由,究属因公,尤可惨悯。可否呈请量予体恤,并照会俄国统兵大员,禁止该军嗣后勿再残忍之处,职未便擅拟。除移知西丰县备案外,所有右哨正兵潘得胜被俄兵击毙各缘由,理合具文呈报鉴核等情。据此,查客军入围,到处窜扰,飘忽靡常,在防兵勇不免启其疑忌,窒碍多端。道途阻滞,甚至淫掠杀烧,扰害地面。该兵潘得胜在防出探,竟遇俄兵枪毙焚尸,殊堪怜悯。可否转请赏恤,以慰幽魂而示体恤之处,相应备文,移请转详等因。准此,理合具文转请,伏乞宪台查核示遵施行。

附录兴京同知禀

俄兵掠去通化县令由

照抄本年三月二十六日接到署兴京同知孙长青来禀。敬禀者:窃于三月二十二日风闻通化县城被俄兵攻入,将该县秋令桐孚带走,并有砸毁封屋,释放人犯及烧毁街铺房屋各情,卑职随即饬役飞往查探。去后,兹于二十三日午刻据通化县巡检管典史事王毓川禀称,窃查日本军队曾于光绪三十一年三月初三日以后陆续抵境。至是月十八日,日队仍由西路撤去,仅留所招华队一二百名并日官几员在县驻扎。十九日,由县属东北路窜来俄队与日军接仗,相持一日之久。至是日酉刻罢战,俄队进城,逼令堂宪开放押犯四名。堂宪与卑职再三恳求,坚执不允,竟将押犯李家基、王学保、申桐、张凤山一并要去,并烧毁铺户谦泰润等十数家。至二十日早上,复有俄队十余名进署,将堂宪与卑职带赴本街店内看守,一面留队在各屋搜翻枪械。诘其因何在店看守,称因县属东北路有身穿号衣乡勇向其拒敌。堂宪与卑职即称县属山深林密,胡匪极多,时有假穿号衣肆行劫掠等事。况以我国按守中立之例,避之不遑,焉敢与敌?向之辩论多时,并经李总巡景明及本街铺牌央求,始将卑职放回,堂宪非带走不可。即于是日午刻带往北去,尚留有俄队数百名在县街驻扎。卑职查县属任重事繁,现在堂宪已被俄队带走,此时县署诸事,卑职自当与李总巡暂为经理。惟有仰恳宪台如何设法,能将堂宪速行释回,俾得经理诸事,卑职幸甚,商民幸甚。除押犯李家基等四名俟查明案由另行具报暨径禀督、抚、道宪外，理合禀请宪台查核示遵，实为公便。再，堂宪带赴何处，俟查有确耗，再行禀闻。正在缮禀间，即于二十日申刻突来俄队多名，砸坏封屋门墙，将押犯尽数开放，刑房案卷全行搜去焚烧，暨将户房所存款项掠去若干。因时出仓猝，未悉细数。俟查明再行具报，合并声明等情。据此，卑职阅禀之下，即唤来差面问情形，与所禀相符。并称俄兵来约四五百名，并有所招华队数十名在内，大约秋令被俄带往孤山子一带而去，二十二日早间俄兵全退，下午途遇日兵大队，陆续开往通化县城等语。卑职刻已另派兵役前往确查秋令下落，一面批饬该典史会同李总巡暂将地方事务妥为弹压料理，以安人心，并俟查探情形随时另禀外，理合飞禀督帅鉴核示遵。肃泐，恭请勋安，伏乞垂鉴。分禀兼宪、抚宪外。卑职长青谨禀。

附录奉化县禀

俄员索要盗犯由

照抄本年三月二十七日接到署奉化县知县徐之庆来禀。敬禀者：窃卑县获贼王九青即红胜，讯认纠伙迭次绑抢，并拒毙官弁兵丁一案，因供出事主多在府界，具文详查。讵有俄员设词索要，当经卑职据理力拒，并将办理情形禀陈宪鉴。嗣于三十一年正月初九日接奉本府札覆，以传讯王九青供出各事主，或则年月不符，或则赃数互异；检查胡营官被拒身故原案，其间接仗拒捕情形，亦与犯供不符，饬再研讯确情究办等因。正在提讯间，即奉宪台批饬提犯讯办。下县遵即饬提王九青到案，详加研讯。讵该犯恃有俄人护庇，顿翻前供。连日提讯，狡展异常。嗣因闱门考试，未克提讯。迨试事完竣，又值俄兵北退，乡民纷纷进城，逐日安插难民，筹办抚恤。并因俄兵在乡焚毁房屋，滋扰殊甚，乡民赴县喊控，日数十起，复向俄员往返商办禁止,无暇顾及。十四日下午时分,卑职因地方交涉,往向武廓米萨尔帮办聂克留廓夫议办,该俄员又向索要红胜,当复力辞峻拒。该俄员假意挽留,一面暗令队兵数十名来署打闹强要。卑职据报后,立即驰回查看,见该俄兵已经闯进班房,殴闹看役,将封门销头拧落,势甚汹涌,封内各犯亦鼎沸异常。当此时势,因恐封内各犯或有疏脱,负疚更深。无法,只得任将王九青一犯带走,当复向聂俄员及驻扎奉化第二队将军高辩索再三,竟难理喻。窃思王九青一犯多年巨盗,罪不容诛,如一旦漏网,势必匪胆更张,作恶无忌,为害商民,伊于胡底。除再由卑职照会俄员,力向索要外,合亟禀请将军查核,迅赐照会俄员,将犯交还惩办,免至倖脱。再,卑职办理不善,咎实难辞,恳请宪台照例参办。至县属商民陡被兵灾,受害实甚。在初时,卑职顾念斯民,低词下气,向彼商酌,尚有允许。今则两相决裂,该俄员竟故弛禁令,任兵滋扰,商办无从,禁止乏术。念彼若许商民受此荼毒,实属难安寝馈,尚乞宪台俯念地方为重,迅赐檄委贤员来此接署。在素无芥蒂者,庶遇事易于商办。卑职为保卫商民起见,非敢畏难苟安,想我宪台洞烛千里,必能谅此苦衷,俯如所请也。肃此具禀,恭请勋安,伏乞垂鉴。卑职之庆谨禀。

附录胡委员面禀

俄兵经过各地面情形由

照抄本年三月二十九日据北路统巡差遣委员胡士荣来所陈地面情形各条。

一、八面城地方现驻俄队一万余人,马、步、炮均有,领队官为莫斯拉夫。

一、大窪噶尔辖宝力屯、金家屯一带驻俄队一万余人,均是马队,领队官为米什克。此军多系西夏、蒙古,打仗不顾生死,惟性情过顽,骚扰地面太甚,以大洼各屯系由八面城赴法库通衢。

一、本月十九日由奉化县发俄队五万许,因仅由八面城路过,其步炮各队若干未知的确。此军系发往金家屯一带攻打小塔子地方敌人者。

一、四平街鴛鸯树、二十家子一带驻俄队二万余人,此军系攻昌图府敌人者。以上各军均是前敌,由二月间至今已打仗数次,未分胜负,奈地面受害不堪。

一、奉化、怀德两县迤至公主岭一带,听说驻俄队不下二十万人。因怀德暨公主岭距八面城道路稍远,难知的确。此为俄之后路,其统帅为李也维气,现驻奉化。此俄国铁路以西之军情也。

一、昌图府小塔子、兴隆泉一带均是日本前敌,至兵数虚实未知的确。

一、现在八面城左近居民均已纷纷逃避。八面城本街约有四万余,其怀、奉亦然。若两国相持日久,各屯地亩必难耕种。而胡匪又觊觎肆扰,我队被俄所阻,不准出街。目下掣肘情形,难以尽陈。

一、卑委员于本月二十日奉统巡恒玉派委,由八面城来省。二十一日行至距昌图二十里平台地方,被日人疑为俄探,押解进昌扣留两日放行,将随带领子母公文一角强为留下,此系日官长谷川所留。理合声明,伏乞鉴核。

附录通化县禀

被俄兵掠去放回时地方已蹂躏不堪由

照抄本年四月初五日接到通化县知县秋桐孚来禀。敬禀者:窃查前于二月十九日俄军北窜,大肆掳掠,此系初次骚扰情形,业经禀报,谅蒙鉴察。嗣于三月初间,日本所招义军去而复回。至三月十二日,日本武官小山尚成又督日本步队千数人前来卑县防堵,人心为之安稳。十八日辰刻,小山尚成忽然撤队南行,据称赴怀。卑职因其军情要事,未敢挽留。其时留通驻扎仅有所招义军不足五百人,各处分布,兵势较单。讵料日军走后,俄军大队即于是日午后由县属东北两路进兵攻击,义军寡不敌众,旋退。俄军即于十九日傍晚攻进县街,纵火烧房,延及铺户十余家。迨枪声绝止,卑职与李总巡等先后前往救火,一面安排俄军。而彼需索草料,并要马匹,刻不容缓。时在黑夜,彼又处处设卡,不容出入,办理甚为掣肘。二十日早,俄员突入县属,将卑职与王巡检叫去,初不知为何事。带至东大街俄兵住处看守,亦不容与带兵员弁相见,并不能分判一语。彼凶横至此,究为何事,殊属茫然。后经商民人等再三哀求,始将王巡检放出,将卑职派队带走,两日夜始到柳河孤山子地方。因俄军大营在彼驻扎,故不前进。是役也,枵腹徒行,拖泥带水,崎岖黑夜,凶险异常。卑职系赢弱之躯,经此苦楚,不堪言状。到孤山子后,与俄统领马大力多夫相见,询问卑县有何项兵队,若干名数,并问卑职为何与日本军队办车四十五辆,将其故兵坟前十字木架毁坏。卑职答以县属只有巡捕二百四十人,所穿号褂系红色白月坎,分防各处,专司缉捕,另有亲军队,现在仅存十数名,专为递送文件,所穿号衣系青色红镶边白月坎,此外并无别项兵队。至于日军临行时所用之车四十五辆,系由怀仁日军自雇而来,并非通化雇给。而通化民间牲口已被搜索一空,雇车甚难,何况四十五辆之多!并无此事,切弗轻信传言。又如故兵坟前木架固当保护,但两军接仗,偶然损毁,原非意料所及,何能归过于保护不周!次日,该统领复加盘问,卑职仍以前言对答,并以日俄战事,我国遵守局外,而卑县东道之谊,平时往来未尝欹缺,何竟虐待如斯!与之反复辩论,该统领方知其带兵将弁办事荒唐,自知理亏,颇有愧悔之意,遂将卑职放回。临行时,该统领备车相送。卑职因闻日军临境,用其车辆,恐有阻隔不便之处,故自行设法回来,于二十四日抵署。岂知卑职被若辈带走后,俄员督率队兵复入卑署,劫放封犯,烧毁命盗各项案卷,纵兵搜掠房存公款,并入内外各屋搜取枪械。甚欲纵火焚烧衙署,经李总巡及阖署人等向其跪求,一再吁恳,方肯免烧。至民铺户,无一不被其扰害房(掳)掠,且有奸淫之事。似此忍心妄为,实属暗无天日。此层情节,马大力多夫相隔较远,恐难知觉。卑职回署后,方□^①底里,业经王巡检禀报在案。伏查两国交战,我国既守中立之例,自应各不相干,两无侵扰。乃俄国兵弁竟敢恣意暴戾,虐害官民,均属违犯条约。惟有仰恳宪台咨请外务部,存案会议追赔。除将劫放在押命盗各案人犯名数及被掠公款暨商民被灾各户,统俟详细查明,另行造册具报,暨分禀兼宪、抚宪、本道、本厅外,理合禀请宪台查核示遵,实为公便。再,此次日本军队系本月二十二日到通,俄军先期一日撤退,仍回柳界,合并声明。肃此具禀,恭请勋安,伏乞垂鉴。卑职桐孚谨禀。

附录通化县附禀

俄兵为难均系通事及招匪所唆使由

敬附禀者:窃查此次俄队攻入县城,与卑职为难,或云官兵向其拒敌,或云乡勇与之对垒,有号衣可证,此皆出诸通事与俄招华队之口。而督队到境,俄弁未与卑职交接一语,即卑职与俄统领马大力多夫相见,并未提及此事,亦无号衣作证。卑职回署后访查各

---

① 此处空缺一字,或为"知""悉"之类。

保乡牌，委无拒敌之事，其为俄招华队捏造蜚语，不问可知。乃督队俄员不察是非，竟敢行此暴戾，诚出情理之外。卑职忖度情形，俄人所招华队前在县属各保恣意扰害，迭经惩办，因而挟恨者在所不免。卑职以事涉无妄，不便形诸公牍，故于正禀内删除，以免冗杂。再，在押之李家基等四犯系卑职走后经俄员一并劫放，王巡检前禀错误。用特附禀陈明，载叩勋安，伏乞垂察。卑职桐孚谨禀。

光绪三十一年四月二十三日发日本内田使照会一件
照会日本内田公使奉天委员孙规良等领解赈款转饬放行由

　　光绪三十一年四月二十三日发日本内田使照会称：奉天请领办赈银两事，前经委员王立全领解第一批银十五万两，由本部缮照，于本年二月十九日送请签字，并饬放行在案。兹该省候补府经孙规良、笔帖式文兴等领解第二批赈银二十万两前往奉天，以为办赈之用。相应再缮护照一纸，照请贵大臣签字交还，并请转达贵国军政官，饬知沿途驻扎兵队查照放行可也。

光绪三十一年四月二十五日收日本内田使照会一件
府经孙良规（规良）等护照盖印即送还并电司令官转饬军队勿阻由

　　光绪三十一年四月二十五日收日本内田使照会称：接准四月二十三日贵部文称，此次派委奉天候补府经历孙规良、笔帖式文兴解送赈济奉天难民银二十万两，兹将发给该员等护照送至贵大臣处请为盖印作凭，并请发回以便交附（付）该员，并请知会贵国军政官札饬沿途军队放行勿阻为盼等因前来，本大臣俱已知悉。兹将该护照盖印作凭，送还大部，即请查收，并为电达敝国司令官，转饬沿途军队矣。为此备文照复,请烦查照。

光绪三十一年七月二十一日收吉林将军文一件密件
具奏战事迫近民不聊生派员设局急赈由

光绪三十一年七月二十一日收吉林将军文称:窃照本署将军、副都统于光绪三十一年五月二十四日恭折具奏为战事逼近民不聊生派员设局急筹赈济等因一折,除俟奉到朱批再行恭录咨呈外,相应钞粘原折,备文咨呈。为此合咨大部,请烦查核施行计钞粘原奏。

附抄件:

奏为日俄战事逼近,吉林凡有外兵经过占驻之处,民不聊生,颠沛流离,哀鸿遍野,拟急派员设局,妥筹赈济以资抚恤,恭折仰祈圣鉴事。窃吉林自庚子变乱以后,民生凋敝,物力艰难,元气大伤,日久未获苏息。讵上年俄日相争,战端忽起,惊疑危惧,民间又难安厥居然。战界距吉尚遥,不过戎马往来,附近铁道一带被其骚扰,迁徙(徙)逃亡,时有所闻。随饬各地方官设法安抚,尚不致大受损害。今则愈逼愈近,俄兵于二月初间自沈北败退,纷纷阑入吉境。所有威远堡边门以外,东迄伊通州,南抵奉天围荒,北至昌图府,周围千余里之间,无不为彼所占据。而长春府适当其前敌后路,屯扎之兵更较他处为尤多。而其枝队之游弋各处者,几于通省皆遍。所到之处,驱逐居民,拆毁房屋,粮草、牲畜悉遭攘夺,声言战地以内不准有人来往居住,非迫令远离而后已。即附近省城一带,亦皆挖壕修道,异常骚扰。节经奴才等与驻省武廓米萨尔索阔宁磋商,并照会其统帅李聂维赤、苦鲁巴金严行禁止,而彼仍我行我法,一味蛮横,难以情喻理遣。哀此小民,田地抛荒,资财尽失,有富户而顿成贫婆者,流离转从,惨不忍言。现在襁负相属,宛转道途,若不亟筹赈济,势必转乎沟壑,靡有孑遗。兹查有记名海关道江苏候补道宋春鳌,力果心精,善持大体;在籍绅士记名副都统候选道峻昌,慈祥恺悌,勇于任事,堪以派为总办,饬令妥定章程,设局开办。惟是地广人众,需用甚巨,帑藏久竭,筹款为难。当此疮痍满日(目)之时,捐无可捐。将欲告籴于邻封,而奉江两省自顾不遑,恐亦不能有所分润。将欲乞援于内省,而道路梗塞,文报不通,不特无从求助,抑且关河间阻,协款之来亦属缓不济急。惟有于本省司库及各局所悉力搜罗,先其所急,勉为借拨,并提各城仓存谷石应用。一俟道路疏通,由部请领专款归还。第本省应放捕盗兵饷亦待用孔殷,况涓滴之水恐有竭时,而来日方长,终虑后难为继。奴才等辗转筹思,殊深焦急。除容另行设法筹措,随时奏报并咨部查照外,所有战事逼近,民不聊生,派员设局,急筹赈济缘由,理合恭折具陈,伏乞皇太后、皇上圣鉴训示。谨奏。

调查东省损伤案

厅/司	科			类共计	件 编		
总事由	调查东省损伤案 　　光绪卅一年六月盛京将军函称饬查东省因战损伤拟分起办理由。						
年	月	日	收	发	某机关文	事　由	原件
							字 | 号
光绪卅一	六	二十二	收		盛京将军廷杰函	函复饬查东省因战损伤拟分起办理由	

光绪三十一年六月二十二日收署盛京将军函一件
函复饬查东省因战损伤拟分起办理由

光绪三十一年六月二十二日收署盛京将军廷杰函称：奉到钧示，以此次日俄战事东省城池衙署民命财产以及耕获失时，工商缀（辍）业，损伤甚多。现有议和消息，须预筹因应，饬即速催查明咨送并转达吉江两省等因，具见硕画精详，莫名钦佩。除西路中立地面无庸饬查外，其余因战损伤各属早经通饬确查。嗣后严檄饬催，迄未报齐，仅有承德、兴仁二属业经册报。南路之辽、海、盖、复，东路之凤、安、宽、岫均系战事已过之地，虽百姓流离尚未复业，然从前损失不难逐款清查。现又严檄赶紧查报，一俟报齐先行呈送。其北路之铁岭、开原、昌图、康平、奉化、怀德，东路之西安、西丰、东平、海龙、柳河、怀仁等处，均在战线以内。目前休战之期尚未议定，将来损失之数正难预查，只可逐渐查明续行呈送。似此分起办理，较为核实。至铁岭以北文报阻滞，已有数月。现在两军防诘加严，更形隔绝。吉江通信倍觉其难。惟兹事体重大，重以钧命，谨当设法绕越，分函转告，俾便一体清查，免致贻误。肃复。

救护海参崴各处华民案

厅/司		科			类共计	件	编	
总事由	救护海参崴各处华民案 　　光绪卅一年四月致俄使照会称海参崴委员离崴前往伯利所有旅崴华民之生命财产应归俄官切实保护，日使照复战事绕避吉江两省一节当报明本国政府，十月北洋大臣函报已调"海定"轮前往崴埠救护华民，俄使函称俄外部电开已饬总兵官设法急救在崴华民，北洋添派"爱仁"轮船前往，俄使亦允转饬照料，十一月海参崴委员李家鳌沥陈赈灾情形及接收商民失单请严追俄使索赔，俄使照称已达俄政府，又李委员禀称东省铁路条款各事由。							
年	月	日	收	发	某机关文	事　由	原件	
							字	号
光绪卅一	四	十六		发	俄国公使阔萨克福照会	海参崴委员前往伯利所有旅崴华民之生命财产应归俄官切实保护由		
		二十	收		日本公使内田康哉照会	战事延及吉江两省应设法绕避等情当报明本国政府由		

（续表）

年	月	日	收	发	某机关文	事　由	原件	
							字	号
	十	十八	收		北洋大臣函	海参崴乱事已调海定前往请告俄使俾得实行救护仍饬商务委员照料由		
			收		俄国公使璞科第函	海参崴有乱华民房屋被焚已电保护由		
		二十	收		俄国公使璞科第函	"海定"轮船前往海参崴照料华民已电知本国由		
		二十二	收		俄国公使璞科第函	已转致本国总司令官设法保护华民生命财产并称乱事已平无若各电报所称之大由		
		二十五	收		俄国公使璞科第函	已据本国外部电开已饬总兵官设法急救海参崴遇难华民由		
			收		北洋大臣袁世凯函	添派"爱仁"船赴海埠帮同海定救济华人由		
		二十八	收		俄国公使璞科第函	"爱仁"轮赴海参崴救济华民已饬崴埠舶船厅照料由		

（续表）

年	月	日	收	发	某机关文	事 由	原件	
							字	号
	十一	十九	收		海参崴委员 李家鳌函	沥陈赈灾情形及 接收商民失单请 严追俄使赔偿由		
		二十三	收		海参崴委员 李家鳌函	详述崴埠情形乞 抄送北洋大臣由		
	十二	初三	收		俄璞使照会	海参崴扰乱一事 驻崴委员代华商 索赔已达俄政 府由		
		十三	收		海参崴委员 李家鳌函	沥陈放赈索赔及 俄人扰乱情形由		
		二十八	收		海参崴委 员禀	东省铁路条陈乌 苏以南商令公议 各条及筹赈索赔 各节又英人枪毙 华人一案请示由		

光绪三十一年四月十六日发俄公使照会一件

海参崴委员前往伯利华民应归俄官保护由

光绪三十一年四月十六日发俄国公使阔萨克福照会称：光绪三十一年四月十五日准海参崴委员李家鏊电称，据管理海参崴炮台文员函催速离海参崴前往哈巴罗夫喀等语，是以商务停止，随员人等亦随同前往哈巴罗夫喀地方。现在海参崴地方之华民人等约一万五千名，均归俄国保护，请撤去委员保护海参崴华商之责任，俟行抵哈巴罗夫喀后再行接办，崴署官物均不能携带等因。本部现已电复该委员，准其离崴，俟抵哈巴罗夫喀再行接办。所有旅崴华民人等之生命财产，均归俄官切实保护，并将崴署官物妥为存储。相应照会贵署大臣查照，电达贵国政府可也。

光绪三十一年四月二十日收日本内田使照会一件

战事延及吉江两省应设法绕避等情当报明本国政府由

光绪三十一年四月二十日收日本内田使照会称：接准光绪三十一年四月十八日贵部文称，吉林境内战事方殷，将延及黑龙江省，所有该处城镇村邑，务请设法绕越，严禁兵丁骚扰，若于民命财产致有损害，应由交战国赔偿等情，据署理吉林将军及黑龙江将军详请照会贵大臣转为知会贵国总司令官为盼等因，本大臣俱已知悉。除俄国占领地方，凡贵国领土内不论何处，俄国果能贵国中立①，则敝国政府亦必尊重之。一切民命财产，军务所允许界内，亦必尊重保护。此于去年二月十七日第十号公文、九月十四日第五十八号公文、十月二十八日第六十九号公文均声明此事，毫无余

---

① 此处文理不通，但原文如此。

蕴,想亦贵王大臣所深知者也,姑不再述。但此次贵部照会之旨,当为报明本国政府可也。为此照复,请烦查照。

光绪三十一年十月十八日收北洋大臣函一件
海参崴乱事已调"海定"前往请告俄使俾得实行救护仍饬商务委员照料由

光绪三十一年十月十八日收北洋大臣袁世凯函称:昨奉钧函,以海参崴现有乱事,商令酌派商船前往救济华民等因。当以海参崴封冻较早,能否派船前往,先电询招商局酌复。兹据复称,该处目前尚可去船,惟闻口内外水雷甚多,船往殊形冒险,已调"海定"由营口回烟装足煤斤、食物,即日前往,恳由大部电饬李委员家鳌,俟船到妥为照料等语。查海参崴前为俄国封禁海口,现虽战事已解,而我派商船前往拯济华人民命财产,似应先由大部告明俄使,俾该船到后得以实行救护,仍祈一面电饬该处商务委员照料周妥,无任切祷。专此肃复。

光绪三十一年十月十八日收俄璞使函一件
海参崴有乱华民房屋被焚已电保护由

光绪三十一年十月十八日收俄国公使璞科第函称:接准来函,内称据商务委员电称,崴埠有乱,华民房屋多被焚毁等因前来。本大臣当即电知本国,该埠官员极力保护华人性命财产,相应函复贵王大臣查照可也。

光绪三十一年十月二十日收俄使函一件
"海定"轮船往海参崴照料华民已电知本国由

光绪三十一年十月二十日收俄国公使璞科第函称:顷接函

称,兹有招商局"海定"轮船前往海参崴照料该埠之华民,并请电知该埠本国官员,于该轮到口时加意照料等因前来。本大臣当即据前因,已经电知本国官员,相应函复贵王大臣查照可也。

光绪三十一年十月二十一日收俄璞使函一件
海参崴乱事已平由

光绪三十一年十月二十一日收俄国公使璞科第函称:查保护在海参崴所住华人民〔命〕财产一事,本大臣于本月十八、二十两日先后函知贵王大臣在案。兹准本国外务部大臣公爵兰电开,接准海参崴乱事之息,当经据中国出使俄国大臣所称,即转致本国总司令官设法保护华人民命财产,大概乱事已平,并无若各电报所称扰乱之大等因前来,相应函知贵王大臣查照可也。

光绪三十一年十月二十二日收俄璞使函一件
海参崴乱事已平华商各大行并无伤损由

光绪三十一年十月二十二日收俄国公使璞科第函称:查海参崴乱事一节,本大臣电知该埠巡抚。去后,兹据电复内开,本月十六、十七两日,在该埠滋生乱事,现已平靖,加力保护华人民命财产,华商各大行并无伤损各情前来。本大臣相应函知贵王大臣,以续前各函奉达可也。

光绪三十一年十月二十五日收俄璞使函一件
函达本国已饬该员设法急救海参崴遇难华民由

光绪三十一年十月二十五日收俄国公使璞科第函称:本大臣曾于本月二十一日函知贵王大臣,内称据本国外务大臣来电,已转致本国总司令官林,设法保护居住海参崴之华侨等因在案。顷接本国外部电开,据本国总司令官所称,已饬何拉师提其斯克及喀斯别库而总兵设法救急在海参崴之遇难华民等因前来。本大臣特据前因,续前各函,应行达知贵王大臣查照可也。

光绪三十一年十月二十五日收北洋大臣函一件
添派"爱仁"赴海埠救济华民由

光绪三十一年十月二十五日收北洋大臣袁世凯函称:接读本月二十三日钧函,以海参崴天气渐寒,华人房屋被毁,前派"海定"恐不敷救济,商令酌量添派等因,当经电饬招商局筹复。顷据电称,商局船少不敷应用,查"爱仁"船廿五日开赴烟台,惟有令其到烟卸载后驶赴海参崴救济华人,约计下月初二、三方能到崴等语。现既添派"爱仁",与"海定"先后驶往救济,当可得力。应请大部仍电饬驻崴李委员转知该处俄官并妥为照料,至切盼祷。专此肃复。

光绪三十一年十月二十八日收俄璞使函一件
已电致崴埠照料"爱仁"船由

光绪三十一年十月二十八日收俄国公使璞科第函称:昨准函称,现添派"爱仁"轮船赴海参崴救济遇难华民,再行函请电饬一体照料等因,本大臣当经据前因电致崴埠之舶船厅矣,相应函复贵王大臣查照可也。

光绪三十一年十一月十九日收海参崴委员函一件
沥陈赈灾情形及接收商民失单请严追俄赔偿由

光绪三十一年十一月十九日收海参崴委员李家鳌致承参函

称：窃卑职于本月十四日晨亲赴孔氏洋行托转寄钧部五十七号禀，计邀宪览，赐复在途。旋邀同红十字会员及本廨随员等赴楚林洋行督发棉衣，或亲为解换，或温语开导，贫民咸欣然领换，尚少强项之处。惜耗时五点余钟，只发一百零二名。发毕，当承余善士督运破衣赴郊焚毁，免仍被检（捡）穿，致染瘟疫。午后回拜红十字总办，面申谢意。渠称，能请贵国政府一言申谢俄京总会，免会长疑我辈歧视华人。卑职告以此举果受惠异常，惟事太琐碎，不便劳及政府，一俟电通，当由家鳌电谢而别。

十五日晨，赴查灾会会议，仍力辩万不能许华人呈报所失现钱及房产不能按保险价核算。盖保险多寡例听客便，华人节俭成风，少保火险价者多。旋经公允，按公董局最近之期估价核算，并许灾户自请营造师，先行勘估焚余屋基，报会复核。一面或修理或改建，听灾户自便。惟现钱一项众口不允，无可如何。卑职回廨，当晓谕华民各按良心据实呈报，如会中不许赔偿，当将实有凭证者呈请钧部赐予索赔，不使向隅，以昭公道。午后，仍邀同红十字会员赴筹赈会筹办日行赈事。

十六日晨，仍拥挤收词，至午后三点钟力尽而却。四点钟，本段会员、道胜银行大班及华商义泰执事来廨开查究失单会，当将主会所交华商源顺成等号六单详为查究，或面询情由，或考察证据，或核对簿册，或约会赴勘，耗五钟之久，竟未能结一单，其难可知，更增愁闷。

十七日晨，卑职以递单人众，不克如期赴楚林行栈房督发绵衣，当派诸随员维锦邀同红十字会员前赴督发。因时届严寒，未使脱换，只每名发给绵袄裤、汗衫裤各一套，被褥单各一方，绵絮五磅，共发一百三十五名。回廨已响晚，其劳可知。晚督同华洋员检理昨办失单各稿,分别书写应传明日会议所需见证各人,并索各处证据,深夜未能毕,奈何!

十八日晨,商港总办来,出示海参崴日报,指称华工出口免验身票、医票一案,该报有论及崴抚容情于华民,擅将国帑入款妄为善政等因,嘱卑职代为申辩,当承允而别。因思俄国收取华人身票一案,本系不公之举,故卑职丁酉到差时即有呈请申辩改收之议,旋以交涉多故未成。现在俄政更章,按彼十月十七日国诏,巡抚确无权裁免验票之举。孰不知巡抚无权裁免华人身票、医票各费,则总督亦无权擅收客民身票之费。盖华韩人身票费系总督特权,非国律所许。华人身票一案,拟请钧部援彼十月十七日国诏,咨请俄使行文阿穆尔省治总督从速裁去。并请按照俄国通例,客民入国持本国身照赴本国所驻领事官或商务官商务委员既因炮台未成易名,则默许领事之权应践其实处呈报,并请代赴该省主国巡抚文案处换领身票,只须缴印花税票费八十戈比、警察印证费三十戈比,无须缴身票费五罗布,以昭公道。现在东海滨巡抚既被报馆訾议,则该管总督处议此案,必助我而成绝好机会,不愿错过,务请钧部从速施行,俾收实效。不但羁旅十余万咸沾德泽,即卑职数年之唇舌亦不枉费也。午后,查灾会员来廨公议失单,详核六件,约计原报二万四千,驳去六千。内二千五百因无证据可考,二千八百因系现钱,此二笔拟仍准报入华卷。四百系浮开造房费,华商义泰执事勘基时所驳。二百四十四系开明鸦片烟具违禁而驳,拟不准再入华卷,为违犯者警。汇阅以上情形,则知赔款非经钧部代索代发不能得其实,理合据情先报。

十九日晨,"爱仁"船主来廨索水索食,并称时届严寒,衣食未备,万难久泊。告以谣言日亟,实难放行。当代给五百罗布为添购食物之需,并许其代请招商局略为津贴,以补其亏。旋即四处商购食水,均以冰冻为辞,又赴水师提督处再三相恳,方允从速接济。午后赴会筹办日行赈事,并赴红十字会商请续赈汗衫裤被等,当承慨允凑足二千名之需,甚属可感。

二十日晨,查灾会会议。见会员详询黑毛国羁旅失单,一一点查,详加辩驳,竟难定案,不觉心为之惕。盖彼有证人,言之凿凿,犹未能允准,则华人之既无凭据,又无证人者,不知如何定案。午后,会员来瓣公议失单,查见广泰所开虽货色无差而价增过倍,当退还另报。再核福聚栈所开,更属糊涂。详查提单簿册五点钟之久,竟难得其实。其难如此,徒唤奈何。

二十一日晨,因礼拜,不收呈词,抽暇赴楚林栈房监放绵衣等物,连发五日,统计千人。当此严寒之际,咸深感盛德。旋赴粥厂一查,或食馒头,或饮米粥,或欣然谈笑,或匆促赴工,毫不知谣言日亟,命在呼吸间。欲告之而恐激变,欲隐之而不忍心,只告其若再有风波,可逃赴"爱仁"暂避。回道绕赴华商,略加指示。见一榅数户,拥挤非常,一纸经营,门庭如市。但知胡匪日有行劫,毫不知俄国内乱已成,现正新旧党祸,两不相下。旧党虽奉国诏而阳奉阴违,暗便愚民造言生事,格杀新党,乘间抢劫,其祸最烈,其患无穷。盖俄民愚闇者多,忠厚者众,误以国君赐其自由,即凡事皆能自由。孰不知有律可守,方能自由。今旧律不废,新律尚无,眉目焉得不乱?新党深知旧党顽固,不信国诏,联盟结会,动辄罢市,非立新政府不休,无异法国拿破仑后乱景象。数月来四处演说,动人心目,业已沿入军营。俄国素尚压制,兵丁入演说会听平等自由之议,即忘其忠君事上之谊,谓人已自由,何独我不能自由?于是竟成野蛮自由世界,或呈请放归,或坚索自由,或殴杀官长,或焚劫民产,种种不端,愈行愈妄。官所可恃者,惟喀萨克马兵①一种。而喀萨克民兵为数无多,易听怂恿,一经招致,为祸尤烈。盖喀萨克兵凶猛成性,甲于五洲,劫杀人产,尤其所长。故兵官中亦渐有入党之势。是晚,崴埠同盟联会成,兵官四百余人亦入会画押,如各行罢市无劫杀之事,彼亦不动军器。则各行罢市之祸,即在目前。或谓,后天俄皇命名之日,即有大举。我华民但知图利,必不能随之罢市,则国民必愤恨,勒令罢市。若随之罢市,则旧党必离间生财,乘间焚劫此党领袖业已到崴,入警察供职,颇有左右为难之势。为之领袖者,庸愚若卑职,亦无法使其万全也。拟明晨派员秘告商户,将赈册证凭汇送"爱仁"暂避,其财产只好付之天命。晚复崴巡抚文询华民所失财产实数,计十一月二十止经收失单四百四十二号,约计俄金三百五十九万有奇,尚在续收,须俟查灾会藏事,方有实数等因列洋文卷二千零二号,理合先行禀报。仍请钧部坚持先索五百万之数,以济眉急而免拖延,是所至祷。

二十二日晨,一面派员密告华商暂避"爱仁"各船,一面仍照常收词,并面告华商人等预防一切。旋赴查灾会,但见会员交头接耳,畏惧非常,无心开会议事。或称,崴镇业已核准驻防水陆各营每百名选举两名,归新党指示设会,公议官兵交接所需,并准不许官弁入会与议,以如兵愿而保太平。或称,旧党业已通匪,定于明晨教堂诵经时奉皇像出游街衢,藉端劫杀。种种谣言,莫衷一是。卑职亦即同廨检理案牍,遣员送"爱仁"暂避,一面出巡华市各街,安抚民心,总以保命为主。见大街商铺皆已塞向闭户,知有备无虞,回廨从公。晚率同洋员将急要公事办毕后,出街一探。知旧党

① 此处作"马兵",下文作"民兵",当有一处笔误。

祸首业经镇台逼令出境,兵丁会议并已改期,居民眷属咸避,商船安静如常,回廨就寝。

二十三日晨,一面派员将洋文案卷亦送"爱仁",一面派随员诸维锦出市安抚。是日因俄皇命名庆典,卑职循例赴教堂听经,但见满堂下等居户外,只官员一二人,非若他日节期之衣冠楚楚排立堂旁。旋亦出堂探访,或称镇台、巡抚等皆已避赴商船,即向例应列兵队颂贺大典之律,兵亦不出队,惟兵船数艘仍悬旗升炮致敬。或称因天风所致,或称大风保我太平,其愚可见。大街四五里,惟小饭店一家仍旧开市,当入餐避寒,同餐者竟无兵官一人,街衢之寂寞,向所未有。钟鸣十二,忽见水陆兵丁争前恐后,向西而去,竟无一人有酒容,始知非肇祸之兵,咸赴戏园不出钱而听戏者。此崴镇设善会演戏而弭祸患,其用心安抚,亦属可感。而旧党犹满口秽骂,此时为俄官者,实有左右为难之势,黑白难分,殊为眉皱。

二十四日晨,遣译生赴"爱仁"取案卷。"爱仁"停泊口角,风浪猛急,不能回,旋赴商港办公处,商将"爱仁"内泊,因风大未能如愿。午后,因水陆兵丁开会议事,出市安抚。见大铺有闭户者,惟负贩之徒仍设摊列市,当一一劝归,免散会时抢劫之虞。

二十五日晨,案卷取回,照常收词。"爱仁"船主率同坐舱来索食物、食水、炉火等,当遣员代购运船,惟食水甚难得,奈何。午后赴筹赈会会议,力请续发华商小户无息借款,因户多款巨,未能议准。而每日穷户挤廨,殊属可怜,不知前请道胜百万之款已承俄使允准否。华商日来问讯,逼为电请,电局仍未通行,徒唤奈何。

二十六日晨,哈尔滨避难员眷十余人来请代为觅寓觅船,当四面访讯,竟无容膝之处。幸系东省铁路人员,可暂住原车。午刻赴查灾会会议,主会以巡抚文催华民所失实数,甚急,先议卑职所定各案。虽众口称许，而仍有驳其无详单者。再三申辩，令华民开详单之难处，仍未能允洽而散。盖其故有数端：若会中信卑职准华人开华单，则律师书手等无生财之路，故在会律师咸哓哓置辩。此其一。会中贪鄙者多，咸愿入华段帮办查案，卑职婉言却之，挑取正派者数人，而彼以华事之难办为却，惟银行署理大班一人经卑职再三之请始允帮办，则贪鄙之徒怒于心而发于言。此其二。俄国向例，凡有案证，皆归警察给发。此次因卑职辩驳之猛，议准无须警察给证，则警察含怨，动辄为难。此其三。华商中有奸滑营利之徒，以此案悉归卑职办理，彼无乘时渔利之途，暗中造言播弄。此其四。会中华人除卑职外，只义泰执事张兆魁一人。该商既不知俄律，又不多①俄语，即华字亦所识无多，每冀用情敷衍。卑职恐碍大局，遇事阻当。彼性情豪爽，深惮烦恼。此其五。总之，此间俄官绅商通同我华奸商通事之辈鱼肉华民有素，此次经卑职入会办事，彼无利可图，弊绝风清，总非所愿。我华商遭此巨灾，再使浪费冤钱，实非卑职所能忍，尤非大局所能许。盖若不乘略有权势之时开化羁旅，改邪归正，则必至愈趋愈下，美国禁工之前车而后已。惟有仰恳钧部严催俄使从速赔款，使俄使转催崴抚，或冀事急查松，俾无辜被难华民早得赔款，重振旧业，为至祷。现卑廨仍在公忙，不克另禀北洋大臣袁，仍请饬吏录代送袁宫保察核，实为公便。

光绪三十一年十一月二十三日收海参崴委员函一件
详述崴埠情形乞抄送北洋〔由〕

　　光绪三十一年十一月二十三日收海参崴委员李家鳌致丞参函

---

① 原文如此。

称：窃卑职于十月初三日由伯利回崴，赁屋为难，暂居客店。积案丛多，咸来问讯。卑职才庸识短，应接不暇，至初九日始行电报钧部。廨①屋早承海部容情，迄未迁徙。夏五②崴埠被困，奉命迁避时，即交还海部驻兵。故此次回崴，必须另觅房屋。虽在伯利电商多处，均未成约。到崴后四处访觅，始赁得市街新屋四小间，月租二百罗布。本冀月内完工，得以迁入，不料巨祸猝临，该屋虽未被毁，门窗尽碎，又不知何日得以迁居。幸另租市屋两间，月租二百二十罗布，为随员人等办公之所，暂可栖止，否则客店焚尽，行将露宿。最奇者，寄存旧屋廨产搬运分别寄屯，不数日，该屋尽付一炬，惟有卑廨自树之旗杆独存，所寄同利号铺陈物件亦皆无恙，何托福若此！

崴埠自日俄和议画押颁行以来，商船毕集，商贾纷来。正兴高采烈之时，忽于十六日午刻兵变猝乱，卑职即出街规劝我华民闭门塞户，暂避烽烟。及至黄昏，但见火光四起，枪子横飞，顷刻间乱石击破廨户，即率同因事来廨之商民数人及随员、眷属人等，越墙躲避于俄友屋中，坐待天明，饥寒交迫，而枪声、喊声、啼声、吠声仍然不绝。转瞬之间，红光变为黑烟，手枪声变为排枪声，知律兵已到，即率同肄业生胞侄李宝堂持枪出巡。但见华市各街竟成一片焦土，或高墙矗立，或烟火迷漫，或啼哭奔逃，或横尸阗地，惨不胜言，笔难忍述。欲安抚之无术，问当道之无由。盖兵官躲避一空，文职易服潜逃。及至午刻，始见双城子所驻喀萨克马队到来，人心稍定。卑职四面绕道，欲见镇台，竟难如愿。不得已急电上陈，恳请

① 此字偏格书写，指李家整的办公场所，下同。
② 此处似脱一"月"字。

邸堂速派兵轮前①救护。自知躁妄之求，实属愤懑所致。因思我伤彼一命，彼即以兵轮恫吓；我拳匪扰乱，彼竟以兵队入城。今彼兵乱焚杀我华民七十命，伤毁我财产数百万，若不趁此恫吓，将何以泄我愤，复我仇？幸邸堂烛照几先，未许躁妄之请，得以转危为安。午后，承美国商员躬亲救护我眷属、随员人等至美船暂避，卑职得以息心安抚我华民。然亦手无寸铁，爱莫能助，只沿街呼喊我华民从速上船暂避而已。旋即带同英文译员至泊港各船商留避难华民，各商船主类皆允许，间有不愿者，以公法大义晓之，亦皆承允。所恨者，渡船皆我华民，乘此发财，抬价居奇，船中买办亦皆华产，不明大义，动辄龃龉。更苦者，崴埠华民不谙西语、不明公法、昧弱者多，虽有商轮二十余艘，只拥挤于相熟数艘，无怪船主畏我华民也。是夜凭栏眺望，仍见红光四照，枪声喊声未息。黎明即率同随员人等上岸办赈，费尽心力，始得小轮一艘。幸大商四户未伤，购得干粮数十箱、米面数十包，亲赴各船济急。饥民嘈杂，目击心伤。深夜归船，仍见火光，惟枪声稍息，喊叫无闻，卑职始敢就寝。

十九日黎明登岸，四面哀求，始得马兵五十名保护未烧之义泰行栈，平粜米面，人心始定。一面雇车运面，随街赈济。不数步，饥民与游民环绕，只好退避。午后，闻华工居处胡匪乘间，又赴崴镇处借兵八十名分段保护，始能弭患。否则一波未平一波又起，不知成何世界。是日，彼文官武职居然各自回衙。卑职借兵时，署理巡抚仍游移无定。卑职正言法语，踵至其后，随路声言，几遭众怒。幸公道在人，彼始帖服，然犹种种退却。及至卑职赴崴镇诉说，始

---

① 此处似脱一"来"字或"往"字。

承崴镇请罪派兵，足征制俄人之法，非坚决不行。

二十日黎明，遥望新到轮船，华民纷纷上岸，即躬赴各船抚劝暂缓上岸。而船主、船行不以为然，盖咸须趁此发财，华民上岸受窘，始有回家之意，彼可乘此抬价，而华民则受愚弄，吃亏不少。旋经卑职出示相劝，始行减价，而华商之经手图利者仍复不少。我民之不顾大局如此，奈何！午后五点钟，奉钧部英文电谕，业经商允北洋大臣袁派"飞鲸"船速来救护，令卑职知会俄当道照料一切等因。卑职即赴水师提督处商请照料，当将原电出示。该提督称，此系"飞霆"兵舰，水积五千墩，速率二十二码，并非商轮。彼此商允暂弗来崴，或停口外，或停磨阔崴港，静候进止。窥该督言语形状，颇有张皇畏惧之意。当即婉言辞出，赴崴镇处知会，即以"飞霆"将来救护为辞，请其照拂。彼则手足无措，婉言相劝，暂停磨阔崴，容即电报总统东方水陆全军御前头等提督连年维赤示遵。自此以后，彼当道唯命是听，有求必应。是尤见俄人之心惕①，或冀有裨于将来之交际。正能克邪，信不诬也。

二十一日晨，遥见脑威旗商船两艘满载华民而去。卑职先赴各船安慰，劝我华民登岸经营。回船夜宿，见彼工商人等咸有喜色。问其何喜，彼称我大国兵轮前来保护我民，能不欣喜？卑职略加奖励，登岸出示安抚。是日人心大定，竟有起货之船、摊卖之伙，居然码头如市集场，足征我民之勤能，我朝之德泽，果能结四百兆之民心，区区欧美各洲，何惧之有！是日午后，承彼巡抚之召，国民之请，设会赈济。合华俄之俗，分段稽查，举段董二十二人，分班放赈。或给面包，或施白面，或设粥厂，或给冬衣，不分畛域，患难同

---

① 疑为"肠"字之误。

尝,颇有大公无我之象。卑职即将廨中公款首助千罗,未烧之华商义泰号亦助千罗,永和栈号助饼干一千二百五十箱,俄官商亦纷纷乐助。顷刻间集得赈款三万左右,面包、白面数千普特,实崴埠之豪举向所未有者也。

二十二日晨,赴各船稽查一周,几无忧色。卑职即上岸周巡,亦安静如常,惟华商咸带忧戚。适承崴抚函召赴谒,出示彼公使电,委查询被难被焚财产实数。卑职即请其文告,冀得允赔之语。而渠婉言相却,颇有首尾相畏之意。卑职亦不便力逼,只好婉言辞退。回廨,则华商麕集,又来追逼从速电恳钧部恩赐索赔,众口喧哗,慰无能慰。旋告以巡抚已接京电嘱查被灾实数,始各欣然,卑职即出示。分日分段收单拥挤不堪,恐难悉核实数,只好尽心力而为之。

二十三日晨,水师提督派雷霆来告,中国兵舰已见,请速派译员同赴迎接,并嘱备文知会,暂停磨阔崴。卑职以为果有兵舰前来,当派文案黄世械带同译生李宝堂随鱼艇而去,一面电报钧部,并请准其暂泊磨阔崴,免国际交涉而振大清国威。乃该员等昼夜巡查,未逢我舰而返。午后,赴赈济会会议。议定不论何国人民,日给面包三丰特每丰特合华十二两;华人之不食面包者,日给白面三丰特;其手艺之徒、零星之铺,拟酌给续创费每名四十至三百罗布之数。卑职恐该工商等得兹津贴,阻碍赔偿,故代各工商等力辞津贴,愿领借款,以领到赔款为偿。缘赔款较津贴相悬数倍,不得不为筹画。会员中有驳之者,有是之者。盖借款数必较大,会中赈款无多,势难普济。目睹零星之小户窘迫,尤恐俄人领款捷足先占市场之胜。再四思维,惟有电请钧部速发赈款,以补会中之不足,庶灾户并沾其恩,华人两得其宜。

二十四日晨,接烟台招商局英文电称,业派"海定"赴崴,折回时华民票价减半收支等因。查该电文理未清,"飞""海"混书,似有"飞霆"业已折回之意。卑职见景生情,即持电赴谒水师提督,告其"飞霆"业已折回,并出示原电。渠无疑意,欣然道谢,并询折回之因。卑职告以崴埠业已安静,电请折回,改派商轮来崴救济。及赴崴镇,如法措辞,更无疑忌。并称接有濮使电开,商船业已改派,并带罗布一万来崴赈济,深感贵政府之德泽,请为道谢等因而别。午后,仍赴会会议,即将崴镇所告钧部已发赈款一万将来救济等因,此款可归会中筹给羁旅工商无息借款之需,会员咸称得宜而议定。卑职又恐会中先发俄人济款,华人落后,不得择胜经营西律,凡城治市场,皆归公董局建屋出租,或画地招赁,故有争先恐后之弊,故敢电请钧部改运款为电汇,以济小户燃眉。

二十五日晨,率随员眷属等携装登岸,即不赴返舟宿。旋赴灾场复查灾户,查得市集场大小中俄铺户二百余,尽付一炬,其中华居其八,俄居其二。中俄德法头二等铺户三百余家,十焚其六,被劫者一成,完全者三成,其中中西各半,华铺只剩头等四户、二等十余户。市集场外各街,三等铺户三百余家,华占其七,俄占其三,被焚者十之四,被劫者十之三,残破者十之二,完全者几不及一成。此崴埠商户被灾之大概情形也。崴埠居户二千余家,华占十之一,俄占十之八,其他各国不过一成,被焚者十之一,亦华俄各半。华工住处幸未被灾及,否则更难设想。此崴埠居户被难之大概情形也。至被灾财产,虽日集卑廨数百人分别核报,或为书证,或询实情,或为收单,或求实①,种种为难,速难藏事。初据各商约报三兆

————————

① 此处似脱漏一字。

左右,复查各户报单,恐将越数。盖实报者果占大数,虚报者亦属不少。若彼当道援俄律给价,须各项证据、各色证人,则华商灾款十难偿二。盖华商平日经营,既不按律呈报,又不援章立簿,有经营数十万而呈报十数万者,省费贿官免查捏报,有偷税入关无从查考者,有藏钱数万而不入银行者,有不领商票寄居铺户存货数万者,有私存违禁烟土各货不敢报官而价值数万者。此皆彼俗彼律之所不容,一经清查,即难照价。况簿册被焚,何以证实?此等情形,笔难胜述。宪台将何以教之?午后赴会会议,知段董义泰号经发华民白面将及一千普特,面包亦如其数。粥厂、茶厂络绎开放,人心大定。此最关邸堂眷念,敢请从速回堂,以尉(慰)垂注。

二十六日晨,赴彼官商会探访,与卑廨律师推求,咸称羁旅所失必能偿还,所恐者彼国帑支绌万分,欲偿亦难如愿。盖被灾者几遍俄境,偿款甚巨,兼之运兵运俘回国,在在须款。备兵归心如箭,缓则更乱,必先筹运兵,后偿赔款。故卑职有电请钧部咨商俄使逼许赔款,先由政府保借中俄道胜银行商款百万以济眉急之请,务恳邸堂速赐施行,俾安商户。现泊崴港商轮三十九艘,满载华商定货十数兆,络绎起驳,堆积市场。欲建行栈,苦无现款;欲速出售,又无受主。转瞬冰雪,损坏甚虞。此又不得不先筹银行息借,务求钧部成全以舒困厄,俾商户受恩生奋,图报称于将来,使卑职昭信羁旅,善后易图,则感激之忱,不徒身受者已也。午后,仍赴会会议日办赈务。

二十七日晨,美国代办、日本新旧商员来称,接日商员函,业承俄国允设总领事于崴埠,兼辖悉毕利全境,英美德法各国亦将随日申请。故卑职有电请钧部按约商请俄准设总领事于海参崴,兼辖悉毕利全境或东海滨一省,免错过机会,终受彼当道之限制。即码电一项,卑职从公所必不可少之件,免转辗译误,致碍大局。务请钧部速赐成全,是所至祷。下午,仍赴会会议。会员中有申请限制华人领赈者,盖华人中有诈穷领粮者,有东西南北并领者,有今日已发十日之粮明日复来请领者,种种弊端,无怪见恶。卑职随赈随查,实难辨认。东会西议,舌敝唇焦。整顿之无权,周济之无力,奈何!

二十八日晨,就卑廨律师处妥商赔款失单,实无万全之策。每日拥挤百人,更难一一清查。因思西律有追偿赔失外另请给偿因灾旷时所失之利益一条,如英俄去年北海一案,在法京巴黎定案时,有英人请给因慌张而应领恤款五千镑者,足征西律之公道。卑职虽不愿我华人请领此等矫情之款,实应使羁旅请给因乱而所失之利益,以补救援俄律而不能实偿之款。及因乱而伤父兄以致孤寡无依者,按俄律应先请给发十年赡养之需,以恤其终身。但此等事须原籍地方官证实某人确系某人妻子,向依某人赡养,应得某人遗产之据,再由驻华俄领事证实,按大清律例确系应受遗产之人,方为合例。卑职从公八载,指示十余案,迄今领款完案者只十之一二。盖中西律例悬殊太甚,华官办稿全仗吏役,吏役办案全恃成案,虽卑职代稿寄去,亦不能一一照抄。缘吏役只知索费,而不究案情。此间羁旅虽年营数十万之商户,亦有目不识丁者。故领到一纸,已觉万幸,无暇察其是否合律。转辗往返,每案须历年所,则孤儿寡妇万不能待俄律结案而养活者也。此次之案,拟请钧部援我华向给西人赔款之例请给若干,由钧部委员分别给偿,或能公道迅速。否则专恃彼当道按律查访,四处剥削,则我羁旅千余人所亏三四百万,恐十难偿二。其为难情形,已详禀二十五日记。是否有当,伏乞钧察。午后,仍入会会议日行赈事。

二十九日晨,接巡抚文案处文,送崴镇暂行总督权二等提督喀时拔克札饬设会稽查崴埠因乱所失身命财产实数。卑职亦承举入会,公议或可稍赞其事,略护我羁旅。然客官无挟符,未必实有所裨,或仗钧部威德,稍伸我素。午后,仍赴会公议日行赈务。忽有会员申报日运俘虏已到,乱兵复起,犯杀兵官两员,自毙一员,咸恐余灰复燃,严戒铺户闭门。卑职亦即奔赴华居各街,指示安抚。但见城市居民复纷纷登舟躲避,华民亦拥挤两舟,明晨待发。此情此景,其何以堪!

三十日黎明,出巡各街,监察粥厂。回廨,知"海定"已到,上海所派红十字会余县丞树勋、廖把总锦春、陈把总刚三员来廨,当商允该员等附入崴埠筹赈会,随班施赈。同赴被灾各街察看一周,同声叹息。而羁旅咸欣然问讯,感颂皇恩,堪慰邸堂远注,谁敢再言我民无爱国心?尤为我四百兆同胞庆。是日礼拜,公会停议。

十一月初一日晨,华商十余人持烟台顺义洋行提单二十余纸,声称英旗"迫拉赫"船承装之货卸载未及十之八,该船忽奉舟东电召,速离崴埠,请为援救等因。当率各商等四处商,竞(竟)无挽回。盖顺义所发提单未经船主签字,船主无权卸货,俄当道亦无律扣船。考其实情,此船系日人转租于华商顺义,而期限已满,欠款六千未付,舟东拟扣货抵押。而华商未卸之货三万余金不但货价已付,且运费亦已付清。则日商之乘时弄鬼,华商无辜受灾之余,又复被累,将赴日赴华涉讼乎?回廨,见道胜银行大班在此问讯,据称顷接俄京总行电讯华商被难财产实数,则知钧部已准卑职电恳咨商俄使由道胜银行借款百万之请,不知此案已否接复。万一俄使推却,务请钧部念羁旅被灾之苦、周转之难,力持前议,俾卑职在此有挟而壮胆,大局幸甚。午刻,"海定"船主来谒,而称船中煤水不多,不能久候。卑职告以煤水此间得以购用,渠以价贵为患。卑职答以按公法听候分付可也。渠虽有难色,亦无如何。午后,因俄太后寿诞,公会不集,引红十字会员访谒当道,颇承敬语,深喜我华渐入公法之庆。酉刻,赴公董局开查办被灾之会。会长朗诵崴督接俄京宫、外两部急电,称钧部索偿崴埠商民被灾之款,务望从速将被灾实数报部候核等因。该会长益称,此举宫、外两部同时电饬,则必系奏明皇上,否则与宫部无涉。我辈宜仰体王意,从速开会,先由华界入手,方不负李商员之经营。卑职闻言之下,喜感交萦,不觉心胆俱放,昌言辩驳,将拳祸之恨一发痛快淋漓。惟会中除律官、律师外,类皆贪鄙之徒。虽经卑职再三之辩,仍难准予华商华文呈报,只许三等商户以次即由卑处代收华文失单,简译俄文送会核办,则援律援证之俗仍不能免。我华商类皆惕弱之辈,经此猝祸,逃命之不暇,焉能携簿带凭?所恃者惟房主实有毁迹可证,似无吃亏之虞。此又全仗钧部准案禀中二十八日所请核办,方有实济。

初二日晨,将昨晚会议各节宣谕华商,咸有难色。盖向晚猝然兵变,兵丁类皆持枪入户开放排枪。我华商手无寸铁,逃命不暇,何能顾赈册而携带钱财?今会中按律不许呈报所失现钱,又须指证呈凭,无怪各商之眉绉。且有粗蠢之徒出言不逊,幸夙知卑职之无私,婉言解散。后仍入筹赈会会议,定先给被灾千数以内各户,每户无息借款一百五十罗布,限以索到偿款之日扣还,余俟续筹款项再行给发。如将来收回此款时本会或已散会,则此款归演说会创办中俄学堂之需,庶款不虚糜,统归善举。

初三日晨,各船买办来称,商港总办复有收验内渡华工身票之示,请为申诉,当赴该总办处商请,渠坚执不许。察其意,非患国帑之失,实惧华工群归,致碍工作。旋经卑职再三之辩,始许再放一船。当邀同前赴"太平"船督验船票,验得船行浮收身票价值者十数名,当令买办一一追回浮收之费,始准该船解缆。午后,仍率同上海红十字会员赴会公议日行赈事。

初四日晨,赴查灾失财产会。会议员中有陈诉华人仍有违禁卖酒者,当许为晓谕相戒。卑职复将华人所失万难一一按律附呈证据及免报所失现钱各为难情形陈说,虽经众口辩驳,仍许收入议案,作为采风消息。惟按律所索因灾旷时所失利益及抚恤孤寡各款,则尚难预查实数,众口辩驳。复经再三之辩,始准华商陈明于失单以上所指两项应得利益,俟善后完全时再行呈请本国商员代为追偿。则此举又仗钧部力持其坚预为咨商俄使允准,方有实效。午后,仍率同红十字会员及本廨随员赴会,会议日行赈事。当将哈尔滨三省交涉局及俄国护军统领函许将彼处去年所筹救济因兵受难华民赈项余款一万一千五百罗布汇交崴抚,会同卑职分济华商各节陈说,并请此款到时亦归入本会,专济小户华商之需。当蒙允许登报预谢,免画饼充饥之虑。晚赴新任崴抚弗鲁克处,当将以上所陈之款归入本会,并请饬令商港总办免验华工出口身票,免得船行买办辗转舞弊。渠以办理商港业已禀白隐情,万难允许。卑职再三申辩,首驳其华工被焚惨至如此,何暇携带身票出逃?次驳其东省过路之人照律免验身票一月,何得如此苛求?岂贪官若商港员役,能不遵十月十七日自由之皇诏乎?始憮然无言,索我文告。卑职回廨,当将各项为难情形循商员向例,备函相请,重以前总理各国事务衙门王大臣谨慎从公之谕,不敢按领事例备文辩驳。此又敢求钧部速援和约改设领事,方免被彼欺侮,以收实效。

初五日晨,宣示华商昨日会议各节,暂添洋员数人,为各商分书呈词失单,指示昨议各条,分别叙明,免致将来赔款之失。一面抽空赴"海定"船回拜船主,察看船舱,许为代修所损烟囱、汽管各处。旋赴昨晚所到招商局派来救济"爱仁"轮船,船主已有酒意,种种矫情。卑职以公法大义晓之,始许听候分付。上岸即赴商港总办处商请代雇船厂修理"海定",渠以孔氏洋行代办可请代劳却之。卑职以一经孔氏代办,耗款甚巨,招商局此次遵钧部之谕前来救济,亏折不赀,不忍再使受无谓之款,仍坚请商港代办以节糜费。渠勉强情许,可感。午后,率同红十字会员及本廨随员赴会,发给艺工无息借款及穷苦之户五十余名。晚拟定"海定"先于初九日载工回烟,当出示晓谕,统舱每名连伙食五罗布,房舱十五罗布,官舱二十罗布,大餐间七十五罗布。并谕该船买办须仰体北洋大〔臣〕救济美意,不得稍事浮冒,准于卑廨设桌卖票。虽"爱仁"船主大不愿意按班开放,彼亦无可如何。

初六日晨,承崴埠红十字〔会〕之请,邀同上海红十字会员合照影像,寄俄京登报作合会之记。赶速回廨,代华商译单书俄,拥挤不堪。惟愿道胜百万之请从速实施,或能稍济燃眉,否则爱莫能助,徒呼奈何。幸通国报邮递已罢工五日,否则不知又须费电报若干赀。午后,仍入会给发市场小户无息借款六十八户,拥挤数百人,东呼西应,彼嚷此求,声为之哑。晚郝守树基回廨,述及船票已购,明晨解缆,当率同随员等竟夜具禀,眼花手乱,不及恭楷。扰乱之余,必邀原鉴。临书待命,不胜急迫之至。伏乞垂鉴,并求饬吏抄稿代送北洋大臣袁察核免另禀是感。专肃。

光绪三十一年十二月初三日收俄使照会一件

海参崴扰乱一事驻崴委员代华商索赔已达俄政府由

光绪三十一年十二月初三日收俄璞使照会称:查海参崴滋生

扰乱一事,准照称,现据该埠华商禀,由驻崴委员详报,恳为代索赔偿等因前来。本大臣据前因奉达本国政府查核,相应照复贵王大臣查照可也。

光绪三十一年十二月十三日收海参崴委员李禀一件
沥陈放赈索赔及俄人扰乱情形由

光绪三十一年十二月十三日收海参崴委员李家鳌致丞参禀称:窃卑职于十一月初七日晨接见英商罗士,为华商交涉事略加驳诘,即按西例辞客。赶赴码头,寄信不及而返。仍商民满屋,略收失单数张,即赴西餐馆宴会美国新旧商员、避难船主及"海定"船主,以尽地主之谊。"爱仁"船主不来谒见,未便邀请。席间将美俄欺侮华民之事、英国贻我烟毒之害略为申辩。两相比较,我愿友俄,盖俄虽残杀我羁旅,焚杀我商户,犹能自知其过,公论其罪,救济我华民,不分畛域,欲偿我赔款,设会清查,虽未实惠,总较美国之虐待华民、忘恩负义者略胜一筹。然美国之驱虐我华民,无非为自保其利,无若英国之毒害我华民,收吸我骨髓为害深也。惟愿英差(美)各国以俄为鉴,优待华民,弗忘我华民工作之功、助强之德,方不负上帝溥爱群生之语。英美各员皆拍掌鼓舞,许陈之于报,以劝坐井观天之辈等语。此虽席间空论,亦未尝非畏我将来之实证。惟愿我朝一心一德,日进维新,庶微员若卑职亦得附骥畅言,幸甚祷甚。

初八日晨,仍商民拥挤投单,愈来愈穷,愈开愈乱。若欲按单索证,势必画虎类犬;若不略示清查,难释俄人之疑。最怜者,穷老之辈数十年之心血,数百千之积蓄,咸付一炬。俄人虽宽厚,总难偿失现钱。盖俄人虽一元之积,亦必送存国库生息,岂信我华人数百千数万金之现钱深藏于家？兼之军务以来，华民类皆收金藏箧。或谓金不患火，孰不知火后群黎类皆淘灰而去，故日来双城子、哈尔滨一带已有出卖金饰者。俄律禁阻捕拿无辜淘灰者，皆赳赳武夫，谁敢声言致罪？再，此间华民虽家藏数千金，仍衣衫蓝缕，领赈领赀，不以为耻。此等人开单索偿，谁能信乎？卑职深知其隐，爱莫能助，惟有仰仗钧部坚持代索代给之举，方有实济。午后，仍会同红十字会员入会筹赈。

初九日晨，"海定"船主来，谆相请代招头等船客。盖渠经包饭之职，欲沾余资。卑职告以此举专为救济，不便绕长崎、上海各口，头等客必不能多，渠绉眉而去。坐舱柳玉堂竟以不经卖票为憾，卑职告以次之举万勿稍沾故习，果有赔累，当为函请调剂，渠允谢而去。午后，各商来称银行押货之款将次到期，货色或已烧尽，或积码头，囊空如洗，偿款为难，商诸银行，不肯转期，求为援助等因。卑职当赴银商允有货者暂行转期，无货者略付一二成。惟客货太多，既无铺保，又无钱货，竟无能为力。银行大班亦以国家能保方可设法为辞。电报迄未通行，更无法援助，彼此坐至黄昏而归。晚八点钟，闻霹雳一声，但见窗外红光，当出街访问，知对海某药库被轰，足征余波未静。复起为虞。

初十日晨，赴商港总办处及税关商办"海定"出口事。商港以"海定"悬红十字旗救济而来，故邀兵舰之例停泊军港，无须完抄（钞）。税关则以商船进口例须完抄（钞），旋经卑职示以商律轮船进口无商务之举可邀免钞一条，渠始默然，而仍索载货墩税。卑职告以"海定"所装只红十字会捐助衣粮二百六十件，并非出卖，何税之有？况起驳公司亦未收卸货费，足征善与人同。渠始允为代缴三罗布，资助救济会。旋将俄领事荐书抄稿备文送去，方了此案。午后出街,探访昨晚轰库之事,知官兵两不相下,谣言四起。最惧者,备兵虽已遣散,仍准择地东居,各谋生业,故日来但见备兵四处谋事,觅得枝栖者十不得二。盖华工价贱耐劳,非俄工所能敌,一朝添此巨万游民,饥寒交迫,尤逊在营食粮。兼之日本俘虏络绎归来,无由从速内渡,库页岛军犯数万,皆被日人放归。虽彼当道陆续西遣,逃逸甚夥,聚党成群,终非佳兆。"爱仁"久泊,又非船主所愿。若即遣归,更无不测之助。惟有再请钧部咨商北洋大臣袁,速饬续派各船从速来崴,以备不虞。此非卑职出乎反乎,实识见未远所致。故既经电阻,旋又续请。想袁宫保烛照万里,必能鉴及苦衷也。

十一日晨,邀同红十字会员、本廨随员人等赴"海定"料理开船,躬亲查票,检得无票者七十余人,有半价票坐上舱者数人,当督同一一缴价,收得俄抄(钞)五百一十罗布,可见招商局轮船之弊,非语言劝戒可为功。此等善举,该坐舱等犹敢朦混,则其心术可知。计此行载去避难华工四百三十五名,遵招商局函告,减收半价,每名五罗布,穷苦免票者五名,其房舱客商上下中西三十三名,并非穷黎,照例以价。除开销进出口、领港、修船、食水等项一百六十四罗布五十戈比外,净存船价三千一百三十三罗布八十四戈比。扣去柳坐舱借用五百罗布及西商上海付价一百元外,净存二千五百三十三罗布八十四戈比,业由道胜银行汇烟交该分局总办李守福全照收,以清款目。卑职以该局大义救济,斗胆不交孔氏洋行代办,未耗用费分文,恐该船柳坐舱谎报,特为声明。五十六号禀及邮费面交该船主带烟代发,计邀钧鉴,务乞速赐训言,俾有遵循,不胜盼祷。午后,闻铁路罢工,当出街访问。果于昨夜一点钟罢工,则备兵、房、军犯皆难如期西运,人心益觉惊慌。兼之胡匪又复行劫,当赴营官处添兵防堵。然商民越律周旋,竟有酬送数百金者,耗此间(闲)费,反示华商富足,又添一愁,奈何!

十二日晨,接崴抚复文,卑职所商免验出口身票一案,居然允准,惟限俄历年底为度。虽邀四十余天优例,亦可稍纾民艰。当出示晓谕,或冀华民络绎内渡。所恐者,贪安之辈仍就流连,在卑职又不敢警言相告,致干俄怒。种种为难,笔难尽述,只好尽心力为之。午后,会同红十字会员入会筹赈公议,定于礼拜日抽暇给发上海红十字会所助绵衣,并公议发衣章程。恐效发面拥挤重复之虞,拟将该穷民旧衣更换焚毁,免因污受疫,一举两得。公允定妥,当回廨出示晓谕。

十三日晨,仍拥挤递单,收至三百七十号。计被焚被劫华民心血之赀三百四十一万八千九百六十五罗布,其因灾而所失利益一层,房屋既未复建,铺户又未续开,尸亲又难查考,无从悬拟。故卑职代书俄文失单时只将此节声明,容结时再行呈请中国商务官代为索偿等因。查以上所收三百七十号失单,皆汇合房主代报,俾易查考,否则不啻千数百号也。现在仍按日续收,恐一时未能截数,理应先行禀报。敢请钧部严追俄使,先偿五百万,将来结案时将该商民等收据一一缴彼查验,或盈或绌,再行结算。我朝仁恕为政,不效彼欺饰友邦之举,苟有天良者,谅不以区区之数吝惜也。阅报知俄京德人某因乱伤一指,俄偿三万五千罗布,则知华民此次被灾,亦可同邀此例,当慰谕华商,咸有喜色。犹恐缓不济急,当将上海英报所登钧部业已准予追索赔款各语捡示,始各欣然而返。俄报又称,公董局筹赈会已领到哈尔滨护军统领戚提督赈款一万罗布,疑此款即系哈尔滨东三省交涉局所许之款,被公董局筹赈会捷足截去。缘该会皆系旧党,不明大义,曾于会中陈说华人所失,必邀国偿,该会专济俄人,旋经卑职力辩其非,始复登报挽回。然亦不过敷衍面子,迄今未见赈及华人。卑职与议之会,力本不足,若失此巨款,华民又将向隅。当邀同主会赴崴抚处申辩,盖此款三省交涉局函中指明戚提督有意托崴抚邀同卑职专济华民,今为彼会截去,不昭公道。崴抚佯作未知,将有挽回之意。卑职又恐俄官善于饰词,当赴军电局因商电罢工未开电商戚提督,从速挽回,方有实济。否则,会中已许华民续发无息借款,又添种种为难之处,俄政仍复如此,则恐乱事更哑,奈何!午后,遇彼红十字会总办,面称顷接俄京总会电,嘱分济客民以昭公道等语。卑职因思我民有绵衣裤而无汗衫裤,仍不能洁净,有衣无被,夜难御寒,当商允该总办酌给汗衫裤、被褥单、绵絮等物,俾华民得以缝被御寒。当出示晓谕,与棉衣裤同时并给,庶我羁旅无饥寒,实仗钧部创局之功,人非木石,能不感激?该总办又许济给烟茶,卑职恐华工人等骄(娇)养成风,反生惰念,婉言辞却。邮便仍未通行,不得不觅便呈报,务乞宪台赐予回堂,速赐训示。俄邮虽不能发,商轮络绎,仍可通崴。临书惶悚待命之至,余容续禀。卑廨员司无多,几无片刻暇,未能另禀北洋大臣,敢请饬吏录禀代送袁宫保察核为祷。

光绪三十一年十二月二十八日收海参崴委员函一件
东省铁路条陈乌苏以南商令公议各条及筹赈索赔各节又英人枪毙华人一案请示由

光绪三十一年十二月二十八日收海参崴委员致丞参函称:窃卑职于十一月二十七日托东省铁路翻译黄县丞炳章带呈第五十八号公禀,计邀钧鉴。兹将逐日从公摘要录左。二十七日晨,各商仍拥挤递单证,卑职当将昨日所议为难情形一一布告,并切嘱从实开单,分别代为书写索证各函。虽辗转开导,总难领会,足征此民之愚,实亦厚道所致,所恐奸商舞弊,终至苦乐不均,再四筹思,几无良策。午刻,东省铁路交涉代表达聂尔来,告业奉总办派赴北京会商中日俄善后各事。听该员之言论,不禁浩叹,又将妄论。窃谓东省交涉虽发于假道,实误于因循。盖假道有条约可凭,不难利益同沾;因循则国权旁落,几成水流之势。现在日势已盛,俄权陡落,若不乘权争论,力挽狂澜,千百年培植之膏腴,数百兆黎民之血本,将归他有。卑职不揣冒昧,敢献管蠡于左:

一、近闻俄议,或将东省铁路出售,以节无底之赔累。缘奉天厚利之支路已归他有,吉林干路非年赔二十余兆不行。果有此议,必诱我购归。盖现在欧美各国已觉难分我疆土,将来收吸我骨髓,诱我购路,代我经营,揽我全权,奴我工役,其害尤胜于俄有。不如待三十六年约满之时购归,彼时我国变法有成,人材辈出,无须借材于人,权操于己,其功效不待智者可决。

二、或将广设厂作于东省,以抵偿之货易我金银,为养路之资,此可必无其能。盖俄人于经济一道尚远逊于华日,我若有资购回铁路,不如将此项有用之资助我商民,导以新近指近年东西毕业回国之工矿各生而言,广开矿产,速设厂作,使千万年蕴积之五金得供实用,数百万无业之游民咸能工作。从此百货流通,荒疆集市,则俄日虽雄,亦无奈我何。

三、或谓我国帑支绌,民穷待哺,岂有余资设此厂作?殊不知国帑虽绌,贪官富足。以吉林长春府一缺而言,已年余四十万,黑龙江将军素称极苦之缺,年享百万。垦荒、木税各员,咸年余数万至数十万,其富足可知。民穷待哺者固占多数,而农商富足较胜南省。新垦荒地隔年而熟,三年而腴。若用机器开荒,一年而熟,两年而腴。外销粮食,悉占东俄,以价待粮,无虞壅积。其商务之兴,不言而喻。农商既富,何惧无资?创业所惧者,贪官污吏但知收吸民膏,不谙自强经济。若能多派东西洋毕业生东来导民创业,或可稍挽民风,藉除官弊。既可免南省之拥挤,遇事生风;又可就北方之精华,量材器使。使后俊知有学必用,踊跃趋向,不数年人材辈出,弊绝风清,可操券也。

四、或谓日本堵我东省咽喉,俄人尾其后,我虽有志而难伸,卑职独以为不然。缘日俄血战两年,精力已竭,俄大败之余,遭此内乱,必非我敌。日虽大捷,亦无敌我之力,必谄媚我当道,收吸我民膏,方能补其所失,复其精神。否则有兵无养,必不能复启兵端。我若乘机争辩,立定主意,必能制胜。故卑职愚以为开议东省交涉,须先与俄议。盖俄国外侮内乱,必求好于我华,以弭边患而应内求俄国新党咸以占据满洲为非。况濮使前数年交涉,每用诱华占满之计,现在遭此巨祸,必有悔过之心。罗专使驻日多年,未知日政,亦必愧对俄廷,乐就彼中党议。我若乘此收回吉江政权,必易如反掌。惟须完全无缺,方有实效。吉江政权既归,日本素好联华,自必复我奉省国权。果有为难,不妨交万国公议定夺。欧美各国既有愿我疆土完全之言,即未便偏向日本,自阻销货之场,致损民利。所谓鹬蚌相争渔翁得利,此其时也。

五、铁路交涉代表达聂尔入都赞议,职虽小而有大害于我。盖彼在铁路交涉多年,深知我官场恶习,吉江各员妒忌、彼此陷害之事,无一不知,恐我吉江所派各员迥非彼敌。盖人既有私,必惧人言。此虽小节,可贻大患。想邸堂烛照于先,无庸卑职哓哓也。

如此约仍归沪议,可否仰恳饬吏录送议约大臣,采择之处,出自钧酌。

二十八日,阅报知乌苏里南带商伙合会与铺东交涉,铺东初置不理,几有罢工之势,现在铺东亦已设会,公议对答商伙之策,登报布告,不论欧亚美洲铺东皆可入会与议。因思我华商户在崴占欧美之半,若不与会,必须听命于彼;若不听命,不但不合客居之律,且有被逼不测,海南泡①前车之鉴。因此备启邀集华商,公议因应之法,并将英美驱逐华民之故婉为演说。此时俄国变法之际,我华商若不乘机与议,必至唯命是听。将来新律成议,欲求更改,必费国际交涉,如此时我华党议不用美货然。华商听此欣然,愿入此会,惟苦于不通言语,当许其同赴会议,任传译之职,不使向隅,咸得议权可也。午后,因礼拜,宴哈尔滨避难各员于卑廨,并以此间应办各事分别重要,面告新派驻俄参赞刘守镜人,庶该守明春到差时可以接洽从事。

二十九日晨,赴查灾会公议已办华商各案。会员中仍挑剔索证如故,卑职初以婉言,继以强词,及至辞职,彼贪污各员始敷衍相劝,卑职亦顺势收蓬。不知嗣后能否稍易其结局,非仗钧部坚持索偿代发不为功。会议将毕,见菜市二等华商十八家拥挤入厅,请主会代商道胜银行垫借息款,以济眉急。缘该商户等或已租房,或已来货,银行押款到期,追迫出货,实逼处此。主会不能为力,仍推诸卑职为其成全。卑职见此景象,爱莫能助,只好婉言相劝。惟望钧部早赐谕准,是所至祷。午后,赴筹赈会会议,当将菜市各商为难情形详陈大略。会中以存款无多,爱莫能助。再四筹议,始许再助

① 原文如此,即海兰泡。

小户数千元,于头二等商户仍无裨益,奈何!

十二月初一日晨,菜市二等商户复来递禀求助,当批谕如左:热闹街各商被焚被劫,殊属可怜。本总办未待该商等禀请,已据屡次面述各情,函电外务部索赔所失并应得所失利益各款,只以俄国邮电罢工,迄未奉到部谕。然俄国本省督抚已奉有彼都部谕,指明中国政府索赔崴埠华民所失,业经崴埠镇台设会收词,考察所失,本总办亦承邀入此会,公议我华民所失,业已会议十一次,反覆申论,舌敝唇焦。但望各商等听予指示,从实开报,必能逐件查明偿还本利。所惧者,奸商贫户随意谎报,致实有所失者亦难取信。务望各商等彼此劝勉,实事求是,静候本总办悉心考察,代为索偿,切勿徒自鼓噪,致乱人心。至银行借款一层,本总办已经屡次函电外务部,妥商驻京俄使代为保借。现在邮电未通,业已代商崴埠道胜银行执事设法通融,该执事已有允许之意。惟恐本埠殷实华商不能代保,各该商等须妥商殷实头二等商户,许为承保若干万,即可如愿以偿,否则只好听候外务部谕准。本总办爱民如子,保赤为怀,当再为禀请外务部从速施行,以救眉急。已刻,商港处来报,"迫黎玛"船管轮英人某枪毙华厨陈先全一名,因该船工役皆系南省人,无人通译,请派译员前赴传译。卑职以人命重案,当率同随员诸维锦、洋员盖尔前赴该船,会同商港副官,讯得该管轮自认因众华工哄闹,至该员卧舱,当用手枪误击该厨陈先全右肋致死是实。水手头王阿华等供称,因赴该管轮宁人称之大车房向二副取存油房钥匙,添油点灯,该管轮因醉痛殴。小的当赴大副处控告,回舱路遇该管轮持枪追击,当承厨子陈先全拉避。不料击中该厨陈先全,宁波府镇海县大溪头人,小的当跳海遇救得生。旋又审问见证水手殷阿二、周阿康、钟正林、蔡京观各人,咸称实因该厨带有虎骨木瓜酒四十瓶以备消寒,适逢俄官禁酒,当被船主取去三十瓶。该船二副索贿不遂,该管轮酒醉挟雠,乘机击毙,环求伸雪等因。卑职当转告商港副官,译登案由,该副官许为转送该管裁判官核办。一面婉谕该船水手等照常工作,听候俄官严办可也。午刻四点钟,复传集该船各证人许(详)细严鞫,照供如故,当分别指示供词办法。并商允红十字会员,许给"爱仁"备材一具外,酌给殓费二十罗布,嘱为备椁妥殓。一面为其备文,商允医官给凭,并商请崴抚准予运柩出境。晚晌六点钟,率同华商四十余人赴商会公议,对答乌苏里南境商伙联盟会所索各条。商会主盟朗诵会由毕,集华俄各商百数十人,公举道胜银行大班爱博施登为主会。

一、该主会当将商伙联盟会所索更改向例节期停市之日朗诵一遍,复将崴埠各商户代表会所拟应许、应驳、应添各条朗诵毕。卑职当将所诵一一译传各华商,除节期停市应承主国律权外,将华商应行华节停市各情朗达于众,当承许从长计议。考其停市各节,除礼拜教节仍旧外,改国皇后、太子等庆典为颁行君民共主国诏之日及俄皇祖释放奴仆之日,实则每年只改去四日。旋又公议节期,须留伙友数十人之一为值班看守铺户之需。华商亦即承应议决。凡停市之期如有要事万不能稽迟者,商主有权邀伙办事,须另给劳金,以昭公允。

二、议教节前一日及教节前数日,或于早晨八点钟开市至两点钟收市,或于九点钟开市至一点钟收市,惟饮食所需菜市各户只准七点至十一点,华商嘱为力驳至十二点钟,公允议决。

三、平时公议每日开市十点钟内,须各伙分班停歇两点钟。华商以菜市春夏万不能八点钟开市,秋冬亦不能六点钟收市,力驳再三,始允不迟早①每日设市十点钟,以七点钟收市为度。议决时已子初,约定后天再议而散。

初二日晨,照常收词,旋赴查灾会公议,见黑鬐国灾户因一无凭据造证捏报,当被公议驳却不理。黑鬐国无领事驻扎,该商户有冤莫诉,经卑职等再三辩驳,竟无挽回。午后,查灾会员来廨公议。杨来房产已出押银行,应由银行索赔。卑职既恐银行系俄商不能邀赔,又恐银行袭去赔款,该商户只剩空地,无力复建,因拟代商银行不袭赔款,只准该银行监督建造,仍按原约按年拨还本利,以纾商力而保该银行押本,不知能否如愿。复考福聚栈证凭,仍未齐集,不能完案报会。

初三日晨,照常收词,晚赴商会,续议伙友联盟会索利益各权。

一、主会分别朗诵会由毕,公议五小时之久,始议准铺户无故辞伙,须给三月工食以补失就之费。此华商口众而决,伙友代表十余人班立代四百余会员道谢华商德义,咸称荣耀。

二、议准新雇伙友须试用一月,伙月无故辞职亦须预先一月报告商主,以昭公允。

三、东伙辞职时遇有龃龉,各邀商友公断定夺。

时已丑初,乏极而散。

初四日晨,照常收词外,菜市各商又来逼迫,当赴道胜银行商办华商借款事。已承明许,如有殷实商户两家作保,分数书券即可商办。午后,赴按察各衙门查询命案,尚无头绪。晚赴商会续议。是日华商愈众,俄商渐少,主会拟分别华俄定议,经卑职再三之驳,仍得共议。

①　此处文理不通,但原文如此。

一、议准凡商户有利而歇业者,须给伙友三月工食,无而歇业者,只给工食一月,以酬其劳。

二、议准商主不得阻当伙友入联盟会。卑职以华伙尚未培植自由之文明学步,碍难遽使入会,以犯会章。旋经联盟会代表及各商主再三辩驳,咸以俄历十月十七日国诏明许自由为词。卑职未便再辩,谆请联盟会详定教化、设学、演说各章,送来译汉宣布,华民方能入会。否则各伙友暇暑太多,必赌博为戏,致坏风化而生匪类,既非华民之福,又非俄俗之许,须从计议。当承联盟代表坚许立章,善诱为良而决。

三、公议一经罢市,东伙所立合同各章概行毁灭。经彼此三小时之辩,未能决议。卑职以东伙既经设会公议,彼此允洽,即无罢市之举,此条可删。而联盟会代表以通国罢市为词,罢市时必须仍发工食,方无劫焚之虞。卑职以各业罢市,恐联盟会虽有工食,无食可购,亦必饿毙,此举万不能行,此条必须删去。仍未能允洽,改议他项。

四、议准凡在停市放假之时日,商主不得阻碍伙友自主之权。

五、议准商主不能阻碍伙友按律成亲及自由度日。

六、公议商主应代各伙友承保身险,虽经卑职竭力辩驳,未邀各商主允准,须俟国家新律颁行定夺。

七、凡伙友承应国律当兵之际,商主须给工食一月。

八、议准商主不得责令学徒承乏店外之事,及须竭力教化该学徒等自爱各端及有关风化各节。每日必须放假两点钟,专门学习学问之事。

九、议准如伙友居宿铺屋或铺主处者,该商主应将铺伙居处收拾洁净,并留意各项养身有益之事,以该城市度日所许为度。

十、议准女伙生产时须给假一月,不扣工食。

十一、议准遇伙友患病而非毒门,头二等伙主应为医治三月,不扣工食;零星小户伙主应为医治三月,不扣工价一月;华商则概不扣工价三月。三月之后病未痊愈,作为歇伙,无须再为医治,不给酬劳费。其所雇替代者作为暂局,原伙病痊到工,该替代即应推让,亦无须另给酬劳。

十二、议准遇伙友因公受伤而致残废,伙主应按国律或请人公断,给予赡养之资。

十三、议准伙友中应自立管束会,彼此约束,以养廉耻。

十四、议准伙友供职三年,准假三月,其原有合同者不扣前资,其无合同者以本章举行之日起资。

十五、议准伙主应备本章合同册给发各伙友,以备彼此合算工食之据。

议毕,主会宣告会友,俟文案稿毕,再行转送伙友联盟会公议核准。众会友申谢主会劳瘁,并发明华商助成之德、中国商员赞成之功,鼓掌而散。时已丑正,冒风雪而归。

初五日晨,红十字会陈会员刚来告,"迫黎玛"命案迄无举动,宁帮六百余人将罢工,环求伸雪。当赴刑名各衙门查访案情,竟无头绪。路遇该船水手头等十余人,嘱其静候代究,切勿鼓噪生事,致罹不测。午后,查灾会员来公议刘树宾毁房案毕,续议福聚栈案,仍不能毕。再议成丰和案,虽有账据载纸可凭,亦不能毕。

初六日晨,华商集廨,议警察所拿胡匪事。同赴崴抚处,商请经卑职递解回籍,交地方官管束,免解东省卖放回崴,反多复雠之案。崴抚虽病卧在床,亦承邀入面议,甚属可感。惟派兵押解一层,未能允许。拟将虽有劫案而无人指证者交"爱仁"船带烟,送东海关道饬县分别递解回籍，交地方官严加管束。卑职恐人微言轻，拟请钧部预饬东海关道，凡遇卑处所解各案，从严办理，切勿因循，被书吏买放，复来崴埠，致害侨民。盖胡匪党羽甚众、党义甚坚，前年所解东省各犯，无不买放复来。想钧部素重交涉，疾恶如仇，必能准予成全，从速施行，是所至祷。是日礼拜，宴东省避难各员于卑廨。席间探得铁路代表达聂尔所称东省官官妒忌各节，确有其事，何不顾大局如此！或舌人之不慎耶？抑各大员之不自爱耶？闻之痛心，不禁形于笔墨。多言之罪，亦不顾也。

初七日晨，华商拥挤，不许抽身，当遣洋员赴慎刑司处，讯得陈光全命案因案由未清，发回商港处覆查，其意拖延灭证。当邀同陈会员刚赴商港长官处声言催迫，当邀同该长官赴慎刑司处严催速办。慎刑司竟以非商员所应管答之。卑职一面请陈会员赴船安慰宁帮，一面赴巡抚处请为严催慎刑司从速从严提办，并告以宁帮之利害，请其预防罢工之策。回廨办稿，登报罪官。旋即赴卑廨律师时维略夫处商办一切，未遇，至向晚始得谋面，商请代办。并将函稿送报馆，商允即日登报。晚赴商会，续议前数次公议所定商务各稿。子正始归，译稿就寝。

初八日晨，菜市二等华商十八家来廨商议借款事，当同赴道胜银行借得俄钞九万，期年为期，常年九厘起息。除十八家联环保结外，商允头等未灾各商六家加具副保，方能允洽。然市街各铺其灾较大，其窘较甚，日来问讯，爱莫能助。惟有再为代①钧部从速严催俄使赔款，或请先由道胜保借百万，以济眉急而纾商艰，是所至祷。卑职探得未灾之头二等商号及哈尔滨、双城子各华商因道胜

---

① 此处似脱一"请"或"恳"字之类。

银行汇价吃亏,咸遣伙友携带现钱经崴赴沪兑银买货,一月中有数百万之巨。路途遍地胡匪,追踪盗劫,殊非慎商之道。因力商道胜,加给汇价。该行种种推却,卑职晓以大义,复示威吓,及告以我国户部有五百万之股本,商员在此代表政府,亦有议权,方许加价百分之二五。拟请钧部力向俄使援道胜银行股友与议章程,索取议权,并咨会户部,从速派员稽查道胜银行,务以挽股东主权而昭公允,庶华商嗣后不受该行之压制,以副钧部保商之实权,万民感戴,商务定有起色也。午后回廨,"爱仁"船主来告船中水手与坐舱哄闹,欲开船赴沪度岁。卑职告以无日不想放汝回南,只以崴埠新换镇台,复行压制,恐兵丁不受约束,复有不测,俟松树节后,方能放轮回国,计时必能在上海度岁,暂作缓兵之计。再四思维,莫筹万全之策。当传集各商户会议,咸称非替调不妥。盖风闻上海、烟台皆有击杀洋人之举,未免激动俄人,复起风波。惟有仰恳钧部速赐咨商北洋大臣袁,电饬招商局速派他船,多带食粮、煤炭来崴替调,以备不虞。想钧部保赤为怀,必能准予施行,是所至祷。晚译海参崴页报所载卑职致函曰,俄历本年本月十二日商港所泊"迫黎玛"轮船管轮枪毙华厨陈光全一名,时隔七日,未见送交裁判查案官查案,尸友请予催办,并将凶手英人交律院按律惩办,及准予盘柩回籍,以敦友谊。尸首现在城治病院剖尸房,按俄律非经裁判查案官证同医官判验,不得入殓。该轮不日解缆,兹将此案陈请国民公断,恐慎刑司未必有法自护稽延之罪。以近今公论,想决无华英人民之别。若华民击毙英人,恐如此惨案未必能暗昧从事,延搁至七日之久,尚未达到裁判查案官处。若再迟延,轮船放洋,此案必至无证人而搁起。请问此等意想不到之延搁,将罪诸何人?俄历一千九百零五年十二月十九日列商署洋卷第二千零三十二号,大清帝国商务官李家鳌押。

　　访闻此案凶手拟请移交上海英公堂□①办，卑职愚以为一经英公堂，必从宽办理，尸亲永无伸雪之日。万一英使来请，务求钧部晓以万国公法，案出何国，即归何国律断，□②勿允许，致生交涉。卑职已将公法陈示崴抚，已有函致慎刑司，请其从速严办。卑职当严嘱律师随时访察，不使敷衍了事。一经公论，慎刑司未敢轻视。盖西历(例)慎刑司即死者承护官，尸亲无权延聘律师，承护只能请律师追偿养恤之资。卑职当指示尸亲按律办法，以伸死者之冤，而报钧部培植之恩。所恐者，翻译无人，拟请钧部速向俄使严追，请其从速电致崴埠慎刑司，告以中国宁帮之利害，万勿轻视，方免交涉。卑职在崴，当劝勉宁帮，勿使生事为至幸。临书急迫待命之至，务请宪台回堂请示，从速施行，实为公便。此案仍请宪台饬吏录稿，代送北洋大臣袁鉴察。专肃，敬请钧安。卑职家鳌请禀。

---

① 此字模糊不清。
② 此字模糊不清。

图书在版编目(CIP)数据

日俄战争清政府因应档案续编／吉辰整理. -- 上海：
上海古籍出版社, 2024. 9. -- (近代中外交涉史料丛刊
). -- ISBN 978-7-5732-1311-2

Ⅰ. K313. 430. 6

中国国家版本馆 CIP 数据核字第 2024EB0700 号

近代中外交涉史料丛刊

日俄战争清政府因应档案续编

吉　辰　整理

上海古籍出版社出版发行

(上海市闵行区号景路 159 弄 1-5 号 A 座 5F　邮政编码 201101)

(1) 网址：www.guji.com.cn

(2) E-mail：guji1@guji.com.cn

(3) 易文网网址：www.ewen.co

浙江临安曙光印务有限公司印刷

开本 890×1240　1/32　印张 9.875　插页 3　字数 222,000

2024 年 9 月第 1 版　2024 年 9 月第 1 次印刷

ISBN 978-7-5732-1311-2

K·3684　定价：52.00 元

如有质量问题,请与承印公司联系